GABRIEL QUERUBIM

E OS GUARDIÕES DOS SONHOS

GABRIEL QUERUBIM
E OS GUARDIÕES DOS SONHOS

ilustrações de Cris Eich

ROGÉRIO PIETRO

© 2007 Rogério Pietro

Editora Correio Jovem
Av. Humberto de Alencar Castelo Branco, 2955
CEP 09851-000 – São Bernardo do Campo – SP
Telefone: 11 4109-2939
correiojovem@correiojovem.com.br
www.correiojovem.com.br
Vinculada ao Lar da Criança Emmanuel (www.laremmanuel.org.br)

2ª edição, revista e ampliada
Maio de 2011 – 3.000 exemplares

A reprodução parcial ou total desta obra, por qualquer meio,
somente será permitida com a autorização por escrito da editora.
(Lei nº 9.610 de 19.02.1998)

Impresso no Brasil
Presita en Brazilo

COORDENAÇÃO EDITORIAL
Cristian Fernandes

REVISÃO
Rita Foelker

ILUSTRAÇÕES
Cris Eich

PROGRAMAÇÃO VISUAL DE CAPA
André Stenico

PROJETO GRÁFICO DE MIOLO
Bruno Tonel

CATALOGAÇÃO ELABORADA NA EDITORA

Pietro, Rogério, 1974-
       Gabriel Querubim e os guardiões dos sonhos / Rogério Pietro. –
2ª ed., rev. e amp. – São Bernardo do Campo, SP : Correio Jovem, 2011.
      288 p.

      ISBN 978-85-98563-65-7

1. Literatura infantojuvenil. 2. Literatura juvenil. 3. Espiritismo. I. Título.

CDD 133.93 / 028.5

Agradeço a Fernando Gavinho (Mith), Daniela Alves Dondoni (Mione), Natasha Lavinski (Naty), Marselle Ferreira Salles (Minerva), Fernando Pinheiro da Silva (Pluck), Priscila Adriane da Costa (Evellyne), Vinícius Mirassol da Costa (Vini), Fernando Machado (fm-cp2), Thiago Silva (Thigo), Leonardo F. Dorigam (Leo), Gilvanna Sato (Dil), Suellen Ivone de Azevedo Siqueira (Sue), Felipe Zanon do Nascimento (Sharpion), Nelson Fordelone Neto (Nel), Nelson Gimenez da Motta (Motta), Marlon Ferreira (Mfcwiz) e demais amigos do fórum Harry.com.br, pelo incentivo e pelos momentos em que nos divertimos com as aventuras do Gabriel.

Um agradecimento especial ao amigo Antônio Lovato Sagrado (Toninho), por ter acreditado em "minha" ideia e ajudado a construir uma ponte.

E, como não poderia deixar de fazer, agradeço de todo coração à Izabel Vitusso da editora Correio Jovem, que pegou o Gabriel pela mão e o levou para conhecer o mundo...

Finalmente, agradeço a todos aqueles que me inspiraram, mesmo que tenham feito isso sem nunca dar nomes, porque nomes não têm importância no Mundo Real.

O QUERUBIM

AS PRIMEIRAS REPRESENTAÇÕES do querubim surgiram na Assíria e na Babilônia antigas. Naquela época, essa criatura fantástica era semelhante a um boi ou leão alado, sempre com cabeça humana. Seu nome era *karabu*, e mais tarde foi adotado por outras civilizações com o nome *cherub*.

O profeta Ezequiel descreveu o querubim como uma criatura tetramórfica, misto de quatro animais: o boi, o leão, a águia e o homem. Cada um deles é uma representação das qualidades básicas que compõem o ser humano. O boi simboliza os instintos; o leão, as emoções; a águia, o raciocínio, todos eles culminando no homem.

Depois disso, com o avanço da teologia católico-romana no Ocidente, o querubim passou a ser representado nas artes como uma criança alada com aparência de candura e inocência.

Trecho extraído do
Manual do Querubino do castelo Branco

SUMÁRIO

Apresentação...13

1. O Mundo Real..17

2. A equipe completa..61

3. Os trevosos...113

4. A história de Amaruro...159

5. Rumo às Trevas..191

6. Escuridão e luz...241

Glossário...277

APRESENTAÇÃO

PARA ESTA OBRA, o autor Rogério Pietro utilizou-se de forma criativa dos mistérios que envolvem o sono para alinhavar momentos de uma instigante aventura.

Enxergou um enredo desafiador, compartilhado por jovens, recrutados enquanto dormiam, que irão enfrentar grandes desafios para manter a harmonia da Humanidade. Uma história divertida, que leva inclusive à reflexão sobre os enigmas das missões de cada um na Terra.

Assim, sob licença poética, os arcanjos são seres muito evoluídos, com vários graus de pureza; os anjos, mensageiros, representam espíritos que se comunicam com as pessoas, e os querubins, seres também evoluídos, são ainda iniciantes, o que irá fazer com que se atrapalhem para realizar suas tarefas no bem. Daí a graça do enredo.

Na história, querubins eram seres fantásticos, muito cultuados pelos babilônios. Aliás, esse fato justificaria as citações sobre eles no Antigo Testamento, uma vez que os hebreus foram escravos na Babilônia. O catolicismo teria absorvido esse conhecimento popular ao transformar os querubins também em anjos.

Como querubins, os protagonistas Gabriel e Kosuke demonstram imensa vontade de realizar o bem, mas são os desafios que enfrentam que acabam por tecer uma história inesquecível.

Afinal, essa é a aventura de todos nós!

Boa leitura!

A EDITORA

1 O Mundo Real

GABRIEL ABRIU OS olhos e viu as nuvens correndo com grande velocidade no céu de azul brilhante. Teve a impressão de que era o mundo que estava se movendo, e não que o vento carregava aquelas montanhas de algodão para longe. Por isso, chegou a imaginar que era ele quem voava muito acima do chão e percorria os espaços livres do firmamento.

Sua imaginação o levava até o cume da atmosfera e o menino esquecia que estava deitado na grama do quintal da própria casa, onde havia adormecido por um minuto, tamanha era a paz que sentia. Ao seu redor, o silêncio da cidade era quebrado apenas pelo canto de alguns pardais ou o lamento agudo das cigarras que surgiam no verão.

Estava tão longe de si que mal ouvia as conversas animadas dos pais e de outros parentes que tomavam o café da tarde no interior da casa, mas retornava ao planeta Terra aos poucos, e sua consciência pousava devagar na grama cheia de grilos e caramujos. O sol já estava baixo no horizonte e restavam poucas horas antes que o infinito acima de Gabriel ganhasse as estrelas de luzes coruscantes.

Tomado de fome repentina, o menino sentou-se na grama e ficou em pé com um pulo, sem se preocupar com as folhas grudadas em suas roupas ou nos cabelos, que eram cachos amarelos balançando com o vento. Correu para dentro de casa e lá encontrou os primos pequenos, seus tios, os pais e a irmã. Todos conversavam e comiam alegremente.

– Senta aqui, Gabriel – sua mãe indicou um lugar ao lado dos primos pequenos, e ele foi logo atacando os bolinhos doces e o suco de laranja.

– Menino! – disse a tia para seu horror. – Não vai lavar as mãos antes de comer?

Ele fez que não com a cabeça e enfiou um bolinho inteiro na boca sorridente, o qual foi mastigado de boca aberta para chocar ainda mais.

– Xi, Eugenita! – explicou a mãe de Gabriel para a irmã. – Não adianta falar. Esse menino fica brincando com caramujo e tatuzinho, e depois nem tá aí se vai comer, se vai pôr a mão na boca...

A tia adotou postura de professora de primário e disse:

– Mas não pode ser assim, Gabriel! Você pode pegar um monte de doenças!

Mostrando os restos mortais do bolinho que ainda precisava ser engolido, o menino falou cheio de orgulho:

– Eu nunca fico doente!

O pai riu. Aquilo era uma verdade incontestável.

Gabriel era um menino de sete anos e sua família morava em uma cidade do interior do estado de São Paulo. Como a maior parte das crianças nessa faixa etária, Gabriel começava a se aventurar pelo mundo da escola e, como todas as outras, gostava mesmo era de brincar com os amigos na rua. Por causa das férias de fim de ano, ele estava em casa e esperava ansioso pelo Natal. Sua casa ficava cheia de gente naquela época, porque os parentes moravam muito perto uns dos outros e faziam os preparativos para as festas e comemorações de final de ano.

Sua mãe se chamava Eleonora e Marcos era o pai. Além de Gabriel, o casal tinha uma menina de onze anos, chamada Amanda. Viviam a vida simples do interior. Marcos trabalhava em um grande supermercado, de onde vinha todo o sustento da família. Dona Eleonora dava aulas para crianças, mas fazia isso apenas dois dias por semana, o que garantia a ela tempo para estar com os próprios filhos.

A época de festas fazia toda a família ficar ainda mais unida, com os parentes que se juntavam para o almoço e estendiam a reunião até a janta.

Depois do café, Gabriel brincou com os primos e eles correram pela casa com almofadas prontas a acertar quem estivesse pelo caminho. Aquilo irritava profundamente Amanda, que achava que já era adulta e queria silêncio para poder fofocar em paz com as amigas ao telefone.

Sabendo disto, Gabriel passava perto dela de propósito e acertava uma almofadada em sua cabeça. A reação era imediata:

– Para, Gabrielzinho! – ela gritava. – Oh, mãe, olha o Gabriel!

Rindo até quase perder o fôlego, ele corria para outros cômodos da casa e atacava os primos, sendo depois perseguido por eles para receber o devido troco.

A paz e o silêncio relativos reinavam apenas quando os parentes iam embora, o que acontecia tarde da noite.

Depois do banho, Gabriel colocava seu pijama e ia para a cama, que ficava no mesmo quarto da irmã, para o desespero dela que não gostava de dividir o mesmo espaço com ele.

O menino apagou o abajur e se arrumou debaixo dos lençóis, pronto para dormir. Estava cansado por causa da correria, por isso iria adormecer logo.

Mas ele abriu os olhos no escuro. Sentiu que não estava sozinho no quarto e teve a impressão de que alguém ou alguma coisa pairava sobre ele, a menos de um metro de altura. Era como se um grande tubo de plástico envolvesse sua cama, pronto para engolir o que estivesse deitado nela.

Mais do que depressa, ele acendeu o abajur de novo, mas não viu nada. As sombras no teto nada tinham de diferente, mas a impressão continuava.

– Gabriel, apaga a luz! – ordenou a sonolenta Amanda, e o menino obedeceu.

Não conseguiu fechar os olhos. Queria ver o que estava acontecendo acima dele. Suas forças, porém, não aguentaram e as pálpebras se tocaram de maneira permanente e irresistível.

A impressão voltou com mais força ainda e Gabriel sentiu com nitidez um túnel ser aberto no espaço logo acima de si. Estava semiadormecido, entorpecido pelo sono, por isso não ligou para o que estava acontecendo e sua consciência infantil foi desaparecendo rapidamente, até que ele dormiu.

Naquela noite, Gabriel teve um sonho muito nítido.

Estava em um campo aberto tão extenso que ia até o horizonte. A terra estava recoberta por uma planta parecida com capim, mas era dourada e apontava suas pequenas espigas para o céu. Quando o vento batia nelas, formava uma onda que percorria quase todo o campo.

Muito longe dali havia uma montanha em forma de cone, tão alta que seu topo sumia dentro das nuvens cinzentas que recobriam tudo. O dia estava claro, mas não dava para ver o sol.

Ao seu lado apareceu, de repente, um menino de oito anos, pele negra e cabelos bem curtos. Estava vestido como aqueles homens que caçavam elefantes, mas não tinha lança e nem escudo. Com grandes e profundos olhos brilhantes, sorria como quem já o conhecesse.

– Oi, Gabriel – ele saudou com voz musical –, meu nome é Amaruro.

– Oi, Amaruro! Que lugar legal é esse?

– Aqui é onde a gente pensa – disse o menino, apontando para todos os lados com um movimento suave da mão.

Depois, Amaruro tocou uma das espigas douradas daquele campo extenso e perguntou:

– Sabe o que é isso?

– É um mato.

– Ele se chama *triticum*.

Gabriel olhou bem e viu que entre os triticuns havia outra planta crescendo, mas essa outra parecia feita de tentáculos de polvo abraçando as espigas. Era escura como uma sombra e parecia se mover como uma multidão de minhocas. Percebeu que o campo todo estava sendo tomado por aquela coisa que causou nojo.

O pequeno Amaruro indicou a praga.

– Esse outro se chama *Lolium*... Mas a gente também chama de *temulentum* ou temulento.

– Como é feio!

– Eu arranco os temulentos sempre que venho aqui... Quer me ajudar?

– Quero!

Quando deu por si, Gabriel estava acompanhando seu novo amigo na tarefa de arrancar os tentáculos viscosos do meio dos triticuns. Ficou assombrado com o que viu. Todos os temulentos que arrancava se dissolviam no ar e desapareciam, sendo arrastados pelo vento como fumaça.

– Que legal! – ele vibrou, e se apressou para seguir Amaruro.

Tirava as plantas daninhas e deixava o campo de *triticum* cada vez mais limpo. Percebeu que no ar havia uma música diferente de tudo o que conhecia. Pareciam vozes alegres cantando pela vida em uma língua que ele não entendia, tendo ao fundo um violão e tambores. Não sabia como, mas estava feliz por aquilo.

Quando terminou, Amaruro sorriu mostrando dentes perfeitos. Estendeu sua mão pequena, como fazem os

adultos, e cumprimentou o menino de cachos dourados apertando a dele.
– Quer ser meu amigo, Gabriel? – perguntou o africano.
– Quero!
– Obrigado pela ajuda!... Veja!

Amaruro apontou para o céu e, quando Gabriel olhou para cima, viu a luz forte e pura do sol amarelo que surgia por detrás das nuvens. Assim como os temulentos, a nebulosidade também estava desaparecendo, deixando em seu lugar o azul do firmamento e a claridade límpida dos raios solares.

Gabriel despertou muito suavemente em sua cama. Viu que já era dia, mas quis dormir mais para, quem sabe, voltar a ver seu novo amigo Amaruro.

Passou o dia brincando e passeando pela casa cheia de parentes. Comia doces e tomava suco de goiaba enquanto ouvia as conversas sem sentido dos adultos.

Sua mãe e uma das tias pareciam brigar para ver qual delas cozinhava mais e mandava na festa. O pai e os outros tios tagarelavam ao redor da mesa farta, enquanto a televisão falava sem ser ouvida.

Quando uma de suas primas mais velhas trouxe um monte de enfeites para o Natal, Gabriel prestou mais atenção naquele que era um cabinho comprido com a espiga no fim, dourado e cheio de pontas. Lembrou no mesmo instante do sonho que teve e reconheceu a planta que a prima acabava de trazer no meio de fitas, laços e bolas vermelhas.

Ele apontou e disse com sua voz infantil:
– Olha, é *triticum*!

Os adultos riram, e a mãe corrigiu.
– É trigo, Gabriel... Tri-go!

– Trigo?... Não é! É *triticum*!

– Você já está bem grandinho pra ficar errando os nomes das coisas – disse a tia, apertando sua bochecha naquela espécie de tortura muito usada para fazer uma criança desistir de uma ideia. – A professora não te ensinou que o nome disso é trigo? É com isso que se faz pão!

– Você vai fazer pão com isso? – ele perguntou, incapaz de imaginar como um capim seco poderia se transformar em um filão macio cheio de geleia por dentro.

– Não, Gabrielzinho – respondeu a prima –, isso é só um enfeite, pra colocar no presépio que eu vou montar.

Ele não entendeu, mas ficou se perguntando se, afinal de contas, o nome era *triticum*, trigo, pão ou enfeite. Pegou um deles e tomou um susto, porque os triticuns do sonho eram flexíveis e moles. Aquele sobre a mesa era duro e espetava os dedos, o que o fez concluir que não se tratava da mesma coisa.

Triticum era *triticum*, e trigo era pão... Ou enfeite.

Gabriel sempre ia dormir muito cedo, mas, naquela véspera de Natal, conseguiu ficar acordado até meia-noite, por conta de um esforço enorme.

Não demorou nem um minuto para cair no sono e, quando deu por si, estava na sacada de um castelo de paredes brancas, muito alto e com três torres que apontavam para o céu limpo. De onde estava dava para ver as montanhas mais baixas e o vale gigantesco que se estendia bem à frente do castelo.

Foi correndo até a mureta da sacada e viu um riacho brilhando lá embaixo. Apesar de estar tão alto quanto um prédio de trinta andares, não sentiu medo. Conseguia enxergar com clareza as pedras lá embaixo e uma floresta de pinheiros que cobria quase todas as montanhas e o vale.

Havia tantas coisas novas e grandiosas para se ver, que ele nem sabia por onde começar.

– É bonito aqui, não é Gabriel? – perguntou Amaruro ao seu lado, apreciando a paisagem como quem acaba de surgir do nada.

– Amaruro! Você está aqui de novo!... Que legal que você veio!

– Foi você que veio me ver, Gabriel. Eu só estava esperando!

– Você mora nesse castelo?

– Não. Mas bem que eu gostaria, porque eu acho que ele deve ser mais bonito que a minha casa.

– Onde você mora, Amaruro?

– Moro na África.

– Que legal! Tem elefantes perto da sua casa?

Amaruro riu. Seus dentes eram perfeitos e tinha as bochechas cheias porque era um menino forte. Desta vez, em vez de vestir trajes típicos de seu continente, o menino usava uma espécie de uniforme branco parecido com uma roupa de surfista.

– Acho que não – ele disse. – Agora é a minha vez de perguntar: tem índios perto da sua casa, Gabriel?

Ele ia responder de pronto, mas as palavras morreram no fundo da língua. Parou para pensar, concentrou-se como pôde, mas a verdade é que não se lembrava de sua casa.

– Não sei... Não lembro...

– Mas você não mora no Brasil?

– Moro.

– Não tá cheio de índios por lá?

– Acho que sim, mas eu não lembro exatamente onde era... Por que será?

– É assim mesmo, Gabriel! Aqui a gente se esquece exatamente de onde veio. E sabe por quê?... Porque não importa.

Gabriel sentiu realmente que aquilo não era importante, por isso seguiu Amaruro quando ele começou a andar para dentro do castelo Branco, deixando para trás a sacada com vista para o extenso vale. O ambiente interno era claro e havia uma infinidade de escadas rolantes que subiam e desciam para todos os lados. Gabriel viu várias outras crianças circulando por ali, e passava por elas sem se importar com quem eram ou o que estavam fazendo. Algumas cumprimentavam Amaruro, sorridentes, e estendiam a congratulação para Gabriel.

– O que você faz aqui, Amaruro? Esta é a sua escola?

– Não deixa de ser uma escola, Gabriel. Mas ela é muito diferente de todas as que você já viu no Mundo Entorpecido.

– Mundo Entorpecido? É onde a gente mora?

– É – respondeu o menino africano, guiando Gabriel para outra escada rolante que subia em espiral. – Quando a gente dorme, automaticamente vamos para o Mundo Real, que é este aqui... Mas quando a gente está no Entorpecido, a gente pensa que aqui é o mundo dos sonhos. Lá, nossas cabeças não funcionam direito e nossos olhos não enxergam além do que a luz pode mostrar, por isso, quando estamos lá, somos chamados de entorpecidos, e o pior é que achamos que estamos com a bola toda... Mas a nossa vida verdadeira é aqui, onde reinam a mente e os sentimentos. Você entende isso?

– Claro, eu já tenho sete anos!

– Também é por isso que quero ser seu amigo, Gabriel. Você já tem idade para me ajudar.

Ele pensou um pouco e lembrou dos campos de *triticum* da noite anterior. Já sabia do que seu amigo estava falando.

– Vamos arrancar mais temulentos?

Amaruro riu de novo.

– Você é esperto, Gabriel! É por isso que eu o escolhi.

– Você acha? – ele indagou, coçando os cachos castanho-claros. – Mamãe quase me pôs de castigo porque eu passei de ano na escola "pelo buraco da fechadura"!

Eles chegaram a um salão que também tinha uma sacada coberta e Amaruro disse:

– Quando a gente está no Mundo Entorpecido, nossas qualidades são dez vezes menores do que quando voltamos pra cá. Naquele mundo, temos apenas uma consciência, e aqui, longe do corpo material, temos uma hiperconsciência.

– Uau! Imagina a tia Eugenita! Como ela deve ser inteligente por aqui, então!

As paredes do recinto eram pintadas com afrescos de pequenos anjos voando sobre nuvens bem definidas. Mais adiante, a sacada dava vista para as montanhas e a claridade do céu, onde as nuvens eram iguais às das pinturas.

Não havia móveis ali. Apenas uma bola amarela do tamanho de um abacate, parada bem no centro do salão. Amaruro sentou-se no chão de frente para ela e pediu que Gabriel fizesse o mesmo.

– O que é isto? – indagou o visitante curioso apontando a bola.

– Isto é *triticum*...

– Hã?... Mas não era aquela planta que você me mostrou ontem?... Agora eu não entendi nada mesmo! *Triticum* é *triticum* ou é uma bola? Ou dá pra fazer bolas com *triticum* do mesmo jeito que se faz pão com trigo?

O pequeno Amaruro juntou a ponta dos dedos de uma mão com os da outra e tomou ar de professor para explicar:

– Todas as coisas do Mundo Real podem mudar de forma, de acordo com os nossos pensamentos, porque, no fundo, elas são a mesma coisa...

– Que coisa?

– Psicoformas.

– Psi-co-for-mas!?! Uau! Como é que eu consegui falar uma palavra difícil assim?

– Tudo o que você está vendo ao seu redor, Gabriel, são psicoformas criadas pelo pensamento de alguém.

– Este castelo também? – ele perguntou depois de olhar embasbacado para o teto alto e as paredes com os anjinhos.

– Também!... Os triticuns que você viu ontem vieram daqui! – Amaruro falou e apontou para a própria cabeça.

Gabriel não precisou pensar muito para formular sua pergunta seguinte:

– E os temulentos?

– Isso é outra história... Aqui os pensamentos de todas as pessoas se misturam, e você sabe: nem todo mundo pensa o que deveria...

– São pensamentos ruins?

– São temulentos, e isso é tudo o que você precisa saber, por enquanto... O mais importante agora é saber que a sua vontade pode transformar as coisas. Veja!

Amaruro apontou para a bola, mas ela havia sumido. Em seu lugar estava uma pirâmide amarela. Gabriel ainda ficou procurando a bola, que deveria ter rolado para algum canto, mas antes que se convencesse de que ela havia se transformado na pirâmide, o menino da África explicou:

– Se você souber controlar seus desejos, pode alterar qualquer psicoforma... Diga o nome de um objeto.

– Hum... Um cubo!

Amaruro não se concentrou. Fez a pirâmide inchar na parte de cima até virar um cubo, diante dos olhos de Gabriel.

Não podendo acreditar no que acabara de ver, o menino brasileiro pegou o cubo e o girou entre as mãos, descobrindo que era sólido como madeira.

– Me ensina a fazer isso? – ele pediu, quase entrando em desespero.

Sem perder a calma, Amaruro ensinou.

– Mas você já sabe fazer isso, Gabriel. Só não sabe que sabe... Vamos fazer um teste. Mude a cor do cubo.

Gabriel repôs o objeto no piso e se concentrou fazendo careta. O cubo, antes laranja claro, passou para o verde e depois para o cinzento, onde fixou a tonalidade. Quando terminou, o menino parecia exausto e respirava fundo para compensar o tempo em que havia prendido o fôlego.

– Muito bom, Gabriel! Você conseguiu!

– Ah! – ele disse entortando a boca, meio envergonhado. – Na verdade, eu queria que ficasse azul.

– Não importa muito, no começo... Pelo menos você já aprendeu que pode mudar as coisas. Tente se concentrar mais e visualizar exatamente o que você deseja, sem esforço físico... E o mais importante de tudo: imagine como se já tivesse acontecido. Não tente pedir ou impor que aconteça. Tenha a certeza de que já é!

– Posso tentar de novo?

– Esqueça essa ideia de "tentar"... Faça.

Gabriel meditou no conselho e voltou a se concentrar no cubo. Respirou fundo e imaginou que a psicoforma já estava da cor que ele queria. Não demorou muito e, de repente, o cubo se tornou azul, para espanto do menino.

– Consegui! – sorriu Gabriel. – Agora ficou do jeito que eu queria!

– Bom, bom... Parabéns, Gabriel, mas devo lhe informar que mudar a cor de um objeto pequeno é uma das coisas mais fáceis de fazer no Mundo Real. Vamos tentar algum desafio de verdade, desta vez.

– Desafio? O que será?

– Vou ensiná-lo a plasmar um objeto. Criar uma psicoforma do nada.

Amaruro ficou em pé e estendeu a mão esquerda para o lado do corpo.

– Observe – pediu ele esfregando os dedos uns nos outros.

Gabriel viu que uma fumaça escura surgia da palma da mão do menino africano, alongava-se e ganhava a aparência de um bastão. Quando terminou, Gabriel percebeu que seu amigo segurava um guarda-chuva fechado.

– Viu? – indagou Amaruro. – Criei isto com a concentração da minha imaginação... Agora eu acho que você deveria fazer o mesmo... e rápido!

– Por quê?

Amaruro abriu seu guarda-chuva e ficou bem protegido debaixo dele.

– Por causa disso.

Uma gota de água pingou no nariz de Gabriel, e ele se deu conta de que a criação do amigo não havia ficado apenas no guarda-chuva, mas havia trazido a própria chuva, também. Em poucos segundos, um aguaceiro desabou no salão e formou uma poça no piso decorado. Os cachos e as roupas do menino brasileiro ficaram ensopados e ele não entendeu como podia acontecer aquilo, já que o teto com afresco de anjos continuava lá. Não havia nuvens para fazer chover, mas parecia que os pingos surgiam do nada logo acima de suas cabeças.

Decidido a reagir, Gabriel ficou em pé e pensou na sua situação.

Amaruro continuava sorridente debaixo de seu guarda-chuva, divertindo-se com a cara de espanto de seu amigo.

– Vamos, Gabriel, proteja-se!

O primeiro pensamento de Gabriel foi plasmar uma sombrinha, também, mas ele observou o belo piso coberto de água, as pinturas nas paredes e ele mesmo, molhados por completo. Depois viu pela sacada do salão que, do lado de fora do castelo, fazia sol, por isso teve uma ideia diferente.

Olhou para o alto e ergueu os braços. Concentrou-se e usou todas as suas forças para alimentar a imaginação.

Amaruro, por sua vez, ficou intrigado ao ver a postura do amigo. Percebeu tarde demais que o brasileiro não estava criando um guarda-chuva, mas construindo algo muito maior.

O teto ficou transparente e a luz ofuscante do sol penetrou o salão, fazendo o queixo de Amaruro cair. Logo depois, Gabriel fez o teto desaparecer por completo, e a chuva parou de precipitar-se assim que o ar de fora soprou sobre suas cabeças. Mas sua transformação não parou por aí, porque em seguida a água empoçada no piso evaporou e sumiu, diante dos olhos espantados do menino africano.

Quando Gabriel terminou, o salão havia se transformado em uma varanda sem cobertura, seca e arejada. Ele próprio estava enxuto e, ao abrir os olhos, viu seu amigo Amaruro parado à sua frente com os olhos arregalados e a boca aberta. O guarda-chuva que o garotinho africano segurava caiu no piso, desnecessário.

– Gabriel – ele balbuciou –, o que você fez?

O menino brasileiro não entendeu. Pensou que tinha feito alguma coisa boa, mas de repente sentiu que havia cometido um erro.

– Xi!... Fiz besteira, né?

– Não! Não é isso!... Eu pensei que você ia construir um guarda-chuva... Mas você transformou não só a minha psicoforma chuva, como também o teto desta parte do castelo!

– Ai, ai, ai! Será que dá pra consertar? – preocupou-se Gabriel, olhando para o alto.

Amaruro saiu da espécie de transe em que estava e encarou seu amigo com um sorriso enorme. Soltou uma gargalhada alta, mostrando seus dentes perfeitos, como sempre fazia, e explicou:

– Gabriel!... Este castelo foi construído pelo pensamento de uma pessoa extremamente forte e evoluída. Nem sei quantas crianças seriam necessárias para mudar um tijolo desta construção, mas você... você, sozinho, anulou a minha chuva e sumiu com o teto!

Gabriel coçou os cachos sem entender o que aquilo significava.

– Ué, mas eu só imaginei isso do jeito que você me ensinou e aconteceu...

– Eu sei, amigo. Mas isso não é qualquer um que faz... – Amaruro disse e se calou logo em seguida, pensativo. Coçou o queixo e começou a andar pelo salão ensolarado até dar uma volta completa debaixo do olhar atento de Gabriel.

Voltou ao mesmo ponto em que estava e, com um estalar de dedos, fez seu guarda-chuvinha inútil sumir. Então olhou Gabriel com seriedade e descobriu nele um menino cheio de potencialidades adormecidas. Sentiu vontade de dizer-lhe muitos elogios, mas se calou para não despertar na outra criança a chaga do orgulho desnecessário. Deveria abordar a questão de uma maneira diferente, por isso disse:

– Eu sou uma espécie de professor aqui, Gabriel. Nosso trabalho é eliminar do Mundo Real a praga dos temulentos e eu ensino pupilos a fazerem isso de forma racional. Vejo em você muita potencialidade, Gabriel, e você é um cara legal. Por isso gostaria que você fosse meu aluno, além de meu amigo.

– Oba! Você vai me ensinar a usar a força da imaginação para combater os temulentos?

Amaruro riu de novo da ingenuidade do menino.

– Vou ensiná-lo a usar as capacidades que você já tem e você será meu pupilo, menino do sol amarelo.

Assim dizendo, apontou o vão sobre suas cabeças onde brilhava a luz poderosa daquele sol da manhã.

Gabriel não cabia em si de alegria. Adorava aquele lugar que acabara de conhecer, e soube que Amaruro e ele seriam amigos para sempre.

Sem ninguém pedir, ambos caminharam até a sacada e se apoiaram na mureta de onde podiam ver o vale extenso, as montanhas e o rio lá embaixo. Amaruro ficou de costas para a paisagem e convidou seu amigo a fazer o mesmo, por isso ficaram de frente para o salão sem teto.

Dali Gabriel conseguiu ver melhor o castelo e notou que três torres se sobressaíam na construção. Uma delas, a mais alta de todas, era branca e reluzente como se tivesse sido pintada no dia anterior.

– Este é o castelo Branco – explicou Amaruro. – Será a sua nova escola, daqui por diante, Gabriel... E nós vamos nos encontrar aqui todas as vezes que você dormir no Mundo Entorpecido.

– Todas as crianças vêm para cá quando dormem?

– Não... Só as escolhidas... E tem vários outros castelos, aqui no Mundo Real. Nosso castelo Branco é só mais um.

Gabriel olhou a construção e viu que ela, apesar de grande, não poderia conter todas as crianças que imaginava que trabalhassem eliminando os temulentos.

– Como se chamam os que combatem os temulentos?

– Nós nos chamamos querubinos... Antigamente, as pessoas nos chamavam de querubins. Mas, antes que você me pergunte, isso não tem nada a ver com anjos e coisas desse tipo... Isso não passa de uma interpretação incorreta que as pessoas no Mundo Entorpecido deram pra gente, só porque somos crianças e voamos.

Fez sentido para Gabriel, então, as pinturas das paredes e dos tetos do castelo mostrando querubins volitando pelos céus, desde épocas remotas da história da Humanidade. Mas ainda havia coisas que ele questionava.

– Amaruro – ele perguntou –, eu ainda não entendi. Por que é tão importante combater os temulentos, se eles são apenas pensamentos?

O menino africano meditou um pouco.

– Vou ficar devendo uma resposta a você por hoje... Quero mostrar na prática o que são os temulentos e isso só vou fazer amanhã, tudo bem?

– Legal!

– Venha. Vou te mostrar o resto do castelo Branco.

✳✳✳

De volta ao Mundo Entorpecido, Gabriel passou a manhã toda tentando lembrar dos detalhes de tudo o que havia visto no castelo Branco. Para ele não havia dúvidas de que o Mundo Real existia mesmo e que seu mais novo amigo Amaruro era uma criança que vivia na África, mas que ambos só se encontravam quando dormiam.

Sua única preocupação era a falta de clareza das coisas que aconteciam por lá, e sua memória falhava quando o assunto era a ordem das coisas ou as palavras exatas que usava. Sabia que falava muito bonito, com palavras difíceis e termos complicados que jamais seria capaz de repetir. Por isso mesmo, muitas ideias que aprendia no Mundo Real se perdiam, restando delas apenas uma impressão.

Mesmo assim, estava tão empolgado com aquele novo universo, que quase não dava atenção para os brinquedos que havia ganhado no Natal. Enquanto seus primos de nove e dez anos corriam pela casa com as naves espaciais e bicicletas com rodinhas, ele esperava seu pai terminar de montar o carro de controle remoto.

O manual de instruções era cheio de palavras engraçadas e difíceis de falar, e Gabriel não conhecia nem a metade delas. Mas estava tão inspirado com as coisas que conseguia dizer e entender no Mundo Real, que arriscou decifrar a papelada.

Fez cara de entendido e se pôs a ler.

– Dia... – e parou no meio do caminho, porque a coisa era mais forte do que imaginava. Queria falar de uma vez, mas foi obrigado a soletrar para depois juntar tudo numa coisa só, se a memória permitisse: – Di-a... gra-ma... Diagrama... Diagrama!... Pai, o que é diagrama?

– É uma representação gráfica de determinado fenômeno, Gabriel.

O menino ficou olhando o pai se atrapalhar com os parafusos e rodas, e se impressionou com a maneira complicada de sua mente funcionar ali. Como podia ser que não havia entendido nenhuma das palavras que acabara de ouvir?

Mas ele não desistia tão fácil assim, e começou o ataque:

– Pai, o que é repre-sen-tação?

O adulto à sua frente ergueu os olhos acima dos óculos, sabendo que seria alvo de uma chuva interminável de perguntas. Mas, como já estava acostumado, tentou avançar passo a passo, e disse:

– Representação é mostrar uma coisa por meio de símbolos. É como um faz-de-conta. Isso! É um faz-de-conta!

– O que é um símbolo?

– Ah, meu Deus! – fez o pai, arrependido de ter usado uma palavra muito diferente.

Pensou bastante e tentou de novo.

– Símbolo é uma coisa que... Que representa, oras! É uma representação!... Não, tudo bem... Vou tentar de outra forma... Quando você escreve seu nome, ele na verdade é um símbolo que todo mundo reconhece, que todo mundo sabe que simboliza você... É o Gabriel!

Finalmente consciente de que um diagrama era, na verdade, ele mesmo, e que, portanto, o carrinho de controle remoto tinha sido feito especialmente para ele, como dizia o manual, Gabriel passou para a segunda fase.

– Pai, o que é fenômeno?

O adulto riu alto.

– Fenômeno é a quantidade de perguntas que saem dessa sua cacholinha! – disse ele, pegando a cabeça do filho com uma mão e agitando-a de um lado para o outro na tentativa de esvaziar a caixa de curiosidades que estava dentro dela.

Sem uma explicação melhor, Gabriel concluiu que, ou o fenômeno era uma coisa que nascia na cabeça das pessoas, ou seu pai não sabia a resposta.

Passou a manhã toda se distraindo com o brinquedo novo e foi almoçar bem tarde, com todos os parentes.

Naquele momento estava intrigado com a capacidade de transformar uma coisa em outra apenas com a vontade da imaginação e fez um teste com a sua sobremesa, uma rabanada.

Centralizou-a no meio do prato e, ignorando todos ao redor, fechou os olhos e pôs os dedos indicadores na cabeça, o que aumentaria sua capacidade de concentração. Queria transformar a rabanada em uma taça de sorvete de flocos, o que atrairia a atenção de todos para o grande feito, mas não percebeu que seu primo mais novo se aproveitou da distração para garfar sua sobremesa e escondê-la na própria boca.

Quando Gabriel abriu os olhos, o prato estava vazio. Seu poder também funcionava no Mundo Entorpecido, ele pensou maravilhado, mas teria que treinar mais para não desaparecer com as coisas.

Sua fantasia durou apenas um momento, porque a tia Eugenita, que havia flagrado o movimento rápido do filho roubando a sobremesa, colocou outra rabanada no prato de Gabriel e disse:

– Filho! Se quiser mais sobremesa, é só pedir... Não precisa roubar a do seu primo!

E Gabriel ficou de olhos arregalados na nova rabanada, sem entender nada.

Gabriel foi se deitar cedo, como gostava de fazer, e adormeceu muito rápido.

Assim que chegou ao castelo Branco, encontrou Amaruro já à sua espera.

– Vamos! – disse o líder ao seu mais novo pupilo. – Recebemos ordens para uma missão e acho que será uma ótima oportunidade de você aprender um pouco mais a respeito de nosso trabalho e dos temulentos.

O pequeno Gabriel mal teve tempo de dizer alguma coisa ou formular uma pergunta. O menino africano saiu apressado e o conduziu por vários corredores da casa dos querubinos. Ambos chegaram a um pátio extenso que ficava do lado de fora do castelo.

Para o assombro do menino brasileiro, ali estava pousado um veículo aéreo semelhante a um gafanhoto comprido, cuja cabine-cabeça era grande e redonda. O estranho aparelho voador lembrava um avião para muitos passageiros, mas era esverdeado e tinha a forma de um inseto gigante de metal. As patas sustentavam a aeronave no piso, que mais parecia um tabuleiro de xadrez, e um zunido abafado no ar dava a entender que o aparelho estava ligado, pronto para partir.

Ambos entraram calados. Gabriel não pôde questionar a natureza daquela nave esquisita. Em um instante, viu-se em um ambiente parecido com um ônibus repleto de crianças da sua idade, todas sentadas nas cadeiras que formavam grupos de três.

O lugar onde ele e Amaruro se sentaram também era um banco triplo, por isso sobrou vaga para mais um.

A cabine ficava na frente e dava para ver o piloto sentado diante dos instrumentos e comandos do gafanhoto, os quais chamaram a atenção de Gabriel. Quando o comandante olhou para trás para ver se todos já estavam ali, Gabriel percebeu que era um menino de uns dez anos de idade, cheio de tranças no cabelo e uma cara engraçada.

— Já estão todos aí? — perguntou ele, passando os olhos pelas cadeiras. — Como vocês demoraram! Suas mães não falaram pra vocês irem dormir cedo, hoje?

Sem esperar por resposta, o garoto acionou a nave e ela subiu com grande velocidade pelos ares, encolheu as patas e abriu as longas asas retas.

Estava parada no ar e fazia uma manobra para girar para a direita, ao lado do castelo Branco. Foi então que Gabriel viu a casa dos querubinos por inteiro, pela primeira vez, grande e bela no centro de um vale, iluminada pelo sol da manhã que projetava sombras por todo o vale do rio Branc'Água. As três torres do castelo estavam bem ao seu lado, na janela, e ele percebeu que elas eram mais altas do que todas as montanhas verdes ao redor.

Seus olhos estavam cheios com toda aquela beleza, mas não demorou muito e a nave-gafanhoto disparou pelos ares, riscando o céu com seu verde-bandeira.

$$* * *$$

De vez em quando a nave parava para três querubinos saltarem, provavelmente porque partiam em alguma missão especial. Em poucos minutos, chegou a vez de Amaruro e Gabriel saírem, o que souberam pela boca do piloto, que disse:

– Equipe do Amaruro! É o ponto final pra vocês!

– Vem, Gabriel! – chamou o líder saltando da cadeira.

– Boa sorte pra vocês, querubinos! – disse o piloto, fazendo a nave chegar bem perto do chão.

Uma porta lateral foi aberta na fuselagem do gafanhoto, e por ali os dois pularam para fora. Gabriel ainda teve tempo de ver a nave subir de novo, recolher as patas mecânicas e desaparecer no horizonte.

– Rápido, Gabriel! – pediu o menino africano, fazendo seu pupilo se apressar.

Ambos estavam em um deserto cheio de dunas altas e íngremes. A areia debaixo de seus pés não era fofa, por isso conseguiam caminhar sem muita dificuldade.

Também ajudava o fato de já ser tarde. O sol estava abaixo do horizonte e avermelhava o céu cor de terra.

Gabriel imaginou que seria uma viagem quente e abafada. Porém, ao contrário de suas expectativas, sentia um ar gelado bater no rosto.

– Estamos quase chegando – consolou o líder ao ver seu pupilo impressionado com o ambiente hostil.

– A gente está indo para a praia?

– Não, Gabriel. Hoje eu vou responder sua pergunta e mostrar porque combatemos os temulentos.

Sem hesitar, os dois atravessaram algumas formações rochosas, depois subiram uma duna tão alta que parecia a borda externa de uma cratera. Lá em cima, Amaruro pediu silêncio e engatinhou até o topo.

Gabriel o imitou e foi bem devagar até um ponto de onde pôde ver o outro lado daquele paredão de areia. Eles ficaram parados, de barriga apoiada no chão, e assistiram uma coisa curiosa acontecer no fundo do pequeno vale que se formava diante deles.

A princípio, Gabriel pensou que lá estava um homem brincando com várias pipas ao mesmo tempo, mas não demorou a descobrir que se tratava, na verdade, de um senhor de idade bastante avançada tentando se livrar de quatro criaturas que voavam ao seu redor.

Parecia um vovozinho de poucos cabelos brancos e barba rala da mesma cor. Vestia um pijama no qual caberiam dois dele, de tão magro que estava, e seus olhos vidrados refletiam o horror que vivia naquele momento. Os braços finos e enrugados protegiam a cabeça e cortavam o ar, na esperança de afugentar as criaturas que o infernizavam.

O que mais impressionou Gabriel, porém, não foram os berros desesperados do senhor, mas as formas voadoras. Pareciam baratas gigantes, do tamanho de galinhas, pretas e peludas, zunindo suas asas cascudas com o som de motor de carro. Davam rasantes e espetavam o velhote com suas patas cheias de espinhos, indiferentes aos gritos de ódio do infeliz.

Gabriel deixou o queixo cair e quis ir embora dali o mais rápido que poderia correr. Seu tutor, no entanto, percebendo os pensamentos dele, segurou seu braço e explicou:

– Aquelas coisas que você está vendo são temulentos.

Sem poder acreditar, Gabriel olhou de novo. Não conseguia entender como aquelas plantinhas de tentáculos que havia visto no campo de triticuns poderiam ser também criaturas tão asquerosas e vivas quanto aquelas baratas voadoras de carapaça preta e lustrosa.

– Não são seres vivos – continuou Amaruro em voz baixa.

– São apenas pensamentos materializados no Mundo Real.

– O velhinho também?

– Não, Gabriel... O velhinho é o dono desses pensamentos.

Ao ouvir aquilo, ele viu o senhor se jogar no chão, parecendo no fim de suas forças, encolhido para evitar as criaturas atacantes.

Foi então que começou a entender o quão perigosos poderiam ser os temulentos e o motivo de serem combatidos pelos querubinos. Ao perceber que Gabriel estava aprendendo a lição, Amaruro foi adiante:

– Aquele vovô que estamos vendo está dormindo no Mundo Entorpecido e agora encontra, no Mundo Real, tudo aquilo que criou para si.

– Por que alguém pensaria em coisas tão feias?

– Fui informado que ele, durante sua juventude, foi um agiota. Emprestava dinheiro para as pessoas que passavam necessidades e depois cobrava o dobro do que havia emprestado. Quando as pessoas não tinham como devolver nem a quantia emprestada, ele cobrava de tal forma, que retirava delas até suas casas humildes... Entendeu, Gabriel?

– Entendi!... Caramba! Se fosse no Mundo Entorpecido, eu não ia saber de imediato o que é um agiota antes de completar dezoito anos!... Mas, o que isso tem a ver com as baratas?

– Acontece que, depois que ele envelheceu, começou a repensar sua vida e se arrependeu das coisas que tinha feito. Seus pensamentos autodestrutivos tomaram conta de sua vida e aqui ganharam a forma de terríveis baratas cobradoras engravatadas!

Gabriel olhou melhor os temulentos e notou pela primeira vez que, realmente, além de asquerosas, elas ainda usavam gravatas de seda muito bem colocadas ao redor dos pescoços finos.

– Que bizarro! – ele exclamou.

– É hora de agir – disse Amaruro preocupado com o sofrimento do pobre homem no fundo da cratera. – Eu vou sublimar os temulentos, e você fica aqui para ver como eu trabalho. Preste atenção no que eu vou fazer.

– Pode ficar à vontade, Amaruro! – Gabriel falou, aliviado por saber que não precisaria entrar em contato com aquelas baratas blindadas.

Com muita agilidade, o menino africano saltou do chão e pulou para baixo, girando no ar como se estivesse brincando, desafiando a gravidade. Seus movimentos eram quase um voo e o solo de areia dura para ele era como um colchão elástico. Foi assim que chegou bem perto do velhinho caído e ficou ao seu lado, onde adotou uma postura de defesa e ataque simultâneos, com as pernas afastadas, os braços erguidos e um olhar que parecia desafiar os temulentos.

A reação imediata das criaturas psíquicas foi de se afastarem do ex-agiota, mas elas continuaram a voar em círculos, rodeando ambos: ele e o menino intrometido. Era como se fossem sombras fugindo da luz, e Amaruro era o foco da claridade. Não pareciam dispostas a largar a vítima, mas não se aproximariam enquanto o garoto estivesse ali.

Gabriel percebeu que seu amigo estava querendo ensinar alguma coisa para ele, por isso não desgrudou os olhos do que Amaruro fazia. As mãos do garoto apontaram para um dos temulentos que ousou chegar mais perto e, no instante seguinte, ele deixou de ser uma barata de gravata para se transformar em água que caiu no chão ressecado.

O segundo diabrete alado virou um grupo de quarenta borboletas azuis com um simples olhar do menino e se dispersou no ar, batendo suas asas de brilho metálico. A terceira barata caiu na areia depois de apontada pelo dedo indicador de Amaruro e ali ela se tornou uma planta parecida com um cacto sem espinhos.

Gabriel ficou impressionado com aquilo, hipnotizado pelos movimentos graciosos e precisos de seu amigo. Mas estava tão desligado do resto, que não percebeu que a quarta barata peluda gigante havia feito uma curva aberta e estava ao seu lado, zunindo como um aspirador de pó quebrado. Seus olhos facetados refletiam o vermelho do horizonte, e as mandíbulas abriram agressivas quando o menino de cachos dourados que acabara de encontrar soltou um grito de pavor.

Gabriel saiu correndo duna abaixo antes que as patas espinhosas do temulento pudessem agarrar sua cabeça cheia de caracóis. Sentiu que a criatura estava bem atrás de si e podia ouvir as asas cascudas batendo velozes às suas costas. A descida ajudou Gabriel a ganhar velocidade, mas num segundo estava em terreno plano. Seus cabelos estavam em pé, e o medo era tão grande que ele não queria perder tempo olhando para trás. Não sabia para onde estava indo, mas ia o mais rápido que podia, voando baixo entre as dunas menores. Quando achava que não podia se mover com mais velocidade, as patas da barata tocando suas costas o faziam descobrir que ainda podia ir além.

Mas aquilo não seria o suficiente para o que viria adiante.

Gabriel ultrapassou o limite do desespero ao ver que um rochedo havia aparecido em seu caminho. Não dava tempo para pensar em desviar. Seria impossível escalar com agilidade suficiente. Qualquer coisa que tentasse fazer permitiria que o temulento o alcançasse.

Chegou como um raio perto do paredão de pedra e não pensou duas vezes. Sua reação foi instintiva: gritou.

– Socorro, Amaruroooooooo!

Desejou poder voar e suas pernas de criança de sete anos de repente o jogaram para o alto, assim que seus pés tocaram na rocha.

Gabriel se viu subindo como um foguete em direção às nuvens, leve e solto como um golfinho que pula fora da água. Gritou de susto quando percebeu que estava voando em direção à estratosfera. Porém, assim que tomou consciência de que era dono de seus movimentos, riu alto no mergulho rumo ao azul infinito. Sentia apenas a resistência do ar que perfurava. Não ouviu mais o temulento, não sentiu o peso do corpo e o medo desapareceu.

Estava a mais de cem metros do chão, subindo cada vez mais e girando para trás de acordo com a própria vontade. Viu o céu tranquilo e silencioso acima de si e, quando ficou de ponta-cabeça, o sol se escondendo no horizonte. Gabriel encarou o deserto lá embaixo. As dunas cor de ferrugem eram como ondas na água e a luminosidade empurrava suas sombras para longe. Foi então que sorriu de felicidade por perceber sua própria força.

Sentiu que havia parado na atmosfera por um instante e pôde ver o temulento esborrachado no rochedo, quando olhou para baixo. Ficou em pé no ar depois de completar uma volta sobre si mesmo e começou a descer tão rápido, que o vento assobiava em seus ouvidos. Sabia que não estava caindo, mas iria pousar de acordo com a sua vontade, ágil e gracioso como Amaruro sempre fazia. Veloz como um cometa.

Chegou ao solo em pé, flexionando as pernas e tocando a areia com uma das mãos apenas para sentir a firmeza abaixo de si. Em seu peito ardia a energia de um vulcão ativo e sua mente estava calma como uma brisa. Quando ergueu a cabeça, seguro do que estava fazendo, seus olhos brilhavam como o sol e ele viu que o temulento recobrava a consciência para buscar um rumo em sua vida. Gabriel encarou sem receio a psicoforma bizarra e estava prestes a tentar destruí-la com seu pensamento, mas outra coisa aconteceu.

Amaruro chegou ali como um trovão que desce do céu. Apontou as mãos para a última barata cascuda e ela virou um pequeno iguana verde que tombou na areia.

Gabriel tomou um susto com seu amigo recém-chegado porque achava que já havia dominado a situação. Mesmo assim, ficou feliz ao ver que não estava mais sozinho.

Deixou a postura de ataque e, orgulhoso de si, comentou:

– Amaruro! Eu estava quase destruindo o temulento antes de você aparecer.

O menino africano riu alto. Sempre chacoalhava o corpo e mostrava todos os dentes perfeitos quando fazia isso.

– Ah, Gabriel, Gabriel...

Assim dizendo, Amaruro apanhou o iguana cor de alface e colocou-o no braço, onde ele se acomodou como se estivesse em um galho de árvore. Levou perto de seu pupilo e explicou:

– Você não pode destruir os temulentos. A única coisa possível para detê-los é transformá-los em psicoformas inofensivas aos olhos e à mente.

Gabriel ficou envergonhado de si mesmo. Baixou a cabeça e viu o iguana mostrar a língua para lamber a própria cara.

– O que a gente faz – continuou Amaruro – é sublimar os temulentos. Se nervosismo e destruição funcionassem, aquele vovô já teria se livrado das baratas há muito tempo.

Ainda decepcionado, Gabriel ousou perguntar:

– Quer dizer que eu não ia conseguir acabar com o temulento?

– Você só daria mais força para ele... Mas não se culpe, Gabriel! Todos os aprendizes passam por isso. Eu ainda não havia ensinado a sublimação pra você... Não podia imaginar que a baratona fosse persegui-lo.

Gabriel voltou a sorrir e disse:

– Tá bom, Amaruro. Da próxima vez eu faço igual a você.

– Eu tenho certeza de que você consegue, Gabriel! Vi o jeito como você saltou aqui – o menino africano olhou para o alto e sorriu. – A maioria dos novos alunos demora várias aulas para aprender a voar, mas sua habilidade despertou muito rapidamente.

– Eu nunca imaginei que fosse voar daquele jeito! Foi demais!

– Outro dia a gente aperfeiçoa seu estilo, Gabriel. Vamos precisar muito dessa habilidade para encarar os temulentos.

– Oba! Eu vou poder voar mais?

Amaruro colocou a mão no ombro do amigo e confessou:

– Cada vez mais eu me convenço de que escolhi certo o meu segundo aluno.

O menino brasileiro ficou tão feliz que quase não prestou atenção na expressão "segundo aluno". Quando ia continuar o assunto, Amaruro chamou-o de volta para a missão do dia e disse:

– Vamos terminar nosso trabalho com aquele vovozinho.

Cheios de energia, os meninos correram de volta para o lugar que parecia uma cratera. Lá reencontraram o senhor de idade avançada ainda caído no solo, encolhido e quieto como se estivesse dormindo.

Amaruro tocou no ombro dele, resultando em um susto previsível.

– Fora de mim, demônios voadores! – vociferou o velhote sem muita lucidez.

O menino africano esperou até que ele se acalmasse, para então dizer:

– Seus temores foram embora, vovô.

Ao reconhecer a voz humana, o homem retirou as mãos do rosto e olhou assustado ao redor. Viu duas crianças sorridentes e tranquilas ao seu lado, e nem sinal dos monstros que o perseguiam.

– Onde estão?... Os cruéis verdugos que injustamente me torturam, para onde foram?

– Foram passear, vovô – explicou Amaruro ajudando o idoso a se sentar –, mas eles podem voltar se o senhor não melhorar seus pensamentos. Seja mais otimista e perdoe a si mesmo.

Ao ouvir aquilo, o homem encarou com desconfiança os dois pequeninos.

– Acaso seriam vocês os anjos querubins?

Amaruro riu.

– Não. Somos iguais a ti.

– Vocês são anjos de Deus que vieram me salvar dos diabos!

Gabriel resolveu dar o seu toque na conversa, por isso explicou:

– Vovô, aquelas baratas-cascudas-gigantes-voadoras-peludas-mutantes-assassinas-engravatadas e agiotas eram filhas da sua cabeça!

– Como disse? – ele indagou inquieto.

– Eu disse que aquelas ba...

Amaruro interveio a tempo.

– Ele disse para o senhor ter mais amor por si mesmo e pela vida.

De queixo caído, o idoso olhou feio para o menino africano. Parecia ter mudado completamente por dentro seu humor quando exclamou:

– Quem é você para dizer que eu não tenho amor por mim mesmo?

Gabriel se assustou com a reação do vovô, mas seu susto foi duas vezes maior quando o velhote saltou da areia e subiu ao céu com a velocidade de um piscar de olhos, desaparecendo dali como uma bolha de sabão que estoura.

– Que foi isso? – o menino brasileiro disse instintivamente, dando um passo para trás.

Sem se abalar, Amaruro respondeu de imediato.

– Ele acordou, Gabriel. Voltou para o Mundo Entorpecido.

– Eu pensei que ele tinha aprendido a voar.

– Voar é para poucos.

– Ah, bom, Amaruro!... Mas que foi esquisito, foi!

– E como você acha que vai embora do Mundo Real quando se entorpece?

Gabriel pensou e não encontrou a resposta. Na verdade, não percebia o momento exato que partia, da mesma forma que não conseguia precisar o instante em que dormia em sua cama confortável no Mundo Entorpecido.

Amaruro mudou de assunto:

– Bom, Gabriel. Cumprimos nossa bem-sucedida missão. Você está de parabéns por tudo o que aprendeu.

– Obrigado por me ensinar essas coisas legais, Amaruro! Mas será que o vovozinho vai ficar bem? Ele parecia tão zangado com você...

– A gente faz a nossa parte – disse ele com um sorriso. – Se formos esperar gratidão de todos os que ajudamos, vamos desistir de tudo. Vamos andando.

Ambos começaram a subir a duna para retornar ao ponto de encontro com a nave-gafanhoto. Gabriel continuou com suas perguntas.

– Como é que ele não entendeu que os temulentos eram flagelos da sua própria consciência?

– Ele próprio deu a resposta. Disse que tinha amor por si mesmo, mas confundiu amor com orgulho.

Gabriel pensou um pouco e concluiu:

– Que bizarro!

***

Pouco tempo depois, Amaruro e Gabriel estavam de volta ao castelo Branco. Ali foram saudados por muitos querubinos que já sabiam o que havia acontecido naquele deserto do pôr-do-sol eterno.

Gabriel ficou espantado com a recepção, porque era como se ele e seu amigo africano estivessem voltando vitoriosos das Olimpíadas.

– Parabéns, Gabriel! – disse uma menina que ele nunca havia visto, e a cena se repetia a cada passo que dava no amplo saguão do castelo.

– Fizeram uma festa pra gente? – ele perguntou para Amaruro.

– É sempre assim no retorno da primeira missão de um aprendiz... Você se saiu muito bem, como eu já disse.

– Ué, mas eu não fiz nada!

Ambos chegaram bem ao centro do saguão, onde o piso formava o desenho do sol amarelo radiante. Estavam cercados por querubinos vindos de todas as partes do mundo, de todas as cores e cabelos, vestidos com o uniforme branco.

Três crianças se aproximaram da dupla recém-chegada: uma menina com aparência árabe, um garotinho de olhos puxados e um líder de cabelo espetado tão claro quanto sua pele.

– Parabéns, Amaruro! – saudou o líder daquela equipe.

– Obrigado, Pavel.

O menino do penteado tipo escovinha olhou para Gabriel e analisou o brasileiro como quem estuda um mapa. Sorriu, estendeu a mão e comentou:

– Parabéns, Gabriel... Parece que você ainda não se deu conta do que fez.

Gabriel apertou a mão do menino russo e perguntou:

– O que eu fiz?

Mas sua única resposta foi o sorriso dos que estavam ao seu redor.

Pavel bateu no ombro de Amaruro e disse em tom de piada:

– Quem sabe agora você bate seu próprio "recorde", hein?

Amaruro sorriu e baixou a cabeça, meditativo.

Naquele instante, vinda de algum lugar desconhecido, uma música de órgão de tubos encheu o saguão. As crianças se calaram e mudaram de posição, fazendo Gabriel sentir que alguma coisa importante iria acontecer.

Ele e Amaruro ficaram sozinhos sobre o sol amarelo, e o menino africano disse bem baixinho ao ouvido do aprendiz:

– Sempre que voltamos de uma missão bem sucedida, ganhamos um prêmio proporcional ao sucesso obtido.

– É mesmo?... Espero que seja uma caixa de bombons!

Amaruro riu e olhou ao seu redor. Havia alguma coisa diferente por ali, mas não sabia dizer o que era.

Diante deles, no extremo do saguão, havia uma escadaria de mármore branco que dava acesso ao andar superior. Ela estava iluminada de uma maneira que Amaruro nunca havia visto, o que aumentou sua curiosidade.

Enquanto a música continuava, surgiu do alto da escada uma claridade prateada que chamou a atenção de todos os querubinos.

Gabriel pensou que fosse uma nuvem, mas surgiu ali uma mulher alta e bela que usava um longo vestido azul celeste. Seus cabelos cacheados eram longos e pretos, amarrados na altura do ombro por um laço branco. Os olhos claros brilhavam como metal polido debaixo de sobrancelhas bem definidas. Sua presença majestosa impressionou os querubinos. Gabriel não conseguiu tirar os olhos dela.

Amaruro deixou o queixo cair. Quase perdeu a voz, mas ainda assim exclamou:

– Não acredito!

A bela mulher, sorridente e leve, desceu a longa escadaria. Olhava fixo para Gabriel. O menino sentiu que estava preso ao chão, como ferro ligado a um ímã de grande força. Sentiu-se bem por causa disso, porque pensou que estava diante de um anjo de verdade.

Ela abriu passagem pelo grupo imenso de querubinos do castelo Branco até se aproximar da dupla que estava no centro do salão.

Quando ela chegou ao sol amarelo, sorriu para Gabriel. Depois cumprimentou o líder.

– Paz, Amaruro!

– Paz, senhora Átemis!

– Não se espante por eu ter vindo pessoalmente congratulá-lo. Estou ciente de que, mais uma vez, você escolheu com sabedoria seu novo pupilo – assim dizendo, a senhora Átemis sorriu de novo para Gabriel, que parecia hipnotizado.

– Obrigado, senhora! – disse Amaruro. – Eu só lamento que Kosuke não tenha podido participar da nossa missão, desta vez.

– Vocês terão muitas chances, juntos... Por hoje, receba sua gratificação!

Átemis estendeu a mão. Em sua palma surgiu uma pequena estrela de luz prateada, uma psicoforma que evoluiu e se tornou uma rosa branca.

– Senhora, estou honrado – disse Amaruro com os olhos molhados. – Isto é mais do que eu mereço.

– Nós dois sabemos que não! – respondeu Átemis, entregando a flor.

Amaruro pegou a rosa e levou até o peito, onde voltou a ser luz e penetrou no corpo do menino africano bem diante dos olhos de Gabriel, que ficou maravilhado com aquilo. Instantaneamente, o pequeno líder encheu o pulmão de ar e ergueu a cabeça, como se vida nova fosse depositada em seu coração.

Em seguida, Átemis voltou sua atenção para o brasileiro de cachos dourados e fixou nele seus olhos de brilho profundo.

– Paz, pequeno Gabriel!

– A senhora é um anjo?

– Não mais do que você é.

– A senhora é dona deste castelo?

– Eu o construí.

– Uau! – ele exclamou, entendendo finalmente o poder das psicoformas. Imaginou que aquela senhora de beleza incomparável deveria ter a imaginação mais forte do que a de todos os querubinos juntos, para poder arquitetar e manter o castelo Branco só com o pensamento.

– Estou muito feliz por você ter se juntado a nós – ela comentou estendendo a palma da mão, onde surgiu uma pequena estrela. – Como obteve sucesso já em sua primeira missão de aprendizado, o que é muito raro, vim pessoalmente entregar-lhe isto.

A psicoforma transformou-se em outra rosa branca viçosa e úmida, como se fosse recém-colhida de um jardim celestial. Gabriel ficou parado, sem saber o que fazer. Olhou para Amaruro e este, sem palavras, disse para ele pegar a flor. Mas ainda estava indeciso.

– Senhora Átemis, eu não fiz nada de importante. Saí correndo da baratona e depois ainda tentei destruir ela, ao invés de transformá-la em *triticum* que não fere os olhos e nem o pensamento... Por que estou ganhando essa rosa igual à do Amaruro? Ele fez tudo sozinho...

Sem perder o sorriso sereno, Átemis manteve esticada a mão que oferecia a flor e respondeu:

– Este prêmio é por dois motivos: primeiro pelo que você aprendeu hoje, e não pelo que já sabia... Segundo, por reconhecer que ainda tem muito a aprender.

Gabriel pensou um pouco e abriu um sorriso largo, depois de concordar em que havia conhecido coisas novas e importantes naquela missão. Por isso, pegou a rosa branca e a analisou. Não sabia se a cheirava ou se a guardava para colocar em um vaso com água, mais tarde. As crianças ao seu redor pareciam esperar alguma coisa, mas ele não sabia o que era.

Amaruro veio em seu socorro, ao indicar com um gesto que Gabriel deveria aproximar a flor de seu peito. E o menino brasileiro o imitou.

Tomou um grande susto quando a rosa foi sugada para dentro dele, como se tivesse ido parar nos pulmões. Mas a primeira impressão foi completamente esquecida, apagada pelo que veio depois. Seu pequeno corpo de sete anos ficou cheio de energia e Gabriel sentiu vontade de correr sem parar até dar uma volta ao Mundo Real. Seus pés saíram do chão por um instante; seu corpo foi tomado de eletricidade.

Como parecia embriagado por causa da rosa, a senhora Átemis explicou:

– O prêmio que ganhou agora é o menor de todos... Vai repor as energias que você gastou durante a missão, para retornar bem ao Mundo Entorpecido.

Assim dizendo, ela se despediu de Amaruro com um beijo em sua bochecha. Depois fez o mesmo com Gabriel. No entanto, o menino brasileiro recebeu mais do que um beijo.

Teve a impressão de que a senhora Átemis lhe dizia um monte de coisas importantes em seu ouvido quando se aproximou. Eram palavras que falavam do futuro, repletas de sabedoria, conselhos, lugares, pessoas e coisas. Luzes e sombras se chocavam em espiral enquanto subiam acima das nuvens.

Mas Gabriel não ouviu com os ouvidos. Sentiu que um mar de informações havia entrado em sua cabeça, porém se escondeu em algum lugar muito profundo em seu mundo interno. A única coisa nítida que ficou gravada em sua memória foi uma ordem clara e irresistível de Átemis que só ele escutou:

– Voe, Gabriel!

Quando o rosto da mulher se afastou, o sorriso dela havia sumido, restando em seu lugar apenas uma expressão séria, serena e meditativa a encarar o pequeno querubino.

Ao seu lado, Amaruro parecia satisfeito e ignorava por completo o que Átemis havia feito com a mente de seu amigo. As crianças estavam quietas e maravilhadas com a presença da senhora. O próprio Gabriel não conseguiu emitir uma palavra. Dentro de sua cabeça, a ordem secreta de Átemis ainda vibrava como a luminosidade do sol e o menino ficou paralisado.

Sentiu sono. Sua vista ficou pesada.

O castelo Branco pareceu se encher de luz e a última coisa que viu antes de retornar ao Mundo Entorpecido foram os olhos faiscantes da senhora Átemis grudados nos seus.

∗∗∗

A luz de um novo dia entrava pela janela de seu quarto, e Gabriel despertou suavemente. Encheu os pequenos pulmões de ar e foi invadido por uma alegria imensa, guardando na memória a maior parte de tudo o que tinha vivido no Mundo Real: aquele que as pessoas chamavam de mundo dos sonhos. Lembrava, acima de tudo, da sensação de paz que a presença daquela mulher transmitia, e esta impressão Gabriel levou consigo pelo resto do dia.

Logo depois do café da manhã, sua mãe Eleonora o levou para passear em uma feira de artesanato e culturas do centro da pequena cidade em que viviam. Lá Gabriel viu muitas coisas bonitas e interessantes nas barracas de brinquedos de madeira, comeu pastel, tomou caldo-de-cana enquanto seguia a mãe e a tia Eugenita por todos os lados.

Na barraca de flores, Gabriel olhava distraído o movimento das pessoas quando tomou um susto: reconheceu Amaruro no meio da multidão.

Apesar de seu amigo estar de costas, não tinha a menor dúvida de que era ele e saiu correndo para abraçá-lo, deixando para trás a mãe e o copo de garapa, que foi para o chão.

– Amaruro! – ele gritou com sua voz infantil, o que não espantou ninguém ao seu redor por causa da grande concentração de crianças que havia ali.

Chegou quase tropeçando ao lado do novo amigo e se pôs diante dele num salto, segurando-o pelo braço e exultando de felicidade pelo encontro que antes parecia impossível no Mundo Entorpecido.

Mas seu sorriso durou pouco; transformou-se primeiro em surpresa e em vergonha depois, porque a criança assustada que ele segurava era parecida com Amaruro de costas, mas não era ele.

Por trás dos óculos que lembravam dois fundos de pote de mel, o menino desconhecido estranhou a atitude do garoto de cachos amarelos, debaixo dos quais possivelmente faltava algum parafuso.

– Ai... – ele disse desconcertado e baixando os olhos. – Confundi...

Sua mãe o salvou do constrangimento público chamando de longe:

– Gabriel! Volta aqui, menino!

Ele aproveitou e correu de volta para a segurança da barra da saia da mãe que perguntou:

– Quem era aquele menino? Era da sua classe?

– Era... – respondeu o aprendiz de querubino, apenas para não entrar em detalhes de sua vida secreta no Mundo Real.

No final da tarde, já em sua casa, Gabriel brincava no quintal e corria de um lado para o outro. No fundo, a lembrança de que podia voar o lançava ao desejo de fazer a mesma coisa no Mundo Entorpecido, por isso abria os braços; fazia de conta que estava nos ares sobrevoando nuvens do tamanho de montanhas.

Quando estava cansado de apenas imaginar, perguntou a si mesmo se alguma coisa impedia que pudesse flutuar também ali. Como não encontrou uma resposta lógica que o prendesse ao chão, era evidente que bastava tentar para fazer o mesmo que havia aprendido no mundo dos sonhos.

O sobrado do fundo do quintal seria o local perfeito para se lançar ao céu, visto que a janela do andar de cima era alta. Assim provaria a todos que nada é impossível para a vontade humana. O mundo assistiria assombrado, mas, ao mesmo tempo, feliz, o menino que voava e que foi visitar seu amigo na África, em um voo sem escalas.

Ele subiu correndo a escadaria do sobrado e foi direto para a janela.

Confiante de si, sem hesitar, Gabriel pulou da janela que ficava a quatro metros de altura e esticou os braços. Sentiu o ar assobiar em suas orelhas e seus cachos balançando para trás, não porque estava subindo, mas porque caía como um abacate maduro despencando da árvore.

Seu corpo leve encontrou o emaranhado de barbantes do varal que ficava bem debaixo da janela, o que aliviou sua queda, para sua sorte. No fim, Gabriel aterrissou dentro de uma bacia plástica cheia de roupas e cobertores. Ali ficou, enrolado nos fios, entre pregadores, meias e cuecas molhadas.

Naquele instante, ele aprendeu uma lição muito valiosa para alguém que vive no Mundo Entorpecido: crianças não voam.

✳✳✳

Nos dias que se passaram, Gabriel visitou o castelo Branco todas as noites em que dormia. Era um fenômeno automático. Simplesmente perdia a consciência em sua cama e abria os olhos do outro lado, no Mundo Real.

Amaruro quase sempre o esperava por lá. Levava o menino brasileiro a passeios por vários lugares, onde aproveitava para ensinar peculiaridades a respeito dos temulentos e de como eliminá-los. Mas a intenção principal do professor era fazer seu pupilo se acostumar com a ideia da existência daquelas psicoformas maléficas, para não se intimidar diante delas.

Instruído pelo querubino mais velho, Gabriel apenas olhava os temulentos serem sublimados e se habituou a ver as coisas mais estranhas. Quando não eram pequenos monstros criados pelas próprias pessoas que visitavam o Mundo Real durante o sono, eles se deparavam com criaturas que lembravam algum tipo de musgo da cor do petróleo e que infectavam os mais variados órgãos das pessoas. Amaruro sublimava todos eles, livrando os indivíduos de suas tormentas materializadas ou de processos mórbidos que se refletiam em doenças no Mundo Entorpecido.

Certa vez, quando o querubino levou seu pupilo para ver uma lagarta do tamanho de um ônibus, a qual devorava a casa e o carro de um homem de muitas posses durante o sono, Gabriel perguntou enquanto ambos analisavam a voracidade do inseto obeso e monstruoso:

– Amaruro, quando eu vou poder sublimar também?

O menino africano ponderou aquele que era um pedido velado e respondeu:

– Acho que você já se acostumou bastante com as coisas que vê no Mundo Real, Gabriel. Vou providenciar para você uma última aula no castelo Branco e, depois, finalmente, você poderá trabalhar como querubino.

Feliz da vida, Gabriel viu seu amigo transformar o bicho gigante em um imenso canteiro de flores em forma de colina, o qual quase tomou o espaço da casa que também era uma criação mental do homem desesperado.

Ao redor deles, o ambiente era uma floresta de onde vinham os mais estranhos sons e gritos de criaturas imaginárias, o que dava a impressão de a casa estar cercada por ameaças. Todo aquele ambiente era formado por psicoformas do homem rico que criara para si mesmo o centro de suas atenções, representado por seu imóvel, sempre acompanhado pelo maior de seus temores: a perda.

– Minha casa! – disse o homem quase em prantos. – Estão querendo destruir tudo o que eu criei...

Antes de os querubinos partirem, Amaruro aproveitou para dar um conselho ao homem vestido de terno e gravata.

– Senhor, talvez se você colocar em primeiro lugar em sua vida outras coisas mais importantes do que seus bens, sua casa e seu carro, o senhor tenha noites de sono mais tranquilas.

O homem olhou torto para a criança que não havia percebido ao seu lado antes, mas ficou calado.

– Tente colocar sua família em primeiro lugar. – completou Amaruro serenamente.

Mas o homem deu um passo para trás e ameaçou:

– O que você quer na minha casa, moleque?... Minha família? Quer me roubar, é? Olha que eu chamo a polícia!

O dono da casa semidevorada pela lagarta do medo que ele mesmo havia criado estava pronto para partir para a violência física, mas viu espantado o menino africano e seu amigo de cachos amarelos voarem para o céu com grande velocidade.

Lá em cima, os querubinos entraram a bordo da navegafanhoto, prontos para irem embora. Viram a floresta do alto, notando como ela era minúscula e mais parecia um jardim a cercar a tão preciosa casa dos sonhos daquele homem. Todavia, o pequenino oásis estava cercado por gelo e neve. Era como um recorte mal feito de revista colado sobre uma imensa foto do polo Norte.

Enquanto a comporta da nave se fechava, Gabriel comentou:

– Que cara mal agradecido!... Não ouviu nada do que você disse!

Amaruro abriu um sorriso franco.

— Talvez, Gabriel... Mas a cabeça da gente funciona de um jeito engraçado, especialmente quando estamos no Mundo Entorpecido. As palavras que eu disse, por mais que tenham sido ignoradas, ficaram gravadas na memória do cidadão e, quando ele acordar, ou melhor, quando se entorpecer, vai ouvi-las de novo em sua mente como um bom conselho de sua consciência. Nós plantamos as sementes, mas são as pessoas que dão os frutos.

Gabriel sorriu também.

— Bizarro!

O sol estava praticamente sumindo no horizonte, o céu azulado era como uma tela azul onde a lua aparecia pintada de branco. Debaixo disto tudo, Gabriel se concentrava em observar como as lagartas devoravam o pé de arruda do quintal de sua casa. A fome das criaturas parecia não ter limite, e elas só paravam por alguns instantes quando o menino cutucava os bichos com um graveto. As pequenas e esfomeadas criaturas eram bem diferentes daquela que Gabriel havia visto no Mundo Real, a começar pelo tamanho de baleia que tinha aquela.

Depois de terminar a observação de tão interessantes insetos destruidores de jardim, Gabriel entortou o pescoço para o alto e fez da lua seu próximo alvo de análise, o qual infelizmente não dava pra cutucar também.

Imaginou como deveria ser bom ficar bem perto dela, voar, nem que fosse dentro de um foguete espacial, descobrir se lá havia insetos comedores de plantas, e como eles deviam ser diferentes. Seu sonho era um dia poder viajar no espaço e conhecer todas as coisas do Universo. Tinha dentro de si a certeza de que faria isto, no futuro.

Mas a realidade do Mundo Entorpecido o chamou de volta para o planeta Terra de um jeito não muito agradável: ele escutou um grito na casa do vizinho. Logo percebeu que era uma briga. As vozes se cruzavam no ar como pedras lançadas para ferir. Aquilo não era novidade para Gabriel; todos sabiam que o dono da casa ao lado sempre discutia com sua mulher por causa de uma tal de *cachaça*.

As palavras e berros eram constantes, e o menino imaginou que o ambiente deles ficava cheio de temulentos, sempre que isso acontecia. Por isso concluiu que teria muito serviço naquela noite, quando fosse para o castelo Branco.

Sua mãe o retirou desses devaneios quando chamou todo mundo para o jantar, então Gabriel entrou correndo.

2 A EQUIPE COMPLETA

GABRIEL ADORMECEU. CHEGOU ao salão principal do castelo Branco, lugar onde os querubinos surgiam assim que deixavam o sonho do planeta Terra e ganhavam consciência no Mundo Real. Olhou ao seu redor e viu grupos de crianças andando despreocupadamente por ali, entrando e saindo de corredores, mas nem sinal de Amaruro. Procurou pela presença luminosa da senhora Átemis, como sempre fazia desde que a vira pela primeira vez, porém soube de imediato que ela não estava lá, porque não sentia sua presença radiante. Tudo parecia normal.

Percebeu que já estava vestido com o uniforme branco dos querubinos. As roupas pareciam feitas para andar em algum planeta desconhecido, mas também lembravam as vestes de praticar esportes. Os anjinhos pintados pelas paredes usavam vestidos ou saiotes brancos. Ele ficou feliz porque a moda daquele tempo já havia passado. Os novos querubinos pareciam muito mais à vontade com os uniformes colantes.

Estava apreciando seu calçado e se perguntava se aquilo era um tênis, um sapato ou uma bota de alpinista, quando outro menino aproximou-se dele.

– Oi! Você é o Gabriel, né?

Era um garoto japonês de sete anos, do seu tamanho, cujos cabelos pretos eram longos e iam até metade das costas. Uma franja muito lisa encostava-se às sobrancelhas grossas, os olhos puxados eram cheios de vivacidade. Também usava o uniforme dos querubinos, branco com detalhes de azul celeste. Tinha um sorriso que parecia que nunca iria acabar.

– Sou... – ele respondeu meio sem graça. Esperava por um aperto de mão, mas o japonês, como era costume em sua terra, cumprimentou-o curvando o corpo.

– Meu nome é Kosuke... É uma honra conhecê-lo, Gabriel!

O menino brasileiro curvou-se também, do jeito que via fazerem nos seriados orientais de televisão.

– O Maru pediu que eu te encontrasse – continuou Kosuke. – Ele disse que ia se atrasar, hoje.

– Hã? Quem é o Maru?

– O Maru?... É o Maruzão, 'véio'! Nosso amigo das savanas, o grande caçador de rinocerontes – assim dizendo, Kosuke riu alto e continuou. – Mas eu acho que você o conhece pelo nome de Amaruro.

– Ah! Eu não sabia que Maru era o nome dele...

– E não é! Fui eu que dei esse apelido. É que Amaruro é muito difícil de falar, né? Eu prefiro Maru... E você, tem apelido?

– Todo mundo me chama de Gabrielzinho.

Kosuke fez cara de reprovação.

– Horrível! Eu vou arranjar um apelido pra você, mais tarde... Por enquanto a gente precisa se conhecer melhor, porque agora fazemos parte da mesma equipe.

– Você também é aluno do Amaruro, Kosuke?

– Sou... Você já percebeu que as equipes são sempre compostas por três querubinos?

– Já.

– Então entende que a equipe do Maru está completa agora, com a sua chegada.

– Que legal! Vamos combater juntos os temulentos!

– É, mas eu fiquei sabendo que você já se deu bem na sua primeira missão há uns dias, né? O Maru me contou que você já sabe voar.

– Eu voei pra escapar de uma baratona-cascuda-voadora-mutante-engravatada!

– Tudo isso?!? – Kosuke fez cara de espanto e riu. – Eu demorei dois meses e quinze dias pra aprender a flutuar. Quem sabe, se eu tivesse tido a sorte de ter uma dessas baratas gigantes correndo atrás do meu cabelo, na minha primeira vez... Talvez eu tivesse voado, também!

Gabriel tentou alertar o novo amigo.

– Você não ia gostar, não! Elas pareciam monstros terríveis e davam medo até de longe!

Kosuke deixou seu sorriso sumir por um instante. Encarou Gabriel e pôs a mão em seu ombro.

– Gabriel, aqueles temulentos em forma de inseto que você enfrentou são uma das coisas mais inofensivas do Mundo Real – o menino japonês apontou para a grande vidraça do salão. – Eu posso te dizer por experiência própria que lá fora existem coisas centenas de milhares de milhões de vezes mais feias, mais perigosas e mais difíceis de combater do que baratas nascidas do arrependimento.

Gabriel olhou pela janela e viu apenas um céu azul e límpido. Poucas nuvens de algodão boiavam no ar puro. Não podia imaginar como aquilo seria possível. Era um mundo tão belo, aquele onde a senhora Átemis vivia.

– Nosso amigo Maru jamais te levaria em uma missão verdadeiramente perigosa assim, logo de cara... – explicou Kosuke.

– Quer dizer que eu não corria risco com aqueles temulentos?

O menino oriental voltou a sorrir.

– Risco?... Sim, corria risco de ser arranhado e ficar cheio de riscos!

Ele riu alto de novo da cara de espanto do brasileiro. Depois o convidou a andar.

– Venha, precisamos visitar uma pessoa aqui no castelo e assistir a uma aula.

Enquanto andava, Gabriel aproveitou para dar vazão à sua curiosidade.

– Kosuke, você é japonês, não é?
– Puxa, Gabriel, como você percebeu?
– Você lembra exatamente de onde veio lá do Japão?
– Ninguém consegue fazer isso.
– Você conhece algum samurai, por lá?
– Não que eu me lembre...
– Você conhece algum ninja, por lá?
– Caramba, Gabriel, como você faz perguntas!... Parece criança! – ele disse e riu de novo.

Kosuke levou Gabriel por uma escadaria que descia até o subsolo do castelo Branco, um lugar iluminado pela luz do dia que entrava por vidraças no teto. Bem no centro do amplo corredor que atravessaram havia a estátua de um anjo com quatro metros de altura, esculpida em mármore. Era uma réplica perfeita de um homem forte de semblante sério, vestindo uma túnica grega e com duas asas poderosas em suas costas.

Maravilhado com aquilo, o menino brasileiro sentiu que a estátua majestosa deveria ter algum significado especial para os querubinos, porque representava um anjo adulto, destemido e glorioso, cujos olhos concentrados miravam o horizonte distante. Todas as luzes daquela parte mais ampla do corredor pousavam sobre a escultura branca, dando a entender que aquele lugar era o centro da mansão, o coração vital do castelo. E o menino se perguntou quem seria aquela personalidade tão admirável, a ponto de merecer virar uma estátua gigantesca no meio de um ambiente cheio de belezas e claridade.

Enquanto passavam por ali, Gabriel notou que havia uma inscrição em letras douradas no pedestal de mármore preto. Ele leu em voz alta.

– "Homem de Deus".

Kosuke não parou pelo caminho, mas indagou:

– Gostou da sua estátua?

– Minha? – ele perguntou. – Não foi a senhora Átemis quem construiu tudo, aqui?

– Gabriel – explicou o japonês –, seu nome significa "homem de Deus".

O menino deu uma olhada para trás e viu as costas aladas da grande estátua. Sem precisar raciocinar muito, ele concluiu:

– Quer dizer que é a estátua do anjo Gabriel?

– Sim... Quer dizer, mais ou menos... O Maru ainda não te ensinou que não há anjos?... Somos todos homens em evolução... Homens de Deus... Eis o significado da estátua.

– Como assim?

– Bom, vou tentar contar a história da maneira mais resumida possível... Você já ouviu falar dos homens das cavernas, né? Antes deles, a gente era um bando de bichos parecidos com macacos. Depois a dona evolução fez seu trabalho, a gente ganhou cérebros maiores, aprendemos a falar, criamos o fogo. Aquela coisa toda!... Ah, o Maru sempre explica melhor do que eu!

– O que é que os homens das cavernas têm a ver com anjos? – Gabriel estava desconfiado que Kosuke houvesse se perdido na história, mas mesmo assim continuou andando ao lado dele, atento à resposta.

– Os homens das cavernas evoluíram, começaram a construir pirâmides... Ou será que as pirâmides vieram muito depois disso?... Não importa! O importante é que o ser humano – nós – aumentou em muito a sua capacidade de pensar e ganhou um intelecto privilegiado... Quer dizer, às vezes, a gente usa ele... Enfim, desenvolvemos a capacidade do pensamento lógico e constante.

– Tá... E os anjos?

– Ah, sim! Os anjos! – Kosuke parou na frente de um vitral pequeno que estava bem alto na parede. Apontou as imagens de crianças gorduchas boiando sobre as nuvens com asas brancas. – Aquilo são anjos...

O menino japonês esperou a cara de decepção que Gabriel fez, depois riu com gosto até doer a barriga.

– Não tem graça! – Gabriel protestou. – Eu já sabia que gente com asas nas costas ou bebezinhos rechonchudos tocando harpa são anjos. Só não entendi o que os macacos e as cavernas têm com isso.

– Há! Há!... Ai, Gabriel... Eu sempre quis aprontar essa com alguém. Mas vamos lá... É sério!

– Quero ver...

Kosuke ficou sério e gesticulou para desenhar no ar o que disse.

– Quando nós ganhamos a capacidade de raciocinar, começamos a ser responsáveis pelos nossos pensamentos, que se tornaram muito mais elaborados. Desde aquele tempo, quando despertamos do mundo animal para o mundo dos humanos, começamos a modificar o Mundo Real – ele abriu os braços e indicou o ambiente ao redor. – Algumas pessoas o modificam para o bem, outras para o mal, mas a maioria faz as duas coisas o tempo todo... Quando alguém aqui nessa dimensão usa sua mente só para o bem, as pessoas do Mundo Entorpecido dão a ele ou ela o nome de anjo.

– Então – Gabriel coçou a cabeça, surpreso –, qualquer um pode ser um anjo?

– Desde que use o cérebro apenas para coisas boas. Para isso, a pessoa tem que ter um grau de evolução razoável, acima da média.

Kosuke voltou a caminhar.

– Uau! – fez Gabriel seguindo seu novo amigo. – Eu sempre pensei que os anjos fossem criaturas maravilhosas que vivem em cima das nuvens.

– A palavra anjo literalmente significa *mensageiro*... Às vezes, alguém daqui do Mundo Real precisa enviar uma mensagem para alguém no Entorpecido, e faz isso por meio de sonhos ou usa as habilidades das pessoas que podem ver e ouvir o que eles dizem... Ora, se estão mandando uma mensagem, são mensageiros, portanto anjos.

Fizeram uma curva para a esquerda e se depararam com outra equipe de três querubinos parada diante de uma porta.

– O-ou! – Kosuke deixou escapar enquanto ainda estavam suficientemente longe. Seu passo vacilou e Gabriel percebeu.

– O que foi?

– Nada, Gabriel. Depois eu te conto.

Quando se aproximaram, o menino brasileiro reconheceu o líder daquela equipe. Era o garoto de cabelo escovinha amarela que havia cumprimentado no dia em que ganhou a rosa branca da senhora Átemis. Ele parecia ter oito anos de idade. Seu rosto ficou iluminado por um sorriso malicioso assim que viu a aproximação de Kosuke.

– Ora, ora, ora! – ele fez para os dois recém-chegados. – Se não são os pupilos do Amaruro.

– Oi, Pavel, como vão as coisas na Sibéria? – perguntou Kosuke fazendo Gabriel se lembrar do nome daquele menino.

– Sibéria, não! – corrigiu Pavel parecendo pouco à vontade com o erro. – Rússia!... Você sabe muito bem que eu vivo na Rússia.

– Ah, é tudo lá perto.

Pavel relevou a brincadeira, encarou Gabriel e perguntou:

– E onde está seu líder Amaruro, hoje? Será que está sublimando uns trezentos ou quatrocentos temulentos de uma vez, por aí?

A menina árabe e o garoto coreano que o acompanhavam riram da observação, deixando Kosuke sem graça.

– Gabriel – disse o menino russo –, você sabia que Amaruro é o maior sublimador de temulentos deste castelo?... Pena que só ele tenha certeza disso.

– É mesmo? – fez o brasileiro.

Para cortar a conversa, Kosuke passou o braço em volta dos ombros de Gabriel e o afastou dali, dizendo em voz alta:

– A prosa está muito boa, Pavelzinho, mas eu tenho um compromisso inadiável com meu amigo brasileiro.

Mas, para o desgosto dele, o menino com cabelo escovinha revelou:

– Se vieram assistir a aula, vamos acompanhá-los. Vim trazer minha nova aluna.

Kosuke parou no meio do caminho e viu a menina que Pavel apontava. Seu cabelo era uma trança grossa e longa nas costas; os olhos pareciam duas fubecas pretas.

– Ah, que bom! – disse o japonês. – Agora a equipe do *Pavio* está completa.

– Meu nome é Pavel! – corrigiu o menino russo, como se fizesse isso pelo menos três vezes ao dia.

– Perdão. É o meu sotaque ninja.

Kosuke continuou a puxar Gabriel para longe, mas não muito, porque o destino de todos eles era uma sala cujas portas de madeira pesada estavam logo à frente.

Um pouco mais à vontade, Kosuke pôde conversar com seu novo amigo brasileiro.

– Vem, Gabriel. Vou te apresentar o instrutor Bolonhesa.

– Bolonhesa?

– É. Ele é italiano e vai te ensinar uma coisa importante a respeito de nós, querubinos... Acho que está quase na hora.

Assim dizendo, Kosuke consultou uma ampulheta que ficava sobre um pedestal, ao lado da porta. Nela, a areia dourada estava a poucos grãos de passar completamente para o compartimento inferior. Quando aquilo acontecesse, a aula dos querubinos novatos teria início.

Gabriel olhava para a ampulheta, curioso com a maneira quase irreal como a areia escorria para o bojo de baixo, quando viu pelo canto dos olhos que alguém chegava pelo corredor ao lado. Uma querubina chegava com passos leves e silenciosos, mas atraiu a atenção de todos por causa da aparência segura e firme que ela tinha. A menina emitia uma aura parecida com a de Amaruro, com aquele ar inabalável e amistoso que apenas alguns líderes de equipe conseguiam transmitir.

Sorridente, ela parou entre a equipe de Pavel e a dupla diante da porta.

– *Namastê!* – ela saudou juntando as mãos na frente do peito e se inclinando de leve para cumprimentar os colegas.

Gabriel percebeu imediatamente que ela era indiana, mesmo sem saber ao certo de onde teria vindo aquela certeza. A menina devia ter oito anos de idade, andava com as costas muito retas e tinha longos cabelos pretos que ficavam presos para trás, deixando as orelhas livres para exibir uma série de brincos delicados.

– Oi, Samadhi! – Kosuke imitou o gesto dela, enquanto os outros a saudavam também.

Samadhi ergueu a cabeça e seu olhar muito tranquilo e penetrante buscou Gabriel. O menino brasileiro sentiu a intensidade daquele gesto, porque Samadhi tinha olhos grandes e escuros, combinando com a pele amendoada e o rosto fino. Depois de sorrir para ele, a menina voltou sua atenção para Kosuke.

– O Amaruro pediu que eu acompanhasse vocês dois na aula de hoje. Vim com muito prazer, porque ele é um grande amigo. E eu estava curiosa para conhecer sua nova equipe.

Ao dizer aquilo, Samadhi olhou de novo para Gabriel.

– Você é o mais novo aluno do castelo Branco, não é?

– É. Meu nome é Gabriel, e eu vim do Brasil. E você, Samadhi, veio da Índia?

Ela sorriu e não piscou enquanto manteve o olhar firme no menino.

– Na verdade, não... Meu corpo está dormindo lá, mas todos nós somos daqui, do Mundo Real.

– Hein? – Gabriel fez beiço e coçou os cachos.

– Aqui é a nossa casa – Samadhi abriu os braços e apontou em todas as direções, certa de que estava dizendo a coisa mais óbvia de todas. – É onde passamos a maior parte do tempo. Mesmo quando estamos no Mundo Entorpecido da matéria, passamos um terço de nossas vidas aqui.

– Uau! – Gabriel quase entendeu o que ela tinha dito. – Eu nunca tinha feito esse cálculo! Também, não sou muito bom de matemática...

Samadhi percebeu que a equipe do Pavel também estava prestando atenção à conversa, por isso aproveitou para aprofundar a lição que queria passar.

– Esse é o motivo de nós, querubinos, sermos importantes para a Humanidade... Todos os que vivem hoje no Entorpecido passam mais de trinta por cento do tempo da vida aqui, onde nossos pensamentos e emoções não têm rédeas, são como cavalos selvagens. Nós podemos usá-los para nos levar adiante ou podemos receber um coice. Depende de nossas escolhas.

As crianças se puseram a pensar quando a pequena líder terminou sua explicação. Como a cabeça de Gabriel não parava um minuto e saltava de um assunto para o outro, ele aproveitou o instante de silêncio para dar vazão à sua curiosidade.

– Kosuke – ele cochichou perto do ouvido do amigo –, o que o Pavel quis dizer quando falou que o Amaruro era o maior sublimador de temulentos, mas só na cabeça dele.

– Depois eu explico, Gabriel... Nosso tempo acabou.

O último grão de areia escorreu pelo gargalo da ampulheta. Um estrondo foi ouvido, como se, do outro lado da porta, um armário tivesse caído.

Pavel e sua equipe se aproximaram. Gabriel percebeu que a porta da sala se dividiu em duas debaixo do seu olhar atento. Em seguida, ela estremeceu como se fosse viva e começou a abrir lentamente para o lado de dentro, igual a um portão.

As seis crianças ficaram maravilhadas com o que havia do outro lado, porque esperavam uma sala parecida com uma biblioteca ou uma escola. Porém, para o espanto dos querubinos, a entrada mais parecia uma saída que dava acesso a um ambiente pantanoso, cheio de árvores secas e retorcidas, envolto em uma neblina que os impedia de enxergar além de dez metros.

Gabriel não acreditou naquilo, porque a janela do corredor onde estavam mostrava que o tempo lá fora estava límpido e ensolarado, como sempre acontecia no vale do castelo Branco. Dentro daquela sala estranha, no entanto, as rãs coaxavam preguiçosas sobre o lodo, e a umidade fazia redemoinhos no ar gelado.

– Venham, crianças! – chamou uma voz lá de dentro, que assustou a menina árabe. Pelo timbre, Gabriel soube que era um adulto, mas não pôde vê-lo de imediato.

Todos entraram meio receosos de molhar os pés e não passou despercebido a nenhum deles que a porta da sala parecia impedir que o ar daquele ambiente sombrio invadisse o corredor do castelo. Uma vez lá dentro, era como se estivessem em outro mundo.

Olhando para o alto, Gabriel viu que o sol se resumia a uma claridade débil, apagada, atrás da névoa. Quando baixou a cabeça, percebeu que um vulto enorme se aproximava por entre as árvores espinhentas e logo reparou que era um homem gordo, cuja barriga devia ser a responsável pela metade de seu peso. Os cabelos faltavam em cima da cabeça, mas, para compensar, usava um bigode farto, debaixo do nariz em forma de abacate.

– Não precisam ter medo, crianças – ele disse, agitando os braços no ar enevoado. – Estarão seguras enquanto estiverem comigo.

Aquele adulto observou bem de perto as crianças, enquanto a porta da sala se fechava lentamente.

– Bem, bem! Vejamos o que temos aqui... Ah! Olá, Samadhi! O que veio fazer aqui? Onde está sua equipe?

– Eles estão assistindo uma aula de transmissão de pensamento interdimensional. E eu estou acompanhando os novos alunos do Amaruro.

O instrutor grandalhão pensou por um instante, olhou o menino japonês e o outro, com cabelo de ovelha, e entendeu.

– Mas, quê?! – trovejou o italiano. – Cuidando dos alunos dos outros! Você é mesmo uma garotinha muito esperta.

Samadhi se manteve tranquila, porém uma pequena nuvem de preocupação passou por seu semblante depois de um momento.

– Além disso – ela completou –, tenho sentido uma pequena distorção na harmonia do ambiente, ultimamente. O senhor não percebeu isso?

Ele se inclinou na direção dela, olhou para o lado como se procurasse a fonte da inquietação da menina e, não encontrando nada, voltou a dar atenção a ela.

– Oh, claro!... Uma distorção, sem dúvida!

O instrutor endireitou a coluna e olhou com surpresa para os outros querubinos, fingindo que os estava vendo pela primeira vez.

– E quanto a vocês, *bambinos*? Você é o Pavel e este é o seu aluno Xeng... Este outro é Kosuke. Logo, posso deduzir que esta menina e o garotinho dos cachinhos dourados são os alunos da vez.

Pavel apresentou a querubina.

– Esta é Aixa, minha mais nova pupila.

– Prazer, Aixa! – cumprimentou o adulto, apertando a mão dela com força, quase agitando a menina no ar. – Vamos colocar um sorriso nesse rostinho! Você precisa comer mais, menina! Sua mãe não prepara uma bela macarronada aos domingos?

– Eu sou árabe.

– Ah! – ele fez ainda apertando a mãozinha infantil que quase arrebentou entre seus dedos. – Então você precisa comer mais quibes!

Para o alívio de Aixa, o italiano terminou o aperto de mão exagerado e se virou para Gabriel, fazendo dele a próxima vítima.

– E você, menino com cara de anjinho, como se chama?

Com a mão espremida no que parecia ser a pata de um elefante, Gabriel respondeu:

– Meu nome é Gabriel, senhor Bolonhesa.

– Bolonhesa? – indagou o adulto com espanto súbito. – Meu nome é Fuzzili. Mas podem me chamar de instrutor Fuzzi.

Com o canto dos olhos, Gabriel viu que Kosuke fazia cara de santo. Na certa, Bolonhesa era só mais um apelido secreto que ele havia dado ao instrutor.

– Já sei! – exclamou Fuzzili, largando a mão do menino brasileiro. – Você deve estar com fome, não é?... De onde você vem?

– Do Brasil.

– Pois, então, trate de comer mais bananas por lá! Precisa crescer forte se quiser combater os temulentos.

– Sim, instrutor Fuzzili.

O italiano endireitou o corpo redondo, verificou que a porta da sala já estava fechada e pediu a atenção das crianças.

– Meus pequenos querubinos e querubinas, como vocês já devem ter percebido, a aula de hoje nos levou até um lugar bem perto de onde os temulentos vivem, o que nos dará a chance de estudarmos essas psicoformas nocivas em seu *habitat*.

– A gente não está mais no castelo Branco, instrutor Fuzzi? – perguntou a menina árabe, olhando ao redor.

– De certa maneira, não. De outra, sim... A porta que atravessaram os trouxe até uma sala de teletransporte. Pode-se dizer que ainda estamos dentro desta sala especial do castelo, mas ela foi até este ambiente, que fica em algum lugar longínquo do Mundo Real, *capisce*?

Gabriel levantou a mão para fazer uma pergunta.

– Instrutor Fuzzi, se o senhor é italiano, o Kosuke é japonês, o Pavel é russo e eu sou brasileiro, como é que a gente entende tudo o que o outro está falando?

– Ah, ainda não te disseram, pequeno Gabriel? Acontece que aqui no Mundo Real não estamos falando com palavras e, sim, com o pensamento, e este é universal a todas as pessoas... Não se esqueça de que estamos no mundo dos pensamentos, *capisce*?

– Capucho!

– Se diz *capisco*, hã! – corrigiu Fuzzili, estufando a barriga.

– *Capisco*, hã! – imitou Gabriel, segurando uma pancinha que não tinha.

– Bom, bom! – continuou o instrutor. – Respondidas essas questões iniciais, passemos à aula propriamente dita... Como eu dizia, estamos em um dos *habitats* dos temulentos no Mundo Real. E este pode ser um lugar bastante perigoso para querubinos novatos, porque algumas psicoformas são agressivas e tendem a atacar tudo o que encontram em seu caminho. Isso significa que uma missão de limpeza de temulentos pode ser algo bastante perigoso para vocês, crianças. Sabem por quê?

Fuzzili fez a pergunta olhando diretamente para Gabriel e Aixa e, como eles se calaram para pensar, prosseguiu.

– Ora, se estamos no mundo dos pensamentos agora e daqui a algumas horas estaremos no Mundo Entorpecido, por que pode ser perigoso virar vítima de temulentos?... Não sabem?

A menina árabe arriscou uma resposta.

– Será que se nós morrermos aqui no Mundo Real, morremos também no Mundo Entorpecido?

O instrutor apoiou as mãos sobre a barriga.

– Não exatamente, minha cara Aixa... A morte do corpo só existe no Mundo Entorpecido. No Mundo Real, ela não passa de um estado de consciência. O que acontece, na verdade, é que poucas crianças atendem aos requisitos para se tornarem querubinos. É um processo complicado de ajuste mental e é muito afetado pelo modo de vida e pela maneira de pensar que vocês têm no Mundo Entorpecido. Disso resulta que, se um de vocês for atacado por um temulento no Mundo Real a ponto de parecer que morreu aqui, vai voltar ao entorpecimento com essa impressão, modificando todas as características que os tornam aptos a serem querubinos.

Gabriel e Aixa ficaram olhando o italiano como se tivessem entendido tudo, mas o instrutor, para reforçar o que queria dizer, explicou de forma mais direta.

– Em outras palavras, se vocês morrerem no Mundo Real, deixarão de ser querubinos.

Foi então que os dois novatos arregalaram os olhos, impressionados com a nova informação que ainda não lhes havia ocorrido.

✳✳✳

O instrutor Fuzzili fez um breve silêncio para permitir que a notícia se fixasse nos cérebros das crianças. Percebeu que o clima mental que surgiu nos novatos era dos piores, por isso resolveu aumentar o moral de sua pequena tropa.

– É por isso que vocês devem treinar e se tornar rápidos, fortes, destemidos e habilidosos como seus líderes de equipe! – acrescentou.

Gabriel viu que Kosuke não se abalara ao seu lado e, aparentemente, apenas ele e a menina estavam chocados com aquele novo ensinamento.

– Instrutor Fuzzi – ele perguntou –, quer dizer que se um temulento fizer alguma coisa muito ruim comigo, eu nunca mais verei meus amigos Amaruro ou Kosuke?

– Meu pequeno Gabriel, quando um querubino morre no Mundo Real, ele nunca mais encontra o caminho do seu castelo e, ao acordar no Mundo Entorpecido, tudo o que viveu aqui se torna para ele como um sonho.

O menino brasileiro entendeu e baixou a cabeça, pouco satisfeito com a situação.

Em meio ao silêncio que se fez, todos ouviram um grito horripilante cortar o ar, vindo de algum lugar distante; algo semelhante a um animal enfurecido que quer assustar os oponentes. Todos olharam instintivamente ao redor, mas só o que podiam ver era o paredão de neblina que os cercava e as árvores retorcidas que surgiam do lodo. Samadhi deu um passo para o lado e observou a profundeza branca da névoa, atenta a alguma coisa além de sons e movimentos.

– O que é isso? – perguntou Aixa, assustada como as outras crianças.

O instrutor Fuzzili encarou a névoa como se estivesse vendo além do que poderia ser visto, porém nada enxergou e, para tranquilizar os querubinos, respondeu:

– Seja lá o que for, está bem longe daqui... Na certa, trata-se de um temulento, pois, como vocês sabem, este pântano é morada de uma infinidade deles.

Suas palavras não trouxeram alívio às crianças e Fuzzili percebeu o fato. Apenas Pavel e Samadhi pareciam mais alerta do que apavorados, certamente por conta de suas experiências em missões de sublimação de psicoformas malignas.

O italiano usava um casaco muito grande de lã vermelha. Foi de dentro dele que retirou um aparelho que Gabriel não sabia o que era. Parecia um bastão ou um guarda-chuva retraído.

– Mas vocês não precisam ficar com medo, crianças – ele anunciou exibindo o objeto. – Eu tenho comigo um temulentoscópio!

– Hã? – fez Gabriel entortando a cabeça para ver melhor o misto de guarda-chuva e antena de televisão.

– Este aparelho – explicou Fuzzili – vai permitir que andemos por esta região sem sermos vistos e nem ouvidos pelos temulentos. É como se ele criasse um campo de força que nos deixa invisíveis... Bem, na verdade não é isso, mas é como se fosse. Não importa! O importante é saber que nenhuma psicoforma mal intencionada vai notar nossas presenças enquanto estivermos dentro do raio de ação do temulentoscópio, que é de cinquenta metros. Isto vai ajudar em nossa aula de hoje! Sigam-me!

O instrutor começou a andar. Quando as crianças o seguiram, ele ergueu o aparelho de proteção no ar e lembrou:

– Não se afastem de mim!

Caminharam por alguns minutos desviando de poças de água mais fundas, contornando troncos espinhentos, pulando charcos e pisando em uma espécie de capim que tinha a cor do carvão. Tudo era cinzento em várias tonalidades, passando do branco apagado da neblina até a água podre e preta que inundava o ambiente.

Em certo momento, Gabriel viu algumas rochas sobressaindo da lama. Quando observou mais de perto, reparou que estavam cobertas por lesmas escuras e lustrosas. Parou para vê-las mais de perto e ficou agachado no solo úmido. Lembravam as que existiam no Mundo Entorpecido, mas a diferença é que tinham apenas uma antena na frente do corpo alongado, na ponta da qual um minúsculo e solitário olho branco apontava para o céu encoberto.

– Bizarro... – ele murmurou ao ver como os moluscos deslizavam uns sobre os outros em meio a uma massa de visgo brilhante.

– 'Vambóra, véio'! – chamou Kosuke, de longe.

Quando o menino brasileiro se deu conta da distração, estava muito para trás; o grupo quase sumia no meio da névoa espessa. Saiu correndo para alcançar os amigos e não percebeu que as rochas cobertas de lesmas eram, na verdade, a carcaça de um boi morto um pouco afundada no pântano.

Assim que chegou ao encontro dos outros, foi logo perguntando:

– Instrutor Fuzzi, essas árvores e esses bichos que vivem aqui são todos temulentos?

– Muito boa sua pergunta, garoto – ele respondeu, sem parar a marcha. – A resposta é sim... No Mundo Entorpecido, pessoas depressivas, adoentadas, amarguradas ou desesperadas criam psicoformas de desolação e tristeza, que se reúnem em ambientes como este que estamos vendo, *capisce?*

– *Capisco!*... Instrutor Fuzzi, quer dizer que o Mundo Real todo é feito pelos pensamentos das pessoas que vivem no Mundo Entorpecido?

– Das pessoas que vivem lá e das que vivem aqui, também.

– E o Universo? O Universo também é pensado por todos nós, instrutor Fuzzi?

– Não, pequeno Gabriel! O Universo é um pensamento de Deus.

– E esta neblina?

– Mas, quê!? – disse Fuzzili finalmente perdendo a paciência e carregando no sotaque. – Quantas perguntas saem dessa cabecinha cheia de caracóis!

Gabriel riu. Estava tão acostumado com aquela reação dos adultos que fazia as questões só para provocá-los e, depois, achava muita graça.

Mas a alegria deles durou pouco.

Outro rugido pavoroso ecoou pelo pântano e estremeceu as poças d'água, desta vez mais perto do que o anterior, apesar de ainda parecer longe.

O instrutor parou sua marcha de repente ao ouvir aquilo. Kosuke, que vinha atrás, deu com a cara em sua nádega obesa, recuando depois uns três passos, meio atordoado.

Eles ficaram parados, todos juntos do temulentoscópio, que permanecia firme nas mãos enormes de Fuzzili. Queriam saber de onde vinha aquele grito cheio de ódio e desespero, mas tiveram a impressão de que a própria névoa era sua autora.

Samadhi ficou de cócoras e tocou o chão úmido com uma das mãos, sem tirar os olhos do horizonte, sentindo o clima. Gabriel estava ao lado dela e ouviu a menina sussurrando para si mesma:

– Não estamos sozinhos...

O ambiente parecia ter caído em silêncio maior ainda depois daquilo, mesmo porque, o instrutor Fuzzili ficou um bom tempo sem respirar, apenas esperando.

– Acho – concluiu ele, meio desconfiado – que vamos encontrar alguns temulentos muito em breve. Quando acontecer, mantenham a calma e o equilíbrio... Não se esqueçam de que não há nada a temer sob a proteção do temulentoscópio e, além disso, ainda estamos ligados à sala de teletransporte do castelo Branco.

Retomaram a caminhada em meio às árvores sem folhas e fizeram silêncio para poder escutar os movimentos à volta deles. De vez em quando, algum pássaro estranho parecia piar ao longe, alguns sapos mergulhavam nas águas pretas e o vento fazia os galhos secos se esfregarem, mas isso era tudo.

Por um momento, Gabriel pensou ter visto um vulto enorme passar correndo ao largo, mas sumiu na neblina tão rapidamente quanto surgiu do meio dela. Como não teve certeza se era alguma criatura ou o efeito da névoa agitada pela brisa, não disse nada aos outros.

Com mais alguns passos, notaram que o tempo parecia estar clareando um pouco, porém apenas o suficiente para poderem enxergar a uma distância de uns setenta metros.

– Estamos com sorte – falou o instrutor. – Vamos ficar em um lugar alto, agora, para podermos encontrar o que viemos procurar... Ali parece bom, hã?

Subiram em uma colina que ficava a três metros do nível do pântano. Dali, tiveram uma visão mais geral do ambiente ao redor, um mundo cercado de sombras e névoa.

Foi o próprio instrutor Fuzzili quem chamou a atenção das crianças, tão logo alcançaram o topo da colina.

– Rá! – disse ele com alegria. – Vejam ali, crianças, um autêntico temulento.

Gabriel olhou para a direção que o dedo de Fuzzi apontava, assim como os outros fizeram, e viu uma coisa que o encheu de espanto: lá embaixo, em meio ao lodo, uma mulher alta e pálida parecia caminhar como um fantasma sem vida. Suas roupas eram farrapos desbotados e colados ao corpo magro. Os cabelos longos e amarelados estavam em completo desalinho, molhados e quase encobrindo o rosto meio esverdeado daquele cadáver. Os olhos pareciam vidrados no nada e a boca aberta parecia seca. Seus braços pendiam ao lado como sem forças para fazerem qualquer movimento; andava quase sem mover as pernas. Mais parecia que flutuava e arrastava os pés descalços dentro da água barrenta.

Todas as crianças sentiram nojo daquela visão, mas Samadhi e Pavel disfarçaram bem aquela impressão.

– Que bizarro! – Gabriel sussurrou, incapaz de falar mais alto, por medo de atrair a atenção daquela morta-viva que parecia apodrecer enquanto vagava perdida, na névoa.

– Não precisam se preocupar – lembrou Fuzzili com seu vozeirão. – O temulentoscópio impede que ela nos veja ou ouça.

Dizendo isso, o instrutor desceu a colina alguns passos até ficar perto da água. Ali, naquele chão ensopado, ele fincou o aparelho, e as crianças viram três patas mecânicas surgirem pelos lados para dar sustentação à antena, que se abriu na parte superior.

Quando voltou para o topo da colina, o instrutor observou as caras de espanto das crianças e começou a ensiná-las.

– Certamente os novatos estão se perguntando como um temulento pode ser tão parecido com uma pessoa de verdade, mas o fato é que eles podem ter todas as formas e aparências possíveis.

– Quer dizer que ela não é uma mulher de verdade? – indagou a menina árabe.

– Ela é o produto de mentes doentias que vivem no Mundo Entorpecido. Talvez seja uma pessoa muito odiada por lá. Quem a odeia pode ter formado em sua mente essa imagem dela doente, cansada, perdida... morta!

Como se fosse um farrapo preso a um cabo de vassoura, o temulento em forma de mulher balançava de um lado para o outro, arrastando-se, ora na grama espinhenta, ora na água suja. Sinais de doença e machucados pintavam sua pele macilenta.

– Agora, tal pensamento – prosseguiu Fuzzili – de tão intenso e repetido, ganhou forma no Mundo Real. Tivemos sorte de encontrá-lo aqui para nosso estudo.

Gabriel sentiu pena daquela mulher e de como parecia estar sofrendo. Queria poder sublimar aquela psicoforma.

– Esse temulento – o instrutor continuou a explicação – pode ser prejudicial tanto para quem o criou quanto para quem foi dirigido... Uma das duas pessoas, senão as duas, deve ser atormentada por ele quando dorme no Mundo

Entorpecido e vêm para cá. Isto pode causar doenças psicológicas, em primeiro lugar, e físicas, em segundo...

Quando Kosuke ia fazer uma observação, eles ouviram o grito estranho mais uma vez, e não estava longe. O som, cheio de pavor e raiva, partiu do outro lado da colina, a poucos metros de onde estavam, forçando-os a olharem para trás.

Tomados de espanto e horror, os querubinos viram formas escuras e muito rápidas contornarem a colina com grande agilidade. Pareciam cães enormes, à primeira vista, mas Gabriel percebeu logo que eram macacos do tamanho de pessoas. Corriam usando os pés e as mãos.

Musculosas e peludas, as criaturas eram ágeis e de respiração barulhenta. Vieram em um bando de cinco e correram na direção do temulento em forma de mulher cadavérica, sobre a qual saltaram como predadores que encontram a caça.

Quando todos estavam sobre ela, urrando e agitando suas garras em todas as direções, as crianças notaram que as criaturas tinham rostos quase humanos, como se fossem um meio termo entre macacos e pessoas.

Mas o que mais os deixou impressionados, porém, não foram os gritos desesperados ou as bocas com dentes pontiagudos dos caçadores e, sim, o fato de eles estarem estraçalhando a mulher com unhadas e mordidas. Rasgavam a carne doente, arrancavam membros a dentadas, puxavam e engoliam quase sem mastigar. Agiram tão rápido quanto cães, reduzindo um pano de chão a um monte de trapos escuros.

Aixa, a aluna de Pavel, de tão impressionada soltou um berro agudo que feriu os ouvidos dos companheiros.

Foi quando, para o espanto de todos, os macacos-humanos pararam seu banquete macabro e olharam na direção dos querubinos e do instrutor. As criaturas, pelo que puderam perceber sem dúvida, estavam olhando diretamente para eles. Não se tratava de terem escutado algum resquí-

cio do grito de Aixa, mas eles ouviram e viram tudo com clareza e ódio nos olhos vermelhos de sangue, apesar da proteção do temulentoscópio.

Ao perceber que havia chamado a atenção dos monstros, a menina árabe soltou outro berro ainda mais forte, mas sua boca foi tapada imediatamente pela mão enorme de Fuzzili.

Quase todos ao mesmo tempo, os macacos soltaram o que sobrou do temulento e encararam os visitantes, como quem encontra algo novo para o cardápio. Um deles rosnou na direção do grupo e estava pronto para avançar e subir a colina, porém sua atenção foi atraída para algum ponto atrás deles. As outras criaturas também viraram suas cabeças naquela direção, como se alguém os chamasse do meio da névoa.

Assombrado, o instrutor Fuzzili aguçou sua visão e notou um vulto de homem parado no meio do pântano, escondido nas sombras da neblina. Era como uma sombra, um contorno humano bem definido, imóvel na névoa cinzenta. Não dava para ver seu rosto, mas era claro que ele estava espreitando toda a situação e comandava os macacos.

– Não pode ser... – murmurou Fuzzili profundamente assustado, petrificado diante do que via.

Parecia que os macacos-humanos haviam acabado de receber alguma instrução especial do homem misterioso porque, em seguida, avançaram sobre as poças de água preta e foram na direção da colina para atacar os querubinos.

Praticamente ao mesmo tempo, Samadhi desapareceu do lado de Gabriel e surgiu em frente ao grupo com a velocidade de um piscar de olhos. Ela seria a primeira barreira de segurança do grupo. Kosuke deu um salto e pulou por cima do ombro de Fuzzili. Seu movimento foi acompanhado por Pavel e Xeng, o que colocou os três querubinos em posição de ataque logo atrás de Samadhi, prontos para sublimar os monstros que subiriam até ali. Suas mãos pequenas apontaram em formação especial para as criaturas, prontas para eliminar psicoformas.

A menina indiana, porém, notou alguma coisa muito errada e recuou um passo, assustada. Ela ia gritar, mas não teve tempo.

– Recuem, crianças! – berrou o instrutor no auge do temor. – Eles não são temulentos!

Os três meninos logo atrás de Samadhi não entenderam nada. Viram um dos macacos arrebentar o temulentoscópio como se ele fosse um graveto, enquanto os outros subiam.

Sem tempo para qualquer outro tipo de reação, Fuzzili agarrou Gabriel pela manga do uniforme com uma mão, e Aixa, com a outra. Samadhi, Pavel e os demais entenderam e tocaram a cintura e o casaco do instrutor. Neste exato momento, Fuzzili usou toda a sua força para gritar uma palavra que Gabriel nunca havia ouvido em sua vida, mas não teve a chance de se preocupar com aquilo ou com o significado dela.

Os macacos estavam quase em cima deles, quando o menino viu tudo ao seu redor se transformar em ondas de luz que ofuscaram seus olhos. Entendeu que algum processo especial havia sido acionado pela voz do instrutor. Sentiu como se estivesse dentro de um barril jogado do alto de uma montanha e que girava para baixo. A mão forte de Fuzzili parecia colada em seu braço e ele podia ouvir os gritos de Kosuke e dos outros.

Quando a claridade apagou, seu corpo se chocou contra alguma coisa que só depois de algum tempo percebeu que era o chão de uma sala. As crianças gemiam de dor e tontura.

– Não pode ser... Não pode... – balbuciava o italiano.

Gabriel sentiu como se tivesse levado uma surra de tamanco e ficou aliviado apenas por notar que o pântano havia desaparecido. Estavam na sala de teletransporte, cujas paredes e chão eram de tacos de madeira repletos de desenhos bem detalhados. Nenhum móvel enfeitava o recinto e, talvez por isso, fosse cheio de gravuras e símbolos.

Samadhi, Pavel e Kosuke conseguiram ficar em pé antes dos outros, por isso foram acudir seus amigos. Aixa chorava sem coragem de abrir os olhos. Xeng estava ofegante no piso.

– Você tá legal, Gabriel? – perguntou Kosuke, ao ajudá-lo a se sentar.

– Ai! – foi a única coisa que conseguiu dizer.

Tremendo da cabeça aos pés, o instrutor Fuzzili olhou rapidamente para os querubinos.

– Vocês estão bem, crianças? – indagou apreensivo.

Mas não esperou por uma resposta. Ficou em pé com muita dificuldade. Seu rosto estava coberto de gotas de suor, desde a careca até o queixo.

– Eu preciso avisar a senhora Átemis! – disse para si mesmo.

Saiu cambaleando e foi até a porta da sala. Conseguiu abri-la e chamou os outros.

– Venham, meninos! Vocês precisam sair para eu fechar a sala!

Pavel carregou sua aluna nos braços. Xeng, Kosuke e Gabriel se ajudaram para deixar a sala de teletransporte, enquanto a menina indiana verificava se nada havia ficado para trás. Tão logo se encontraram no corredor, ouviram a porta ser batida com força pelo instrutor Fuzzili.

A grande ampulheta voltou a girar automaticamente, como se marcasse o tempo até a próxima vez em que abriria a porta de novo. Para o espanto de Pavel, porém, o instrutor usou seu poder mental para estrangular o gargalo dela até que nenhum grão conseguiu passar. Foi como se Fuzzili lacrasse a abertura.

– Voltem para seus afazeres, crianças – ele disse e correu desengonçado pelo corredor, até sumir das vistas dos querubinos.

Gabriel observou seus amigos, todos cansados e assustados. Samadhi parecia a mais lúcida do grupo, mas respirava profundamente, pensativa. Ao seu lado, Kosuke estava parado e de olhos arregalados, distante dali. Mesmo assim, ousou perguntar:

– Kosuke, será que agora eu corri algum risco?

O menino japonês não respondeu. Não era preciso.

$$* * *$$

Do lado do Mundo Entorpecido, Gabriel passou o dia todo um tanto assombrado com as lembranças enevoadas das criaturas bizarras que haviam atacado o grupo no pântano. Ficou pensando no assunto e se tornou alheio a muitas coisas ao seu redor.

Porém, apesar da curiosidade que martelava em sua cabeça de criança, também recordava do seu mais novo amigo japonês, Kosuke, que completava a equipe de querubinos de Amaruro. Estava contente porque tinha amigos em locais distantes do planeta, e tinha confiança de que um dia os encontraria, porque iria crescer, trabalhar e ganhar dinheiro suficiente para viajar para a África e Japão, pelo menos uma vez por semana.

Em relação aos macacos, Gabriel ficou tão curioso que subiu no sofá para pegar uma enciclopédia que tratava de animais de todos os tempos. Correndo para seu quarto, pois temia que alguém desconfiasse de que ele era um querubino por pesquisar os macacos, Gabriel deitou de bruços em sua cama e folheou o volume pesado. Começava com os primeiros seres vivos, passava pelos dinossauros e apresentava os animais mais comuns do mundo, inclusive o homem.

Analisando a parte que falava de símios, Gabriel achou que os chimpanzés e os gorilas eram bem diferentes daquilo que havia visto no pântano, porque os macacos do Mundo Entorpecido tinham expressão facial que inspirava alegria e serenidade, como um cão ou gato. Os macacos do

Mundo Real, por sua vez, pareciam bravos e conscientes da própria maldade.

Gabriel folheou um pouco mais a enciclopédia e encontrou um tipo de macaco que era mais parecido com aqueles que comeram o temulento, porque tinha aquele brilho diferente no olhar, algo que lembrava a aparência do raciocínio constante e lógico. Aquele, sim, era muito mais semelhante aos macacos raivosos do pântano, e tinha um nome complicado escrito debaixo da gravura, que Gabriel nem se deu ao trabalho de tentar ler. Preferiu o título do texto ao lado, que dizia: "Homem pré-histórico".

– Bizarro... – murmurou o menino.

Gabriel olhou de uma das sacadas do castelo Branco e viu seus dois amigos lá embaixo, sobre uma ponte de madeira que atravessava o rio Branc'Água. O sol da manhã batia neles e refletia nas ondas brilhantes que se moviam sobre o rio enquanto conversavam recostados na amurada da ponte.

Aparentemente eles perceberam quando Gabriel chegou, porque tanto Amaruro quanto Kosuke olharam para cima e viram o menino brasileiro recém-surgido no Mundo Real. Eles acenaram para confirmar que os dois pontinhos do tamanho de formigas que Gabriel estava vendo sobre a ponte eram eles mesmos, o que aumentou sua vontade de estar imediatamente lá.

Correu por dentro do castelo até chegar a uma escadaria externa que o levaria ao chão do lado de fora. Voou sobre os degraus de pedra e transformou os caminhos sinuosos em uma reta com seus saltos e levitações. Chegou à grama do jardim depois de uma pirueta no ar a cinco metros de altura, continuou a descer o terreno em declive até o fundo do vale, pulando rochas, estátuas de anjos, canteiros floridos e colinas de grama perfeitamente aparada.

Quando chegou à ponte em estilo oriental, Amaruro e Kosuke o cumprimentaram com sorrisos leves e com bastante serenidade em seus rostos. Gabriel, porém, cheio de eletricidade, abraçou cada um deles e foi correspondido.

– Que saudade, Amaruro! Eu senti sua falta, ontem!

– É, eu não pude estar com vocês – disse o líder enquanto os três se debruçavam na amurada para ver a água barulhenta e absolutamente transparente correr vale abaixo – e o Kosuke me contou que perdi muita coisa.

– É mesmo! – continuou Gabriel. – Eu conheci o senhor Fuzzili Bolonhesa e depois caminhamos por um pântano mal-cheiroso, onde vimos um temulento horrendo! Então chegaram uns macacos selvagens que tentaram pular em cima da gente, mas fomos salvos pelo teleporte, de volta para a sala do castelo! Foi muito mais apavorante do que as baratas agiotas do deserto, Maru...

Gabriel se pegou falando o apelido de seu líder e tapou a boca com a mão, imaginando que havia feito alguma besteira. Mas Amaruro riu.

– Ah! Vejo que já ficou sabendo do meu apelido.

– É! O Kosuke põe apelido em todo mundo.

– Todo mundo, não! – defendeu-se o japonês. – Eu jamais poria um apelido em nossa belíssima senhora Átemis, por exemplo. Só ponho apelido em quem parece esquisito.

– Quer dizer que eu sou esquisito? – perguntou imediatamente o menino africano, fingindo que estava bravo.

Gabriel riu alto e Kosuke tentou se esquivar da situação difícil com sua esperteza.

– Calma, lá, Maruzão! Convenhamos que perto da senhora Átemis qualquer um vira esquisito.

Amaruro voltou a olhar para o rio fazendo bico e cara feia.

– Tá bom... Vou aceitar seus argumentos... Koiso!

– Koiso! – o oriental riu alto. – Essa, não! Eu já disse que se não for pra me chamar de Kosuke, me chamem de Kosu!

– Tá bom, Koisu... – repetiu o líder, voltando a rir.

Todos riram e caíram em silêncio de novo, como se suas mentes se voltassem para uma questão difícil de ser resolvida sem muita meditação. Mas a falta de assunto não demorou muito, porque Amaruro fixou seus grandes olhos amendoados em Gabriel e perguntou:

– O que você aprendeu de diferente ontem, amigo?

Gabriel coçou a cabeça.

– Um monte de coisas... Mas tem uma em especial que eu não entendi...

– E o que foi?

– Aqueles macacos... Eles existem no Mundo Entorpecido e estavam no pântano porque dormiam naquele momento?

Amaruro respirou fundo antes de dar a resposta e o fez com voz pausada, enquanto olhava as ondas arrastarem pétalas de flores que caíam de uma árvore.

– Sabe, Gabriel, existe muita coisa no Mundo Real que a gente ainda não compreende. Isso acontece porque demora tempo até que o aprendizado chegue até nós... Ontem, você e Kosu tiveram a oportunidade de aprender uma coisa que poucos querubinos deste castelo tiveram chance de ver fora dos livros... Para a sorte deles.

– Os macacos são mesmo muito perigosos? – indagou Gabriel curioso.

Amaruro respirou fundo de novo.

– Eles não eram macacos, amigo – disse aquilo encarando o rio, mas então olhou o menino brasileiro e completou. – Eram pessoas.

Gabriel não sabia o que dizer. Seus olhos estavam petrificados nos do professor, como se para ver se ele estava mentindo ou fazendo alguma brincadeira. Descobriu assustado o que já sabia pelo seu tom de voz: a coisa era séria.

– Pessoas? – murmurou ele.

– Sim. Pessoas que vivem apenas no Mundo Real.

– Apenas no Mundo Real?... Como isso é possível? Elas nascem aqui?

Foi Kosuke quem respondeu:

– Não, Gabriel, elas viviam também no Mundo Entorpecido, mas passaram a viver apenas aqui, depois que morreram.

Muito confuso, o menino lançou a primeira pergunta que lhe veio à mente.

– As pessoas viram macacos depois que morrem?

– Não – corrigiu Amaruro. – Todas as pessoas que morrem passam a viver no Mundo Real, mas encontram aqui tudo o que acreditaram e pensaram durante suas permanências no Entorpecido.

– Que bizarro! – Gabriel exclamou.

– Depende do ponto de vista – completou Kosuke jogando uma pedrinha nas águas turbulentas do Branc'Água. – Veja o exemplo da senhora Átemis... Depois que ela morreu no Entorpecido, veio direto para cá e construiu esse lugar maravilhoso e esse castelão bonito de doer os olhos.

– Quer dizer que a senhora Átemis também morreu? – espantou-se o brasileiro. – Ela não volta pro Mundo Entorpecido quando acorda lá, como nós?

– Não se assuste, Gabriel – pediu o líder. – Isso acontece e desacontece o tempo todo...

– Mas eu ainda não entendi – explicou Gabriel. – Se os macacos eram pessoas, por que ficaram daquele jeito quando morreram?

Foi Amaruro quem respondeu.

– É por causa de um processo chamado autopsicomorfose...

– Autopsico-quê?

– Isto – disse Amaruro virando o rosto de novo para seu amigo. Gabriel percebeu que ele estava diferente. Demorou um segundo para perceber que o menino africano estava com os olhos azuis como o céu e levou um susto com aquilo.

Antes que pudesse fazer alguma pergunta, o próprio Amaruro explicou.

– Lembra que eu te disse que estamos no mundo dos pensamentos e que aqui tudo o que se pensa com intensidade torna-se realidade?... Do mesmo jeito que criamos as psicoformas, podemos mudar nosso corpo para as aparências que conseguirmos.

– Bizarro! – exclamou o menino brasileiro cada vez mais interessado no assunto.

Enquanto Amaruro transformava os olhos para a cor original, Kosuke aproveitou para chegar a uma conclusão.

– Tudo indica que aqueles macacos com cara de gente, que vimos no pântano, eram pessoas, homens e mulheres, que morreram no Mundo Entorpecido e, por causa dos seus pensamentos selvagens ou viciados, tomaram a aparência de símios violentos. Não é isso, Maru?

O pequeno líder olhou para cima e viu o topo da torre mais alta do castelo Branco contra o fundo brilhante do céu. Ficou pensativo por alguns segundos tentando organizar as palavras na cabeça.

– Infelizmente, Kosu – disse em tom pausado –, talvez não seja tão simples assim... pela preocupação que vi estampada no rosto do instrutor Bolonhesa, hoje, e pelo fato de ele ter comunicado tudo à senhora Átemis, acho que a coisa pode ser mais grave do que supomos.

– É mesmo! – comentou Gabriel. – Por que o Bolonhesa ficou tão assustado?

Tanto ele quanto Kosuke buscaram a resposta no líder da equipe, que tinha muito mais experiência como querubino.

– Existe uma possibilidade – disse Amaruro –, mas nem eu mesmo posso ter certeza, agora... Ouvi dizer que nas regiões mais obscuras do Mundo Real, as chamadas Trevas, onde os querubinos raramente vão, existem pessoas que controlam as mentes de verdadeiros exércitos de infelizes, os trevários ou trevosos. É como nós os chamamos... Todos eles deixaram de viver no Entorpecido, ou na Terra, como dizem alguns, e vivem em um mundo de sombras e sofrimento... Baseado nisso, acho que as pessoas deformadas que vocês viram ontem podem ser escravas de alguma mente poderosa e doentia que, por meio de hipnose, transformou-as em criaturas meio homem, meio macaco, como nossos antepassados das cavernas.

Gabriel não demorou muito para chegar a uma conclusão.

– Mas, se eram de regiões muito obscuras do Mundo Real, o que estavam fazendo naquele pântano?

– Eis a questão, Gabriel! – exclamou Amaruro contente por ver o raciocínio lógico de seu novo pupilo. – O instrutor Bolonhesa jamais levaria novatos para lugares extremamente perigosos. O pântano é um lugar triste, mas nem de longe é o pior... Acho que foi isso que o assustou: ter visto um grupo trevoso por lá, o que pode significar que as Trevas estão expandindo seu domínio para além das regiões mais sombrias.

– Por que eles fariam isso, Maru? – Kosuke quis saber.

O menino africano se desencostou da amurada e caminhou alguns passos pela ponte de madeira. Deu uma volta e, quando retornou, lançou a pergunta:

– O que você disse que os macacos fizeram lá?

– Devoraram um temulento em forma de mulher.

– É isso! – concluiu o líder como se dissesse o óbvio. – Essas pessoas infelizes se alimentam de temulentos. Precisam disso porque suas mentes se acostumaram a funcionar apenas com pensamentos ruins no Mundo Entorpecido, e agora que não estão mais lá, precisam desse combustível para que se sintam vivas.

– São viciados em temulentos! – disse Kosuke.

– Nojento! – falou Gabriel lembrando da maneira como os macacos rasgavam a psicoforma macilenta com os dentes e uma gosma preta escorria de suas bocas.

Amaruro concordou e sentou-se sobre o parapeito da ponte. Seus amigos o imitaram após seu convite e os pés dos três ficaram balançando alguns metros acima das águas agitadas do rio transparente, que parecia nascer de algum ponto debaixo do castelo Branco.

O raciocínio de Gabriel, ampliado por ele estar no Mundo Real, o levou a outra conclusão que o deixou confuso.

– Não entendi uma coisa – ele disse. – Se essas pessoas comem os temulentos e o nosso trabalho é eliminar os temulentos... No fundo eles não estão ajudando a gente a fazer a mesma coisa?

Amaruro soltou uma gargalhada alta e quase caiu para trás na amurada.

– Eu estava contando quantos minutos você levaria pra perguntar isso, Gabriel! – ele disse se endireitando. – Sua questão é muito interessante... O sonho dos querubinos é livrar ambos os mundos dos temulentos, mas se os trevosos acabarem com todas as psicoformas ruins, do que vão se alimentar?

– Não sei...

Kosuke arriscou um palpite:

– Será que eles incentivam os entorpecidos a gerarem mais temulentos?

– É exatamente isso, Kosu – confirmou o líder. – O objetivo das sombras é fazer com que a vida das pessoas no Mundo Entorpecido seja um caos, para que eles fiquem nervosos, chateados, deprimidos, vingativos e maledicentes. Daí, o pasto de temulentos vai estar sempre fresquinho e florido.

– Isso significa que essa gente infeliz é responsável por todos os problemas do Mundo Entorpecido? – Gabriel se espantou.

– Todos, não – Kosuke sugeriu. – As pessoas que estão lá, especialmente os adultos, fazem uma montanha de porcarias também e emporcalham tudo sem precisar da ajuda dos trevosos!

Gabriel pensou em outra pergunta e a lançou ao professor.

– Mas os macacos não podem criar seus próprios temulentos? Eles não podem gerar esses pensamentos doentios e se alimentar deles?

– Gerar, eles podem – esclareceu Amaruro –, mas um temulento nascido de uma consciência que vive apenas no Mundo Real é diferente daquele que é criado por uma pessoa no Mundo Entorpecido. Não vou explicar física quântica agora, mas basta dizer que as psicoformas criadas por pessoas que ainda estão no Entorpecido são mais materializadas, mais suculentas e por isso só elas servem de alimento aos trevosos.

– Nossa! – suspirou o menino brasileiro. – É muita coisa pra aprender de uma vez só.

Amaruro ficou em pé sobre o parapeito, como que ligado de repente em eletricidade. Seu rosto, antes preocupado, tornou-se mais brilhante e vivo.

– Tem razão! Vamos nos preocupar com o nosso trabalho e deixar esses assuntos para quem tem capacidade de lidar com eles, como a senhora Átemis, por exemplo. Voltemos ao castelo para ver se há alguma missão para nós.

Os três pularam da amurada e correram pela ponte, cheios de energia. Mas Kosuke não estava satisfeito, parecia até mesmo indignado.

– Quer dizer que o assunto dos macacos morre aqui?

– O assunto, sim. – confidenciou Amaruro – Mas nossas investigações particulares estão apenas começando!

$$*** $$

No interior do castelo Branco, os três meninos correram até a sala de despachos que era o local onde recebiam as missões. Alguns querubinos estavam saindo com as anotações dos locais onde deveriam agir e da natureza dos trabalhos.

No centro da sala, estava uma mulher que, pela aparência, Gabriel suspeitou que deveria ter uns trezentos anos de idade. Ela era alta, como todos os adultos, usava um penteado parecido com um chapéu de cogumelo avermelhado. O rosto branco como mármore estava tão enrugado quanto uma uva-passa, os olhos azuis e pequenos quase sumiam por trás dos cílios que pareciam postiços. Ela usava um vestido azulado que escorria pelo chão e escondia seus pés.

Gabriel teve que se conter para não dizer que havia um temulento dentro do castelo. Kosuke, percebendo a reação do amigo, antecipou-se ao que poderia vir a ser um vexame.

– Aquela é a senhora Mirgomilda – ele sussurrou ao ouvido do brasileiro enquanto diminuíam a velocidade para chegar até ela.

– Mirgo... quê? – disse Gabriel incapaz de acreditar naquilo. – Que raio de apelido é esse?

Antes que o japonês pudesse responder, os três se viram aos pés da figura magra. De braços cruzados, ela os encarava com certo ar de reprovação e cobrança.

– Senhor Amaruro, onde pensa que estava? Caçando borboletas pelo bosque? Temos muito trabalho hoje e agora que tem outra equipe de querubinos, as férias acabaram.

– Sim, senhora Mirgomilda! – disse o líder africano, ousando bater continência para a estranha figura à sua frente. Gabriel ficou vermelho de vergonha ao ouvir aquilo, porque pensou que Amaruro havia chamado a vovó pelo apelido. Demorou a perceber que não era apenas a aparência dela que era diferente.

– Ah! – fez ela depois de ter sua atenção atraída para o mais novo querubino do castelo Branco. – Presumo que este seja o pequeno Gabriel, então.

Os dedos longos e finos de Mirgomilda pousaram sobre os cachos amarelos de Gabriel. Ele ficou paralisado de medo. Sentiu que a mão dela era fria como a de uma morta, mas não ousou dizer nada.

GABRIEL QUERUBIM E OS GUARDIÕES DOS SONHOS | 97

– Está em boa companhia, aqui, garotinho – concluiu a tricentenária apontando um dedo com uma unha de dois centímetros pintada de vermelho para Amaruro, que apenas sorria.

Ela entregou um pequeno bloco com algumas anotações para o líder do grupo e ia dizer alguma coisa, porém Gabriel não se continha mais de tanta curiosidade.

– O que é isso, senhora Mirgomilda?

– São as referências da missão de hoje. Espero que...

– Mas como vocês sabem onde será nossa missão? – o brasileirinho atirou.

– Tudo acontece de acordo com os pensamentos dos entorpecidos, que nos chamam de acordo com a necessidade.

– A senhora ainda vive no Entorpecido?

Ela parou para pensar na pergunta, suspirou e respondeu:

– Sim, eu ainda vivo por lá e estou dormindo.

– Quantos anos a senhora tem?

– Senhor Gabriel – ela perguntou com toda a paciência que tinha –, o senhor pretende se tornar jornalista quando crescer?

– Não! Eu vou ser astronauta!

– Que ótimo! – ela respondeu com tanta emoção quanto uma estátua de concreto. – Assim, se encontrar alguma civilização em outro planeta, vai poder fazer milhares de perguntas a eles, não é?

– A senhora acredita em vida em outros mundos? – indagou Gabriel completamente ciente de que estava importunando a mulher estranha.

Vendo que seria inútil continuar, Mirgomilda procurou concentrar-se em Amaruro e completou a ordem.

– Eu espero que tenham sorte na missão. Corram, porque a nave já está partindo.

– Sim, senhora Mirgomilda – disse o líder, puxando seus dois pupilos pelos uniformes, para saírem de lá o mais rápido possível.

Antes de sair, porém, Gabriel virou para trás e disse:

– Tchau! Depois eu volto aqui pra gente continuar nossa conversa!

Ela se limitou a erguer uma das mãos para se despedir e virou os olhos para o teto.

Quando saíram da sala, Kosuke riu alto.

– Caramba, Gabriel! Você infernizou a Mortomilda!

– Ah, é que ela parecia tão fechada e solitária. Talvez precisasse conversar.

O trio liderado por Amaruro foi o último a embarcar na grande nave em forma de gafanhoto, e ela, graciosa e altaneira, disparou contra a profundo azul do céu.

$$\ast\ast\ast$$

Dentro da nave-gafanhoto, os meninos se sentaram na mesma fileira e ficaram calados a maior parte do voo. Como sempre, Kosuke ia com a cara grudada na janela. Ao seu lado, Amaruro descansava de olhos fechados, enquanto Gabriel olhava para o corredor com o queixo apoiado na mão e o cotovelo sobre o braço do assento.

A aeronave sacolejou por um momento, fez uma curva fechada para a esquerda e perdeu velocidade. A julgar pela desaceleração, dava para perceber que ela estava pairando sobre um possível ponto de missão de querubinos.

Lá da cabine, o adolescente que pilotava o transporte deu um berro:

– Equipe da Samadhi! Chegamos ao contato!

Gabriel viu três meninas saltarem dos assentos lá na frente. A líder daquela equipe era a indiana que ele conheceu quando encontraram os macacos-humanos no pântano dos temulentos. Logo atrás dela, outras duas querubinas se aproximavam. Elas eram bem mais velhas, e o menino brasileiro achou que tivessem quase doze anos de idade. Aquilo era esquisito, porque a maioria dos guardiões dos sonhos que já havia visto tinha entre sete e nove anos de idade. Foi quando ele começou a se perguntar o motivo de não ver querubinos mais velhos.

– *Namastê*, Gabriel! – saudou a menina sorridente, fazendo-o perder a linha de raciocínio.

– Oi, Samadhi! – ele sorriu também, e seus dois amigos o acompanharam. Amaruro abrindo os olhos e Kosuke tirando a cara amassada do vidro. – Vai sair em missão hoje?

– Recebemos um chamado muito estranho dessa vez – Samadhi olhou para as amigas mais velhas, que eram, pelo menos, uma cabeça mais altas do que a líder da equipe, e depois voltou a olhar Gabriel. – Parece que as pessoas que vivem em um prédio estão todas sendo atormentadas pelo mesmo pesadelo... Elas sonham que os andares mais baixos estão tomados por monstros peludos que comem os pilares e atacam quem tenta descer.

– Que bizarro... – Gabriel murmurou para si mesmo, lembrando imediatamente das criaturas simiescas que viram no pântano.

Samadhi notou a preocupação no olhar do menino e sorriu.

– Mas a gente vai dar um jeito nisso ainda hoje.

– Boa sorte, Samadhi! – desejou Amaruro, vendo que a escotilha ao lado deles começava a ser aberta.

A atmosfera calma da nave-gafanhoto foi invadida pelo cheiro de fumaça e pelo ar cheio de pó que entrou pela abertura. Do lado de fora, um prédio muito alto ardia em chamas negras, que mais faziam sombra do que iluminavam. Todas as crianças a bordo olharam para fora, fosse pela escotilha ou pelas janelas redondas, e viram o que parecia uma imagem infernal. Ainda era dia lá fora, mas o céu estava encoberto por uma fuligem avermelhada que revirava lá em cima. Das nuvens em chamas caíam pedaços de coisas escuras que mais pareciam morcegos carbonizados e secos. O prédio era a única construção daquele lugar, e o chão distante era nebuloso, perdido dentro de uma neblina opaca de breu.

– É – falou Kosuke. – Boa sorte, Samadhi...

A menina indiana não parecia com medo. Despediu-se dos colegas com um aceno de cabeça e ficou em pé na beirada da abertura lateral. As duas veteranas que a acompanhavam, ambas loiras, ficaram logo atrás e analisaram a situação deprimente daquela psicoforma coletiva.

Gabriel viu quando a indiana virou para as amigas e fez um comentário em voz alta para superar o barulho das chamas sombrias.

– Tem alguma coisa anormal aqui.

O menino mal teve tempo de pensar melhor no que aquilo queria dizer, além do óbvio que saltava aos olhos. As três querubinas pularam e voaram na direção de uma das sacadas do prédio, onde pousaram.

No mesmo instante, a escotilha foi fechada, o grilão sacolejou e disparou para longe dali.

$$* * *$$

Alguns minutos depois, tão logo a comporta lateral da nave foi aberta novamente e o piloto da nave-gafanhoto chamou a equipe do Amaruro, os três já estavam de pé na beirada.

Gabriel, Kosuke e Amaruro notaram que estavam muito acima do chão, na altura de prédios cinzentos rachados e velhos. O tempo estava fechado. A chuva fina que caía das nuvens escuras escorria pelas paredes desbotadas daquela cidade.

– Vamos! – chamou o líder incitando seus pupilos a saltarem, e os três voaram para baixo.

Chegaram ao asfalto rachado afundando os pés na água que recobria tudo.

Acima deles, a nave-gafanhoto foi embora e desapareceu nas nuvens no momento em que um raio faiscava pelo céu.

O ambiente ao redor não era nem um pouco convidativo. Quando já estavam ensopados pela chuva, Amaruro desintegrou a psicoforma da umidade em seu corpo, convidando os amigos a fazerem o mesmo. Por causa dos seus pensamentos, um campo de força passou a impedir que as gotas pequenas e eternas alcançassem seus uniformes brancos.

– Que lugar bizarro! – comentou Gabriel ao ver que os prédios de quatro e dois andares pareciam tortos e assimétricos, como se derretessem aos poucos por causa da garoa.

Kosuke notou que algumas figuras sinistras pareciam espreitar das janelas escuras e quebradas.

– Não estamos sozinhos por aqui – ele comentou.

– Muitos entorpecidos veem para cá quando dormem – explicou Amaruro começando a andar pela rua estreita. – Esta cidade é o mundo mental que eles criaram para se refugiar. Vou adiantar para vocês que são pessoas com vários tipos de vícios e, por não quererem ajuda, se escondem nesses prédios para fugir de críticas e conselhos.

Quando eles fizeram uma curva adiante, várias pessoas que perambulavam pelas calçadas correram para as sombras oferecidas pelas portas. Outras fecharam janelas e permaneceram olhando pelas frestas, assustadas com a visita dos três querubinos que mais pareciam lâmpadas acesas na escuridão.

Amaruro consultou suas anotações.

– Nossa missão é naquele prédio.

Apontou para uma construção enegrecida pelo tempo, cujo reboco estava quase todo amontoado na calçada, deixando nus os tijolos das paredes. Fios intermináveis ligavam aquele edifício aos outros, como se fossem cabos de força. Gabriel notou pela primeira vez que todas as ruas eram cobertas por uma verdadeira malha de cabos, como uma grade de proteção enferrujada, ou uma teia tecida por uma aranha sem senso de simetria.

Assim que entraram no prédio, sentiram como se uma guerra tivesse devastado aquela cidade infeliz. Os móveis eram pobres e mofados, os corredores, sem luz alguma que não fosse a claridade do dia e os raios.

Baratas e ratos abriam passagem para os querubinos, mas muitas portas foram trancadas no momento em que eles estavam adentrando. Gabriel ouviu vozes e sussurros, choros e lamentações vindos de toda parte, enquanto subiam as escadas sujas do prédio.

Em determinado momento, Amaruro parou diante de uma das portas e deu o último conselho aos seus alunos.

– É aqui... Vamos encontrar aí dentro uma garota de doze anos de idade que sofre ataques de temulentos todas as vezes que retorna ao Mundo Real. Essas psicoformas maléficas são criações dela mesma no Mundo Entorpecido, e como ela nos chamou pelo pensamento, pedindo ajuda, vamos sublimar suas ideias fixas... Estão preparados?

– Sempre estamos! – disse Kosuke colocando-se em posição de ataque, como um lutador de *kung fu*. Ao seu lado, Gabriel fez que sim com a cabeça e se preparou para sublimar temulentos pela primeira vez.

O líder Amaruro abriu a porta e descortinou um quarto sem móveis, cujas paredes nuas e encardidas vertiam bolor que nascia no teto escuro. Uma janela escancarada deixava um raio de luz morta cair sobre alguma coisa encostada em um dos cantos; Gabriel mal pôde acreditar no que era.

Uma menina toda vestida de preto jazia ali com os olhos esbugalhados e cheios de maquiagem escura. Os cabelos amarelos e compridos pareciam ensopados por causa das goteiras, mas o que mais causou espanto nos querubinos novatos foram criaturas parecidas com vermes agarrados aos braços dela. Semelhantes a sanguessugas, os terríveis temulentos tinham trombas pontudas que estavam profundamente encravadas nas dobras dos membros superiores e se agitavam como se, dali, extraíssem seu alimento. Suas barrigas estavam gordas e pulsavam como grandes corações inflados com a vida da menina. Eram oito deles, pelo que Amaruro contou rapidamente, e cada um tinha um metro de comprimento, contando a cauda que agitava no ar como se flutuassem.

Gabriel notou que a menina não se dava conta dos três querubinos, mas, ao contrário, parecia muito pouco lúcida, sem forças para lutar contra as sanguessugas. De seus olhos vidrados no nada escorriam lágrimas que borravam sua maquiagem pesada. Ela simplesmente se permitia virar fonte de vitalidade para as criaturas hediondas.

Nos poucos segundos em que os querubinos levaram para avaliar a situação, um dos temulentos retirou seu bico em forma de agulha do braço da menina e olhou para trás com seus cinco minúsculos olhos vermelhos, deparando-se com a claridade dos querubinos. No mesmo instante, para chamar os outros, a sanguessuga soltou um silvo agudo. Os outros sete temulentos imediatamente desenterraram suas cabeças da carne humana, encarando feio, as crianças recém-chegadas.

– Querubinos! – bradou Amaruro, com sua segurança inabalável. – Sublimar!

Os três voaram para dentro do quarto sombrio e os temulentos voaram em suas direções.

Amaruro ficou de ponta-cabeça no ar e girou enquanto esticava o dedo indicador para tocar uma das criaturas, que imediatamente se transformou em uma boneca de pano que caiu suavemente no chão. Tão logo o menino africano pousou, o segundo temulento que vinha para perfurar seu braço foi modificado em um colar de pérolas.

Os cabelos compridos de Kosuke dançaram no ar com sua corrida para dentro do quarto. Um dos vermes foi em sua direção como uma flecha, pronto para espetar seu rosto com a tromba de agulha, mas o menino era tão ágil que simplesmente derrubou a cabeça para trás e o temulento passou direto sobre ele. A criatura ainda estava sobre Kosuke quando ele a segurou pela cauda. Sua mente transformou aquela psicoforma em uma fita vermelha de plástico.

Outra sanguessuga surgiu pelo flanco esquerdo e o menino japonês desviou como um toureiro bailando ao lado de um touro. Com a fita vermelha ele laçou a cabeça atrofiada do verme e fez um nó com extrema agilidade. No momento seguinte, o temulento foi transformado em um buquê de flores brancas, devidamente amarrado com a fita vermelha.

Kosuke sorriu para a própria criação e se aprontou para a seguinte.

Gabriel estava flutuando no ar e se viu frente a frente com um dos temulentos, que vinha para machucá-lo. Ficou surpreso com seu estado de consciência, naquele momento, porque tinha a noção exata de tudo o que estava acontecendo dentro daquele quarto. Sabia o que Amaruro e Kosuke estavam fazendo, mesmo sem precisar olhar para os amigos. Conseguiu sentir os vermes e suas posições como se eles fossem criações da sua própria mente, algo que ele imaginava.

Lembrou das baratas gigantes do deserto e do ensinamento precioso do líder, que dizia que um temulento não podia ser destruído, mas apenas transformado em algo inofensivo, ou seja, sublimado.

A sanguessuga parecia agressiva e irracional como um cão bravo e Gabriel sabia que seu papel era modificar aquilo. Conseguiu tempo para olhar a menina de doze anos por uma fração mínima de segundo. Sentiu piedade por ela, por seu estado deplorável naquele quarto imundo e sombrio. Foi pensando nela, o verdadeiro objetivo de estarem ali, que Gabriel se concentrou ao máximo e deu uma pirueta no ar, logo acima do temulento. Segurou a criatura pelo bico de agulha e a fez girar também.

Quando chegou ao piso, tinha em suas mãos uma rosa iluminada parecida com aquela que havia recebido da senhora Átemis. Era a primeira vez que sublimava uma psicoforma agressiva. Esta flor ele jogou no colo da menina prostrada no canto, levando luz até ela.

Gabriel ficou olhando para ela e experimentou uma sensação diferente de tudo o que havia sentido até então, porque acabara de ajudar uma pessoa com problemas. Sua noção de responsabilidade surgiu com muita força naquele instante e ele se sentiu forte para prosseguir.

Mas os três temulentos restantes não gostaram nem um pouco do que ele havia feito, por isso escaparam de Amaruro e Kosuke e dispararam como balas na direção das costas de Gabriel, para o espanto do líder africano, que não conseguiu reagir.

Gabriel sentiu a aproximação dos vermes barrigudos, mas não quis se virar para vê-los. Estava vidrado na menina doente, condoído por ela, porém consciente de tudo.

Sem a menor preocupação, o menino de cabelos cacheados ergueu uma das mãos como quem espanta de leve uma mosca e transformou os temulentos em borboletas amarelas quando estavam a poucos centímetros de perfurarem suas costas.

Elas voaram graciosas pelo quarto e buscaram a luz da janela.

Kosuke olhou espantado para Amaruro.

– Três de uma vez!?!

Ainda de queixos caídos, os dois caminharam e ficaram ao lado de Gabriel, pasmos pelo que ele havia conseguido. Mas o menino brasileiro parecia ignorar seu feito. Tinha a atenção voltada para a outra criança vestida como adulta no canto do quarto.

– Você está bem agora, amiga? – ele perguntou, e sua voz a libertou do transe em que estava.

Sua primeira reação foi procurar as sanguessugas em seus braços, descobrindo ali apenas as marcas profundas

das agulhas na pele pálida. Depois ela notou a rosa em seu colo, mas teve receio de tocá-la, como se não quisesse sujar a flor ou estivesse com medo da luz.

Erguendo o rosto assustado, ela olhou acuada para os querubinos e as lágrimas se fizeram ainda mais intensas. Não parecia suficientemente lúcida.

– Onde estão eles? – ela berrou de repente, como uma histérica – Onde estão meus picos?

Gabriel não entendeu, mas Amaruro veio em esclarecimento de todos.

– Ela é viciada em drogas. Criou aqueles temulentos com seu próprio modo de pensar. Eles davam a ela o seu prazer ao estar aqui, no Mundo Real.

– Mas ela só tem doze anos! – espantou-se Gabriel.

– Infelizmente, amigo, isso é mais comum do que você imagina...

Passando as mãos sobre as picadas, ela revirou os olhos mais uma vez.

– Devolve os meus picos!... Vai logo! – berrava.

– Mas, Amaruro – indagou, inconformado, o brasileiro –, não foi ela quem chamou a gente aqui?... Não foi pra ajudar com os temulentos?

Amaruro parecia confuso, também, mas arriscou um palpite.

– Pode ter sido um momento de lucidez temporária.

Kosuke decidiu ser mais direto e conversou com ela.

– Menina, nós ajudamos você a se livrar dos vermes que sugavam suas forças. Agora, quando for para o Mundo Entorpecido, vai se sentir melhor e com menos vontade de se drogar... Está me entendendo?

Ela prestou atenção em cada palavra e esperou o resto do que dizia aquele japonesinho desconhecido.

– Para se livrar desse sofrimento, você deve procurar ajuda quando acordar, decidir-se a se tratar e desenvolver muita força contra pensamentos que você não teria coragem de confessar aos seus pais. Está bem assim?... Só desse jeito, os vermes não voltarão a machucá-la.

Kosuke passou a mão no cabelo dela e arriscou um sorriso, mas ela ainda parecia pouco suscetível a ensinamentos. Tudo o que recebera ali, os querubinos sabiam, não passava de semente que ela deveria cultivar ao longo dos dias.

– Se eu fizer isso, os monstros vão embora? – disse ela mais calma.

– Sim! – confirmou Kosuke. – Lute contra o vício e verá como as sanguessugas desaparecerão para sempre!

– Não – ela murmurou voltando a chorar. – Os picos, não!... Eu 'tô' a fim que vocês me ajudem a matar os monstros que comem os picos.

Amaruro ficou em estado de alerta. Estava prestes a fazer uma pergunta mais específica, mas a própria menina deu a resposta em forma de berro estridente.

– Me ajuda a acabar com os malditos macacos!

Kosuke se pôs em pé imediatamente. Tanto ele quanto Gabriel olharam para o líder, que confirmou, entre o assombro e a preocupação:

– Os trevosos!

– Eles vêm aqui, também? – indagou Gabriel, com uma ponta de ingenuidade.

De novo, a menina respondeu a questão, agitando-se muito e esbugalhando os olhos, enquanto gritava com as forças que lhe sobravam:

– Eles tão aqui! Eles voltaram! Socorro!

Quase no mesmo instante, os querubinos ouviram algo como uma porta sendo arrombada no térreo do prédio em que estavam.

Kosuke correu para a janela e olhou para baixo. Mais de uma dúzia de vultos escuros e peludos disputavam com os ombros quem seria o próximo a passar pela entrada do prédio.

– Não estamos sozinhos! – ele informou ao líder.

Gabriel ficou preocupado, em primeiro lugar, com a menina, mas quando olhou de novo para o canto do quarto, ela não estava mais ali. Havia sumido e, com ela, a rosa que lhe havia entregado.

– Despertou no Entorpecido – explicou Amaruro. – Vamos embora daqui!

Gritos de caçadores muito próximos vinham das escadarias, por isso, o menino africano indicou a janela como rota de fuga. Por ali os querubinos voaram e se viram de novo na garoa eterna daquela cidade cinzenta, mas desta vez sobre os fios elétricos que formavam a rede entre os edifícios.

Sem esforço, os três pousaram no topo do prédio logo em frente.

– Precisamos chamar o grilão! – disse Kosuke referindo-se à nave de transporte.

Amaruro emitiu um chamado mental que faria o socorro chegar dentro de poucos minutos.

– Eles viram a gente! – gritou Gabriel, notando como os macacos-humanos se penduravam na janela do quarto em que tinham estado, raivosos e mostrando as arcadas dentárias enormes com seus caninos pontudos, todos rosnando e urrando.

Um dos três meninos ia dizer que pelo menos estavam seguros ali, mas desistiram ao ver como os trevosos também podiam voar. Eles saltaram da janela e foram em direção aos querubinos, cheios de ameaça e fome nos olhos injetados de sangue.

– Dispersar! – ordenou Amaruro subindo como uma flecha em direção às nuvens.

Kosuke foi em direção ao horizonte e desviou de antenas enferrujadas e chaminés rachadas com toda a sua agilidade.

Gabriel saltou para trás e preferiu despistar os trevosos, circulando entre os prédios baixos e as ruas estreitas. Seu plano, porém, foi o pior dos três, porque a maior parte dos macacos o seguiu. Ele conseguiu passar bem no meio de uma brecha entre os fios que cobriam as ruas e chegou ao asfalto a tempo de olhar para trás e ver que uma das criaturas que o seguia era eletrocutada ao tocar os cabos enferrujados.

Ao ver aquele monstro se contorcendo e babando sobre a malha elétrica, Gabriel percebeu que teve muita sorte em não tocar nela. Mas não seria tão fácil escapar dali, agora, porque as ruas pareciam cobertas pela rede assassina.

Vários macacos também aprenderam aquilo e passaram por aberturas maiores para perseguir o querubino com cara de anjo.

Gabriel voou baixo no meio das vielas. Era mais rápido e ágil do que os trevosos. No entanto, aqueles humanos degenerados pareciam sair de todo lugar. Pulavam das janelas, saltavam de buracos no chão e surgiam de portas que abriam de repente, encurralando-o cada vez mais. De uma hora para outra, a cidade estava infestada deles, tornando-a mais parecida com uma guerra civil do que com uma comunidade fantasma. Eles andavam pelas paredes como ratos e, apesar de não serem muito espertos, eram em maior quantidade.

Para fugir, Gabriel teve de entrar pela janela de um prédio e descobriu lá dentro outros trevosos, com os quais deu de cara. Desviou a tempo de escapar de ser agarrado, mas as unhas de um dos macacos rasgaram o uniforme na altura da perna. Gabriel girou no ar sem controle, saindo por outra abertura do edifício e indo parar na rua, onde caiu em uma poça cheia de lama.

Muitos trevosos também estavam lá. Viram o querubino indefeso no chão, cheio de dores na perna ferida.

– Gabriel! – Amaruro gritou lá do alto. Ele e Kosuke estavam acima da rede elétrica e chamaram a atenção do amigo porque tentavam sublimar os cabos em alguma coisa inofensiva.

O menino brasileiro estava cansado e assustado. Ao seu redor, uma manada de criaturas agressivas avançava. Lembrou-se do que o instrutor Bolonhesa havia dito sobre um querubino morrer no Mundo Real: jamais voltaria a ser querubino.

Pensando nisso, ele encontrou bem no fundo de si a força necessária para reagir, porque não queria perder a amizade de seus novos irmãos de equipe. Olhou para o alto e soltou um grito que assustou os próprios trevosos. Seu corpo de sete anos subiu veloz e atravessou o buraco que seus companheiros haviam acabado de abrir na malha mortífera, bem a tempo de escapar dos macacos.

Amaruro e Kosuke seguraram Gabriel pelo braço, porque ele parecia fora de controle. Levaram-no até a nave em forma de gafanhoto que estava acima deles.

Entraram. A porta foi fechada e a nave partiu dali em grande velocidade.

Colocaram Gabriel deitado no piso seco e limpo do transporte. Amaruro verificou o ferimento na perna.

– Vai ficar bom – concluiu o líder –, mas agora você precisa voltar, amigo. Depois a gente se fala.

Assim dizendo, Amaruro tocou de forma diferente no ombro de Gabriel, quase como se o beliscasse, e o menino brasileiro perdeu os sentidos por um momento.

Acordou em sua cama com um tranco e um grito rápido, no meio da noite, cheio de dores pelo corpo. Mesmo assim, levantou com dificuldade e acendeu a luz, para o desespero da irmã que já havia acordado com a exclamação dele.

Ofuscado, ele sentou-se na cama e levantou o pijama na perna direita, onde viu uma marca de arranhão feita por cinco dedos de um macaco de um metro e oitenta de estatura.

Ofegante e pensativo, tentou dormir de novo para saber o que havia acontecido com seus amigos, mas não conseguiu.

✳✳✳

Gabriel passou o dia todo preocupado com os acontecimentos anteriores, por isso esperou a noite chegar como quem aguarda a vinda de um presente pelo correio. Antes disso, porém, teve que atravessar um dia quente de verão e ficou amuado diante da televisão, meio jogado no sofá, meio alheio ao mundo ao seu redor.

Sua mãe passava ali com uma trouxa de roupas para lavar e reparou que Gabriel estava quieto demais.

– Não vai brincar na rua hoje, Gabriel? – ela perguntou e recebeu como resposta um balançar despreocupado de cabeça.

– O que é isso na sua perna? – indagou a dona Eleonora, logo em seguida, notando marcas vermelhas na coxa do menino.

Desta vez Gabriel não conseguiu ficar indiferente e tratou de esconder as listras vermelhas que indicavam a garra do trevoso que tentou apanhá-lo no Mundo Real.

– Nada! – ele falou entre envergonhado e preocupado. – Eu cocei por causa de um pernilongo.

Sua mãe aceitou a explicação.

– Fecha a janela do seu quarto mais cedo, hoje.

Depois que ela saiu, Gabriel suspirou e ficou a analisar a marca da mão do macaco enorme. Ele não tinha dúvida alguma de que realmente vivia todas aquelas aventuras no Mundo Real, mas não imaginava até que ponto elas poderiam afetar sua vida no Mundo Entorpecido.

Quando a noite chegou, ele foi se deitar bem cedo. Adormeceu apenas quando conseguiu relaxar.

3 Os trevosos

GABRIEL SURGIU NO centro do saguão principal do castelo Branco e notou que ele estava repleto de querubinos, todos conversando em suas próprias equipes. Havia um clima de apreensão e expectativa no ar, o que não lhe causou espanto, a julgar pelo que havia vivido no dia anterior.

Do meio da multidão de crianças surgiram seus amigos Amaruro e Kosuke, para seu alívio, e Gabriel correu até eles. Deu um forte abraço em Amaruro e disse perto de seu ouvido:

– Maru! Eu fiquei com medo de nunca mais ver vocês! Quando eu caí naquela rua, pensei que estava sozinho, mas daí eu vi que vocês foram me salvar!

Gabriel se desfez do abraço e percebeu que Amaruro estava chorando em silêncio, profundamente emocionado. Suas lágrimas estavam sufocando sua voz, mas o menino africano conseguiu trazer do fundo do peito um sussurro abafado.

– Eu jamais me permitiria perder meus amigos mais uma vez...

E baixou os olhos para o piso, como se lembranças amargas surgissem em sua mente.

Kosuke abraçou Gabriel com muita força, como num golpe de judô.

— Estamos todos aqui, amiguinho! — ele falou. — Graças ao nosso trabalho em grupo, né?... Não se esqueça disso: juntos, somos mais fortes!

— Kosu, nossas missões estão cada vez mais emocionantes!

— Pois, é! E a sua perna, como é que está?

Gabriel olhou para ela. Seu uniforme estava intacto e ele não sentia dor alguma.

— Não está mais machucada... É por causa do meu pensamento, não é?

— Isso mesmo.

Amaruro terminou de enxugar suas lágrimas e colocou uma mão no ombro de cada amigo, olhando intensamente para cada um deles.

— Algumas coisas vão mudar — ele disse em tom sincero. — Daqui pra frente, nosso trabalho vai ser mais difícil, por causa dos trevosos.

— Eles estavam lá para comer os temulentos dos viciados, não é verdade? — concluiu Gabriel.

— Exatamente. E o pior de tudo é que quase todos os querubinos que saíram em missão, ontem, se depararam com os trevosos.

Seus dois pupilos ficaram espantados com a informação.

— Eles — continuou Maru — vão atrapalhar nossas missões, porque nós eliminamos o alimento doentio deles.

— Meninos! — chamou uma querubina, abrindo caminho na multidão de crianças. Era a indiana Samadhi e vinha acompanhada das duas veteranas de doze anos, que se destacavam dos demais.

Amaruro reconheceu a amiga e juntou as mãos na altura do peito.

— *Namastê!* — ele saudou, feliz por ver que ela estava ali com o restante da equipe. — Oi, Gina! Oi, Paloma!

— *Namastê...* Fiquei sabendo que vocês também encontraram trevosos.

– Eles quase pegaram a gente de novo – explicou Gabriel.

– Nós, também – Samadhi arregalou os olhos escuros e brilhantes. – Havia quatro deles naquele prédio em chamas escuras... Quando a Paloma viu um deles, tudo que conseguimos fazer foi tentar fugir, e só escapamos quando conseguimos chegar ao alto do edifício e, finalmente, usar a técnica especial de fuga!

Amaruro pôs a mão no queixo.

– Pelo que eu entendi, eles são velozes e se espalham por uma região bem ampla. Pelo menos, é assim nas áreas que são vigiadas pelos querubinos do castelo Branco.

– É – Samadhi concordou. – Pena que não há nada que a gente possa fazer por eles, não é mesmo?

O menino africano concordou com um aceno da cabeça. Como todos ficaram pensativos – Gabriel, mais do que todo mundo – eles esperaram para ver o que aconteceria ali no castelo.

Não demorou nem um minuto e Gabriel se aproximou do líder da equipe para conversar e tirar suas dúvidas.

– Maru – ele comentou –, quando eu estava fugindo deles, pensei se não seria possível sublimá-los também, transformando suas formas de macaco em pessoas de novo.

– Sua intenção é louvável, Gabriel. Mas as pessoas só mudam quando elas querem. Isso que você está sugerindo seria trabalho para entidades da hierarquia da senhora Átemis. É muito para nós, simples querubinos.

– Talvez só os arcanjos possam cuidar do assunto – complementou Kosuke.

– Quem são os arcanjos? – perguntou Gabriel.

– São querubinos que cresceram e viraram adultos – lembrou o menino japonês esticando a mão para o alto para dar ideia de como eles eram grandes. – Estão um passo adiante na evolução espiritual humana, por isso são muito fortes e sábios, né? Mais até do que a senhora Átemis.

O rosto de Gabriel se iluminou antes de ele fazer a pergunta seguinte.

– São "homens de Deus"?

– São!... O seu xará daquela estátua é um arcanjo.

Gabriel ia fazer mais uma pergunta, mas Amaruro chamou a atenção dos dois para uma figura ilustre que acabara de chegar ao castelo Branco. Ela surgiu no topo da escadaria principal e ali permaneceu para poder ser vista por todos os querubinos. Sua presença iluminada causou silêncio respeitoso e alegre nas crianças.

– Senhora Átemis! – murmurou Gabriel, ao rever a bela mulher de cabelos negros e olhos que pareciam pedras preciosas.

Apesar de transparecer calma, a criadora do castelo parecia séria e um tanto triste naquela ocasião. Passou os olhos pela pequena multidão de sublimadores de temulentos e disse com a voz firme e aveludada:

– Meus queridos querubinos, filhos dos meus sonhos, a paz esteja com vocês! Estamos muito preocupados com os acontecimentos recentes, para poder comemorar, mas devemos confiar no futuro, como fizemos durante séculos de luta contra as sombras que cobrem nossos mundos. Neste momento, as terríveis forças do abismo expandem seus domínios além das profundezas escuras que são sua morada natural, o que aconteceu também na Idade das Trevas.

Gabriel não conseguia desgrudar os olhos dela. Sentia que todos os seus amigos também estavam naquele estado contemplativo enquanto a escutavam.

– Desde o século 19, quando a Terra foi novamente iluminada pela Verdade, não víamos uma presença tão maciça de trevosos nessas regiões do Mundo Real. Mas a situação será controlada em breve pelas forças da Luz, e então poderemos recomeçar, com mais amplitude, nossos esforços de eliminar psicoformas desajustadas. Por isso, acreditando que esta desarmonia é passageira, contamos com a compreensão de todos vocês, pois nossas atividades, infelizmente, deverão ser suspensas por algum tempo.

Os querubinos deixaram escapar um murmúrio de espanto, em coro. A senhora Átemis esperou até que a informação entrasse por completo nas quase trezentas cabeças que a ouviam.

– Apenas algumas equipes serão designadas para missões especiais, cuja segurança é indiscutível. Enquanto isso, preparem-se, estudando e treinando, confiantes em que, muito em breve, estaremos todos juntos, lutando novamente para um mundo mais feliz.

A tristeza era evidente em todas as crianças. A senhora Átemis notou isso com o coração mil vezes mais apertado do que os de todas elas juntas.

– Por hora, os querubinos que foram bem-sucedidos em suas missões, no dia de ontem, receberão seus prêmios de acordo com seu merecimento e necessidade.

Diante da maioria das crianças, surgiram rosas brancas cheias de luz que entraram em seus peitos devolvendo as energias gastas para sublimar temulentos. Amaruro e Kosuke receberam duas rosas por terem salvado o companheiro brasileiro, além de cumprirem suas missões. Gabriel, por sua vez, para o seu espanto e de quem estava ao seu lado, ganhou uma estrela de cinco pontas que mais parecia um diamante lapidado por um artista divino.

Ao seu lado, Amaruro concordou com a entrega do prêmio. Viu a estrela de luz penetrar o coração de seu amigo de cachos dourados, que estava perplexo com aquilo.

Gabriel sentiu como se uma usina de força fosse ligada em sua cabeça e desencostou os pés do chão por um momento. Quando voltou, entre o êxtase e a confusão, percebeu que a senhora Átemis estava olhando para ele com um ar misterioso, como se estivesse falando dentro de sua cabeça com palavras sem som.

Mas a criadora do castelo, bela e imponente, desapareceu do alto da escadaria no meio de uma nuvem brilhante, deixando os querubinos com seus pensamentos e conversas que surgiram por todos os cantos.

Ainda confuso, Gabriel procurou esclarecimento do líder da equipe.

– Maru, porque vocês ganharam flores e eu uma estrela que mais parecia uma fogueira de São João acesa dentro de mim?

O menino africano riu alto pela primeira vez no dia, mais alegre por causa do prêmio que havia recebido.

– Você ainda não se deu conta disso, Gabriel, mas ontem sublimou três temulentos de uma só vez!

– Ué! – ele estranhou. – E o que tem isso?

– Isso é habilidade pra poucos – disse Kosuke dando um tapa nas costas do amigo. – A maioria dos querubinos deste ou de outros castelos só consegue sublimar uma psicoforma de cada vez, mas você acabou com um trio sem nem ao menos olhar pra eles, cara!

– Puxa! Eu nem parei pra pensar nisso...

– É aí que está o segredo – falou Amaruro –, mas não se sinta muito bom por causa disso. Três pode parecer muito, mas tem gente que faz muitíssimo mais do que isso.

– É mesmo? Quem consegue isso?

Amaruro riu e mudou de assunto.

– Bom, já que hoje não tem missão, acho que podemos dar uma volta na biblioteca para aprofundar nossos conhecimentos.

– Quê? – fez Kosuke passando as mãos pelo rosto. – Não me diga que vamos ficar lendo enquanto os trevosos detonam o Mundo Real?

– Precisamos aprender mais sobre eles, se quisermos ser melhores do que eles – esclareceu Amaruro. – Depois, é só estudando que vamos chegar ao nível dos arcanjos! Sigam-me!

✳✳✳

A biblioteca do castelo ficava no mesmo nível da sala de teletransporte. Gabriel adorou passar por ali, porque pôde ver de novo a estátua gigantesca do arcanjo Gabriel. Reparou melhor no rosto daquele homem de Deus e descobriu um semblante sério em um rosto largo e quadrado. Seu nariz era grande e reto, como nas estátuas gregas, os cabelos longos caíam em cachos até os ombros amplos. Tinha um par de asas enormes que repousavam nas costas impecavelmente retas, suas roupas eram típicas de um anjo saído de uma pintura renascentista.

Aquela imagem talhada no mármore fez o Gabriel pequeno pensar se algum dia chegaria a lutar pela Luz com toda a vitalidade que o Gabriel gigante parecia ter. Lembrou-se da estrela que ganhou como prêmio pela última missão e do que seu professor Amaruro havia dito a respeito de sublimar vários temulentos ao mesmo tempo.

Quando passou em frente à sala de teletransporte que continuava lacrada pelo instrutor Bolonhesa, recordou das palavras do querubino Pavel, a respeito do seu líder.

Associou todas as coisas e chegou a uma conclusão que num instante estava saindo da sua boca, incontrolável.

– Amaruro – ele chamou, enquanto caminhavam –, quantos temulentos você já sublimou de uma só vez?

O menino africano quase parou o passo, mas se recompôs e continuou a andar.

– Gabriel, essa é uma questão irrelevante.

– Mas o Pavel disse que você era o maior sublimador de temulentos do castelo!

Amaruro riu nervoso.

– Esse Pavel!... Eu ainda vou transformá-lo num rinoceronte manco!... Ou melhor, num filhote de gorila pelado!

Gabriel insistiu:

– Quantos?

– Duzentos e oitenta e um – disse Amaruro sem olhar para o lado, como quem quisesse terminar o assunto naquele ponto.

– Uau! – fez o brasileiro encarando Kosuke com espanto. – Quer dizer que o nosso líder é o melhor do castelo Branco!?!

Amaruro não respondeu de imediato. Viraram em uma curva no corredor e logo estavam diante de uma porta imensa, feita de vidro enfeitado com imagens de pássaros e plantas. Uma placa indicava que ali era a entrada da biblioteca.

Antes de abrir passagem por ela, o menino africano sorriu para Gabriel e disse:

– Sou, mesmo!

Do lado de dentro, uma antessala abrigava um velhote com óculos de fundo de garrafa, cujos bigodes brancos eram os únicos pelos na cabeça, além das sobrancelhas de taturana lavada na cândida. Ao ver as crianças paradas ao balcão, coisa que só aconteceu depois de um minuto de espera, o homem com pescoço de jaboti arrastou seu casco até o atendimento e forçou a vista na direção dos três visitantes. Seus olhos não pareciam funcionar muito bem.

– Como vai, senhor Epaminondas? – saudou o líder de equipe, abanando a mão para chamar-lhe a atenção na direção correta.

– Oh! – fez o vovô. – Vejamos... O que temos aqui?... Seria o menino Salomão?

– Não, senhor Epaminondas. O Salomão deixou de ser querubino logo depois da Primeira Guerra Mundial! Eu sou o Amaruro.

– Ama... Ah! Sim, eu recordo!... Amaruro... que também vive na África, no Mundo Entorpecido!

Kosuke aproximou a boca até o ouvido de Gabriel para cochichar.

– Esse é o senhor 'Caraminholas'!

Erguendo a cabeça como faria uma tartaruga, Epaminondas elevou a voz, meio indignado.

– Escute aqui, menina desbocada, eu posso não enxergar lá muito bem, mas meus ouvidos são afiados como os de um lobo!

– Ele é menino, senhor Epaminondas – corrigiu Amaruro, com todo o respeito.

– Menino? – o ancião ajustou as 'garrafas' sobre os olhos e analisou melhor a criança. – E o que faz com esse cabelo comprido até a cintura?

O próprio Kosuke respondeu em tom de pilhéria:

– É a nova moda na Terra, agora no século 21.

Epaminondas analisou bem a figura pequena, assentando seus telescópios sobre os olhos.

– Que pena! – concluiu em um tom de anedota. – E eu que estava prestes a voltar para lá num novo corpinho para ganhar uma vista nova... Vou repensar meu caso!

Os três riram do bom humor do bibliotecário. Ele fez seu trabalho.

– Agora que já rimos um pouco, vamos ao que interessa... Estão procurando alguma coisa especial nos livros, meninos?

– Sim, senhor Epaminondas. Gostaríamos de aprender um pouco sobre autopsicomorfose animal – explicou o líder.

O velhote coçou o bigode branco como quem alisa uma pomba, pensativo.

– Esse nome é recente demais... Vão encontrar informações mais profundas procurando a palavra licantropia, na ala do Mundo Real, início do corredor L-400.

– Obrigado! – disseram os três ao mesmo tempo.

Enquanto saíam, Kosuke provocou o ancião de novo.

– Tchau, senhor 'Caraminholas'!

– Tchau, 'Rapunzel'! – devolveu o velhinho voltando ao seu casco.

Atravessaram mais uma porta estreita e logo Gabriel se viu num salão amplo, porém vazio. Esperava ver uma infinidade de prateleiras com montanhas de livros, mas ali estava apenas uma estante pequena e magra bem no meio do recinto. Sobre ela, um livro repousava solitário e as luzes do teto se projetavam sobre ele.

– Venham ver uma coisa! – chamou Amaruro, encaminhando seus amigos até lá.

Perante os olhares interrogativos de Kosuke e de Gabriel, o menino africano tomou o livro com muito respeito e mostrou aos amigos. Era um volume fino, mas estava escrito em letras douradas que refletiam a luminosidade do ambiente.

– Este salão contém todo o conhecimento que a Humanidade adquiriu no Mundo Entorpecido e está contido neste livro aqui.

– Só isso? – perguntou Gabriel e sua voz ecoou pelo salão como se um coro de crianças repetisse sua fala.

– Neste livro estão as únicas verdades que as pessoas que vivem no Mundo Entorpecido conhecem... Todo o resto é quimera.

Gabriel viu que o livro era dividido em quatro partes, com linguagem simples.

– No Entorpecido – Kosuke concluiu – quase tudo o que as pessoas acreditam ser verdade está errado, né?

Amaruro depositou o livro de volta na prateleira.

– E, no entanto, se seguissem apenas essa pequena verdade, nós querubinos não precisaríamos existir... Vamos passar para o outro salão, onde está o conhecimento do Mundo Real.

Atravessaram outra porta no fim do recinto. Gabriel ficou satisfeito dessa vez, porque o salão parecia não ter fim. Tanto para os lados quanto à frente, fileiras intermináveis de prateleiras estavam abarrotadas de livros de todos os tamanhos e cores. Os três se sentiram em um labirinto cujas paredes eram feitas de conhecimento. Lá estava acumulada toda a ciência e a cultura do Mundo Real.

Ao passar pelas prateleiras, Gabriel olhou os títulos dos livros por curiosidade e encontrou coisas como *Vida em outros mundos, Fundamentos da biologia quântica, Glândulas radares* ou *Projetando planetas.*

Viu tudo muito rápido; desejou poder ler a maior parte das obras. Depois de uma longa caminhada, convenceu-se de que precisaria de muitas vidas ainda para obter todo aquele conhecimento.

Amaruro os dirigiu até a infinidade de volumes organizados por ordem alfabética e depois para o interminável corredor da letra "L". Lá havia uma coleção extensa chamada *"Lolium"*, que nada mais era do que outro nome para temulento.

Já que as prateleiras eram altas como paredes de pequenos prédios, Amaruro sugeriu que se dividissem para encontrar mais rápido o que queriam.

Os três flutuaram para o alto e procuraram o livro chamado *Licantropia.* Pelo caminho, Gabriel, que estava pensando no que acontecera no dia anterior, aproximou-se de Amaruro e perguntou no tom mais baixo que conseguia falar.

– Maru... Quando vocês me colocaram dentro da navegafanhoto, você me fez voltar pro Mundo Entorpecido... Eu não entendi o que aconteceu.

O líder desviou a atenção das lombadas dos livros e se dedicou ao pupilo.

– Ah, é verdade... Eu ainda não tinha tido oportunidade de ensinar-lhe uma coisa importante: quando um dos querubinos está com problemas ou em apuros, nós tocamos no braço dele, fazendo assim...

Amaruro fez um movimento de beliscar com os dedos, mas sem encostá-los no ombro do amigo.

– Desse modo – continuou – podemos voltar para o Entorpecido em segurança e escapar de situações difíceis. Aquela expressão "me belisca pra eu ver se estou sonhando" nasceu daí.

– Puxa! Quer dizer que eu poderia ter escapado dos macacos trevosos beliscando meu braço?

– Não, Gabriel... O belisca-pra-ver-se-eu-tô-sonhando só funciona quando outra pessoa faz isso com você. Olha.

Amaruro beliscou-se com força e continuou lá, flutuando ao lado do amigo.

– Viu? – ele indagou sorridente. – É por isso também que os querubinos sempre trabalham em equipes. Assim, um pode ajudar o outro.

– Por que eu não posso fazer comigo mesmo? – perguntou Gabriel, indignado. – O beliscão não é igual?

Amaruro riu.

– Já conseguiu fazer cócegas debaixo dos próprios braços?... Ninguém consegue! Só funciona quando é outro que faz.

Gabriel entendeu, mas por via das dúvidas agitou os dedos da mão esquerda na axila direita só para se certificar de que aquilo era verdade, descobrindo meio decepcionado que sentia apenas um leve desconforto, mas nem um pouco de cócegas.

Kosuke interrompeu aquela tentativa inútil de Gabriel de arrancar risadas de si mesmo, ao chamar os amigos em voz alta.

– Achei! O livro tá aqui!

Ele estava na prateleira oposta. Os dois voaram até ele, descobrindo nas mãos do menino japonês um volume pesado, cuja capa preta parecia feita de couro. Nela estava escrito *Licantropia* com letras simples e grandes.

Em comum acordo, os querubinos decidiram levar a obra até uma mesa de estudo. Debruçaram-se ao redor dela devidamente sentados, iluminados pela luz do dia que passava por um vitral desenhado com nuvens celestiais.

– Aqui está – disse Amaruro após folhear algumas páginas. – Licantropia é a transformação em formas semelhantes às de animais e ocorre com pessoas que deixaram de viver no Mundo Entorpecido. Geralmente são lobos, cães, símios, cavalos, gatos, corujas ou, excepcionalmente, formas de insetos gigantes, larvas ou ovos... A licantropia raramente acontece por intenção própria, sendo a maioria das vezes iniciada e mantida por uma pessoa que domina técnicas de hipnotismo para transformar mentes recémchegadas ao Mundo Real, atormentadas pela confusão ou por sentimentos como contrariedade e ódio. É uma técnica amplamente utilizada por forças das Trevas para escravizar pessoas que não se ajustaram à vida unicamente no Mundo Real. Para curar a licantropia, é necessária uma hipnose que induza nas vítimas uma sugestão de normalidade mais poderosa do que aquela que as forçou à forma animal, o que só pode ser feito por mentes poderosas e de grande domínio psíquico.

– Bizarro! – exclamou Gabriel olhando as figuras de animais meio humanos que ilustravam a página.

Amaruro ficou pensativo e descansou a cabeça sobre a mão, enquanto Kosuke e Gabriel viravam as páginas em busca de mais figuras estranhas. Assim que chegou a uma conclusão, o menino africano olhou com seriedade para os amigos.

– Sabem de uma coisa?... Se todos os trevosos que vimos eram macacos e se o livro diz que essas pessoas podem ser transformadas em diferentes espécies de animais por uma mente doentia que domina a hipnose, isso significa algo assustador...

– O que é, Maru-san? – indagou Kosuke incapaz de chegar à resposta por si.

– Significa – respondeu o líder – que quem está hipnotizando e escravizando todos esses trevosos que agora infestam o Mundo Real é a mesma pessoa.

***

Os dias passavam morosos no castelo Branco. As crianças se entregavam às mais diversas atividades, como caminhadas pelas colinas ou mergulhos no rio. Outras vezes se reuniam em bandos, ficavam jogando conversa fora e se perguntando qual seria a próxima equipe a sair nas raras missões que surgiam.

No fundo, os querubinos estavam entediados. Nada podiam fazer além de esperar seu momento de agir.

Quando não estava com seus amigos passeando pelo castelo, Gabriel vivia sua vida normal no Mundo Entorpecido, onde o tédio conseguia ser maior até do que a nova fase dos querubinos.

Por estar de férias, o menino brasileiro acompanhava sua mãe a vários lugares, inclusive alguns bem chatos, como filas de bancos, por exemplo. Gabriel não entendia por que as pessoas entravam em bancos para ficar um tempão nas filas. Em sua cabeça, banco era lugar de guardar e cuidar de dinheiro, mas percebia que todo mundo entrava neles para ficar um atrás do outro por quase uma hora. No fim, mal falavam alguma coisa para uma pessoa atrás de um balcão e já iam embora.

Certo dia, sua mãe o levou para pegar uma fila dessas. Gabriel ficou chocado ao descobrir que ela não estava satisfeita, porque gritou e brigou com o homem do outro lado do balcão, talvez porque a fila estivesse mais curta do que das outras vezes.

– Como vocês cobram por um serviço que não existe? – esbravejava ela e atraía para si as atenções aflitas de todo mundo que estava lá.

O homem respondia como podia e alegava que não poderia fazer nada, o que deixava dona Eleonora ainda mais irritada.

Gabriel não prestou muita atenção no conteúdo da briga, mas refletiu que sua mãe estava insatisfeita por ter ficado pouco tempo na fila, e ainda por cima teria que pagar. Sua cabeça estava mais voltada para o que deveria estar acontecendo no Mundo Real, naquele momento, por causa dos pensamentos de sua mãe e do balconista do banco. Imaginou que vários temulentos estariam ali, invisíveis para quem não era um querubino, voando no ar como moscas impertinentes que brincavam entre as cabeças das pessoas.

Depois de alguns minutos, sua mãe provavelmente se arrependeu de ter dito todas aquelas palavras feias, pois desejou uma coisa boa para o homem.

– Passar bem! – disse ela em voz alta, antes de sair arrastando Gabriel pelo braço. Os saltos dos seus sapatos estalavam no chão encerado do banco.

Enquanto saía, porém, o menino deu vazão à sua responsabilidade perante o castelo Branco e imaginou que sublimava os temulentos do ar. Por isso apontava a mão que estava livre para o alto e pensava que as moscas gigantes viravam bolhas de sabão. Sua boca fazia o efeito sonoro da transformação. Ele nem ligou para os adultos que olhavam e sorriam da criança que conseguia brincar no meio de uma situação estressante.

$$* * *$$

Gabriel chegou ao castelo Branco e correu escadaria acima sem hesitar, indo diretamente para o aposento reservado à equipe de Amaruro. Passou por corredores extensos, na ala onde todas as equipes tinham suas salas privadas, até encontrar a sua.

A porta estava aberta. Lá dentro já estavam Kosuke e o líder, descontraídos e até um pouco entediados. Sobre um divã, o menino japonês esticava o corpo, apoiando a cabeça sobre as mãos cruzadas para trás; olhava pensativo o teto. Do outro lado, Amaruro estava sentado no chão em posição de lótus. Tinha a atenção presa em algum ponto indistinto da parede diante dele. Entre as pernas segurava um pequeno tambor sobre o qual apoiava os cotovelos. Ficou aliviado quando Gabriel chegou.

– Oi! – ele cumprimentou, na esperança de que o amigo que acabava de chegar os tirasse do marasmo.

– Oi, Maru! Oi, Kosu!... Que caras de tédio!

Gabriel sentou sobre um baú e agitou os pés no ar.

– Pois, é! – disse Kosuke como se falasse para si mesmo. – Por causa dos trevosos, hoje não tem missão pra gente...

Amaruro completou a informação enquanto batucava de leve seu tambor.

– Só a equipe da Samadhi foi chamada para uma missão considerada segura, hoje... Todos os outros querubinos ficaram.

Gabriel aproveitou que o assunto era aquele para fazer uma pergunta que o incomodava desde o dia anterior.

– Eu fiquei pensando numa coisa... Se os macacos são pessoas transformadas por uma mente perversa, por que a gente não pode sublimar eles do mesmo jeito que fazemos com um temulento?

Amaruro parou de bater no tambor.

– Acho que já respondi a essa sua pergunta.

– Eu sei, Maru, mas não é justo fazer isso com eles!

Kosuke riu e respondeu à sua maneira.

– Isso é um passo muito grande pra gente, Gabriel. Os querubinos conseguem sublimar psicoformas e, mesmo nisso, existe um limite para nós... Transformar pessoas contra o desejo delas é serviço para mentes muito fortes, porque, ao contrário dos temulentos, pessoas têm sua vontade própria.

– Além disso – falou Amaruro –, esse tipo de trabalho é típico de arcanjos, que trabalham não apenas as formas, mas os sentimentos dos indivíduos... Provavelmente eles

estão lidando com o assunto agora e, quando a barra estiver limpa, nós poderemos voltar às nossas missões.
— Enquanto isso, o que vamos fazer? — perguntou Gabriel encostando a cabeça na parede, meio decepcionado com a situação. — O castelo parece tão vazio. Onde está todo mundo?
— Eles estão no campo. — respondeu Kosuke e, como se fosse ligado por ânimo novo, endireitou-se no divã e olhou para Gabriel com espanto. — Gabriel... Você gosta de jogar bola?
— Claro que sim! — ele quase pulou do baú. — Eu não lembro bem onde fica minha casa, mas sei que tem um campinho lá perto e eu acho que vou sempre lá com os amigos!
Amaruro e Kosuke se entreolharam com uma ideia brilhando no rosto.
— Ei!... — propôs insinuante o líder africano. — Sabe que o Pavel se gaba de ser o melhor jogador do castelo Branco e diz que vence qualquer brasileiro?
Gabriel saltou de onde estava sentado e ficou flutuando a um palmo do chão, cheio de vitalidade e com os punhos cerrados. Como se tivesse sido desafiado pelo próprio oponente, ele encheu o peito para perguntar:
— Onde é que fica esse campo?

O sol brilhava alto sobre os morros que cercavam o castelo Branco e inundava o céu com sua luz poderosa. Sobre a grama e a vegetação abundante, Amaruro e seus dois pupilos corriam velozes e subiam a encosta da elevação mais alta, deixando lá embaixo o vale do rio Branc'Água e a própria mansão dos querubinos.
Já próximo do topo, Gabriel olhou para trás e viu a grande construção de paredes cândidas e telhados com cor de madeira, com suas torres cilíndricas apontando para o firmamento sempre aberto. De tanto subir, os três já estavam em um local mais alto do que o castelo, onde era o cume do monte.

Em um instante, Gabriel se viu no que parecia um platô e não estava sozinho. Quase trezentos querubinos corriam e jogavam por todos os lados. Os grupos estavam divididos por tipo de esporte e a agitação era intensa. De um lado, campos de vôlei e quadras de tênis pareciam abarrotadas de crianças; do outro, pistas de corrida ladeavam o que mais chamou a atenção de Gabriel: os campos de futebol.

– Ali! – ele gritou e apontou com o braço bem esticado, incitando seus amigos a correrem até lá e já entrarem no jogo. – Eu 'tô' vendo o Pavel! Ele tá jogando!

– Vamos lá! – disse Kosuke puxando o líder africano pelo uniforme. – Agora a gente tem um brasileiro no time!

– Seja o que Deus quiser! – gritou Amaruro, iniciando a corrida para acompanhar os outros.

Pelo caminho, o menino da África transformou seu uniforme branco em um *short* e uma camiseta. Nos pés surgiram chuteiras e ele logo ultrapassou seus amigos. Mas eles não ficaram para trás e modificaram as roupas para ficarem iguais às do líder. Apenas Gabriel incrementou sua chuteira com um detalhe a mais: ela ganhou pequenas asas de anjo nas laterais.

Assim, devidamente paramentados, os três chegaram à beira do campo chamando todas as atenções, inclusive a de Pavel, que estava com a bola no pé naquele momento. Ele ficou olhando o grupo de Amaruro por alguns instantes e sorriu com cara de mau.

– Ora, vejam só... Chegaram mais vítimas para nós.

Gabriel quase invadiu o campo, mas foi impedido pelo braço forte de Amaruro.

– Aqui também temos regras – e elevou a voz para que todos ouvissem. – Estamos prontos!

Os querubinos que assistiam àquilo ficaram brancos. Era a primeira vez que veriam um brasileiro jogando ali. Estavam tão curiosos para saber o que aconteceria, que o time adversário ao de Pavel se retirou do gramado sem hesitar, mesmo porque, estavam perdendo de dois a sete.

Gabriel percebeu que sobraram apenas três no campo e Amaruro esclareceu o motivo de ser um time tão pequeno.

– Cada equipe de querubinos joga contra a outra, ou seja, são três contra três. Não tem goleiro. Vence quem marca o primeiro gol!

Atento aos movimentos do adversário, Gabriel notava que as crianças que estavam dispersas por todo o complexo de esportes começavam a se aglomerar ao lado do campo de futebol.

Kosuke, que tinha tanta afinidade com a bola quanto um pepino do mar, fez a pergunta mais importante do dia:

– E aí, Gabriel, qual é a tática?

– Passa a bola pra mim! – disse sorrindo o menino brasileiro.

– Ufa! Ainda bem que é só isso!

Cheios de coragem e confiança, eles entraram em campo e ficaram bem de frente para Pavel, que aguardava com o pé na bola e as mãos na cintura, sério e descontente com o que estava acontecendo ao redor deles: praticamente todos os querubinos do castelo Branco haviam parado suas brincadeiras para assistirem ao confronto do século no Mundo Real. Assim que Gabriel chegou ao meio do gramado, eles gritaram e aplaudiram.

O time do menino russo era formado pelo coreano Xeng e a menina Aixa, que usavam uniformes vermelhos.

– Ué? – fez Gabriel ao ver Aixa ao lado do oponente. – Você tem uma menina no seu time?

– Pois fique sabendo – respondeu ela própria, sem perder tempo – que, na Arábia, as mulheres são as melhores jogadoras de futebol!

– Então tá explicado! – provocou Gabriel apontando com o polegar para o menino com cabelo escovinha que estava com a bola. – Eis o segredo do sucesso deles, porque eu nunca ouvi dizer que a Rússia tivesse ido pra uma final de Copa do Mundo...

Kosuke cutucou o menino brasileiro com o cotovelo e sussurrou com falsa voz de medo.

– Cara, não provoca o *Pavio*!... Ele é curto!

Caindo na gargalhada, os três não perceberam que, do outro lado do campo, os querubinos liderados por Pavel se entreolhavam sem medo do desafio, por mais que estivessem fervendo por dentro, loucos para que o jogo começasse logo.

– Chega de conversa! – bradou o russo, agitando a bola debaixo dos pés. – As regras de sempre: quem faz o primeiro gol, vence. Não vale sublimar a bola ou desviar o rumo dela com o pensamento. O time desafiado começa com a posse de bola... De resto, vale tudo!

Sem pensar duas vezes, Pavel lançou a bola para Aixa, que contornou os oponentes com agilidade e correu em direção ao gol, deixando Amaruro e Kosuke sem saber o que fazer. Gabriel foi mais rápido e interceptou a menina, mas ela chutou para Xeng que estava mais atrás.

Amaruro, que estava perto, tentou retomar a bola do coreano da maneira que imaginava que deveria fazer, ambos se embolaram, sobrando para Xeng chutar torto para Pavel. Sem querer, o passe foi para Kosuke, que parou a bola e procurou Gabriel no campo. Assim que viu o amigo, chutou o mais rápido que pôde, porque estava pressionado pelo menino russo que vinha para cima dele.

Gabriel teve de correr muito para alcançar a bola antes de Aixa, mas finalmente a dominou e parou por uma fração de segundo para analisar a situação. Percebeu que a plateia numerosa de querubinos soltou finalmente o fôlego que estava preso desde o começo da partida para gritar em apoio ao brasileiro. A menina árabe era habilidosa e estava por perto. Pavel se atirava na direção de quem estivesse com a bola e Xeng parecia o mais fraco do time.

Do seu lado, Amaruro parecia disposto a fazer qualquer coisa que fosse parecida com futebol, e Kosuke sempre passaria as bolas.

Pavel corria no seu sentido pronto para provar quem era o melhor em campo. Os querubinos finalmente descobririam se o russo tinha ou não razão em se gabar, o que provocou uma nova parada nas respirações dos que assistiam. Gabriel, por sua vez, esperou com calma, em posição de prontidão, de um jeito que não dava para saber se ele iria para a esquerda ou direita. Quando Pavel chegou rasgando o gramado, o menino brasileiro não optou por nenhuma das duas coisas.

Com dois toques curtos e quase invisíveis na bola, Gabriel fez com que ela subisse muito acima da cabeça de Pavel, e o menino com cabelo escovinha passou batido. Quase tropeçou nos próprios pés e, quando deu por si, Gabriel já estava atrás dele, correndo com a bola depois do chapéu perfeito.

Para seu desgosto, Pavel ouviu as crianças explodirem num coral de vozes alucinadas em favor do brasileiro, dando força para ele correr como um gato pelo campo. Isso o irritou. Não queria perder o posto de melhor jogador do castelo Branco, por isso resolveu apelar para meios radicais de ação, já que as regras permitiam.

Sem hesitar, Pavel voou na direção do adversário descrevendo uma parábola perfeita no ar, o que o colocou de frente para Gabriel em um instante. O menino brasileiro, por sua vez, foi surpreendido pela aparição repentina e não conseguiu reagir. Desviou sem jeito para o lado, mas a bola ficou no pé do russo, que imediatamente iniciou sua corrida para o campo oposto.

Amaruro viu Gabriel caído na grama. Sabia que precisava dar uma mãozinha.

– Ah, é? Vale tudo?

Com um sinal de sua mão, comandou Kosuke e ambos voaram na frente de Pavel, usando o mesmo truque dele. Porém, ele já esperava por aquilo e chutou a bola para Aixa antes que os dois pudessem dominá-la.

A plateia não estava vendo aquilo porque continuava boquiaberta, com a atenção presa no brasileiro. Recuperado, ele sentou no gramado e decidiu jogar com suas habilidades de querubino, também. Não poderia interferir com a bola, mas seu corpo, no Mundo Real, poderia responder com agilidade centuplicada.

Aixa corria sozinha em direção ao gol. Quando estava a dez metros dele, chutou com precisão, fazendo a bola voar veloz, prestes a terminar com a dúvida de qual seria o melhor time do castelo.

Porém, para seu espanto, a questão ainda continuaria aberta por mais tempo, porque Gabriel surgiu na frente do gol, vindo do nada, acertou uma "bica" tão forte na bola que ela subiu quase verticalmente em direção ao céu luminoso. Sem pensar duas vezes, ele mesmo voou para o alto, a fim de interceptá-la.

No meio de uma nova explosão de gritos da plateia enlouquecida, todos os outros jogadores subiram, cientes de que o campo agora seria a atmosfera do Mundo Real.

Pavel subiu como um raio, mas Gabriel chegou primeiro na bola e acertou nela uma cabeçada, lançando-a para Amaruro. Mais embaixo, o menino africano matou no peito e chutou de qualquer jeito para Kosuke. Ele, que não esperava pela jogada tão rápida e nem pelo passe mais ou menos do amigo, deixou a bola passar depois de se esticar todo.

Sobrou para Xeng bater de primeira para Pavel, elevando a bola para mais alto. Com habilidade, o russo equilibrou-a no joelho direito e esperou para estudar rapidamente seu novo campo.

Lá embaixo, três centenas de crianças estavam ofuscadas pelo sol em seus olhos, mas seguiam cada movimento dos querubinos jogadores.

Deixando a bola escorregar pela perna, Pavel chutou-a para Aixa que estava mais abaixo, voando em sua direção. Gabriel foi para dividir a bola, o que obrigou a menina árabe a um lançamento desesperado para o lado.

Por conta disso, a bola deixou a área de esportes daquele pequeno planalto e caiu rumo ao castelo Branco. Muitos que assistiam pensaram que era o fim do jogo, mas as duas equipes estavam longe de parar. Desceram como andorinhas atrás da bola, rasgando o ar para ver quem daria o próximo passe.

Os querubinos que torciam pelo brasileiro não queriam perder um lance sequer, por isso flutuaram morro abaixo em busca de um ponto de observação melhor. O campo agora seria o vale do rio Branc'Água com o grande castelo no meio.

Kosuke foi o primeiro a alcançar a bola. Ela estava prestes a entrar no castelo por um vitral colorido de mais de mil anos de idade, mas foi desviada no último segundo por um chute do querubino que mais parecia um golpe de *kung fu*.

A bola subiu outra vez e flutuou na altura da torre maior, onde Xeng a acertou com uma cabeçada precisa, lançando-a para Pavel. O menino russo usou o peito para dominá-la, ciente de que Amaruro vinha comendo o ar para ficar com ela. Sem opções de jogada, Pavel chutou para uma das imensas paredes do castelo; a bola ricocheteou e desceu mais na direção do rio.

Gabriel estava ali, esperando por aquilo, por isso chutou de novo para cima, onde Amaruro flutuava. E o líder africano deu uma joelhada nela, fazendo-a cair num dos telhados da mansão dos querubinos. A bola rolou até parar na calha.

Aixa foi a primeira a chegar lá. Tirou a bola da calha com os pés e aproveitou para analisar a situação. Todos os jogadores estavam ali, flutuando diante do castelo Branco, tendo o vale ao fundo, enquanto ela estava parada em pé na ponta do telhado, a mais de trezentos metros do chão.

Gabriel pousou na calha também, perto dela, decidido a roubar a bola ali mesmo, se fosse preciso. Porém, Aixa chutou com toda a sua força para Pavel e depois voou naquela direção.

A bola estava em movimento de novo e, de chute em chute, os dois times foram descendo cada vez mais no vale. Seguindo o curso do rio Branc'Água, não deixaram a bola tocar o solo. Ela mudava de dono muito rapidamente, entre cabeçadas e joelhadas.

A plateia literalmente seguia as jogadas e se espalhava pelas encostas dos morros que formavam o vale, compondo uma nuvem de querubins que acompanhavam a grande disputa.

Em determinado momento, a bola estava quase caindo nas águas agitadas do rio transparente, mas Kosuke acertou-a com a ponta da chuteira, fazendo-a subir muito acima de onde estavam.

Pavel aproveitou o momento para gritar em voz alta.

– A ponte!

Todos os jogadores olharam para ele, e veio a explicação:

– A ponte é o nosso gol! Quem acertar, vence!

Eles viram que a ponte de madeira sobre o rio formava uma espécie de trave sobre a corredeira, e aceitaram o novo desafio colocado pelo menino russo, decididos a pôr um fim na angústia da plateia agitada.

Quando olharam para cima de novo, a bola estava começando a descer bem no meio deles, pronta para passar debaixo da ponte por meio dos pés do primeiro que a alcançasse.

Gabriel não teve dúvidas... subiu como uma flecha. Não menos rápido, Pavel disparou para cima. Os outros sabiam que a disputa era pessoal, por isso ficaram apenas de prontidão.

Aixa e Amaruro se entreolharam com cara de dúvida, porque eles mesmos queriam saber quem seria o vencedor, no final das contas.

Enquanto voava, Gabriel reparou que Pavel vinha com as traves da chuteira erguidas, e concluiu que, se ambos alcançassem a bola, pelo menos um sairia muito machucado. Por isso desviou no último instante e mergulhou para trás, descendo na direção do rio com a mesma velocidade com que havia subido.

O menino russo chegou sozinho na bola, mas de tão rápido e desesperado, foi obrigado a chutá-la de qualquer jeito, o que fez com força exagerada.

Sem rumo, a bola voou para longe e caiu na direção de um morro. Mas não saiu do jogo, porque Kosuke estava tão mal posicionado que a recebeu de presente. Girou o corpo e prendeu-a entre os calcanhares.

Lembrou da tática de Gabriel e procurou o amigo no extenso campo aéreo, descobrindo que ele estava agitando os braços, livre e desimpedido bem em frente à ponte, longe dali. Xeng e Aixa viram aquilo e se desesperaram. Pavel estava ainda muito lá no alto, talvez ainda se elogiando por ter alcançado a bola antes de Gabriel.

– Chuta, Kosuke! – gritou Amaruro em tom de ordem, impondo toda a sua autoridade de líder da equipe.

O menino japonês não acreditou que estava fazendo parte daquele momento. A plateia estava de fôlego preso de novo, e Kosuke podia ver em seus rostos angustiados que todos se perguntavam o que ele faria.

Parado no ar com a bola entre os pés, Kosuke girou para trás e deu uma pirueta sobre si mesmo. A bola foi solta e subiu um pouco. Quando desceu, encontrou a chuteira do menino japonês, que a acertou com tanta força, que o som do chute ecoou pelo vale do castelo Branco.

Desesperado, Pavel desceu o mais rápido que seu pensamento permitia. Mas era tarde, então.

A bola caiu na água bem perto de Gabriel, e boiou em sua direção. Ele caminhou sobre as ondas como se estivesse no gramado. Seu chute levantou a bola e a água cristalina, que refletiu os raios do sol como pequenos diamantes incandescentes.

Com precisão milimétrica, a bola passou bem debaixo da ponte de madeira e foi descansar no rio do outro lado. Gabriel gritou de alegria, mas não ouviu a própria voz porque três centenas de querubinos encheram o vale com o seu brado vibrante, e o ar foi agitado com a explosão de emoção que todos eles emitiam.

Pavel ficou desconcertado. Chegou ao rio a tempo apenas de cair dentro da água. Gabriel o imitou, tamanha era a sua felicidade, e se deixou mergulhar nas águas refrescantes.

Amaruro e Kosuke, meio atordoados com o que estava acontecendo, se deixaram contaminar com a alegria e voaram para dentro do rio, também.

Aixa e Xeng, crianças como todos ali, viram a agitação dos amigos, deram risada e se jogaram na água.

Quando Pavel voltou para a superfície e ficou boiando, pensou no que estava presenciando e ficou impressionado com a habilidade do brasileiro. Uma multidão de querubinos gritava e aplaudia nas margens do rio, e ele percebeu, entre espantado e encabulado, que os aplausos eram para ele também.

Amaruro e Kosuke, rindo alto de tudo, abraçaram Gabriel dentro da água.

– Caramba! – disse o menino africano. – Agora eu entendo porque o Brasil sempre vence! Ele deve ser cheio de Gabriéis!

– E de Amaruros e de Kosukes também! – respondeu o menino, jogando água nos companheiros. Os três fizeram uma grande algazarra e espirraram água para todos os lados, incluindo Aixa e Xeng na brincadeira.

Pavel foi nadando até eles e chegou bem perto de Gabriel, depois que a equipe dele abriu passagem. Todos se abraçaram dentro do rio.

– Você é o melhor, Gabriel! – comentou o menino russo. – Foi uma honra jogar futebol com um brasileiro! Tenho certeza de que, no Mundo Entorpecido, eu jamais terei essa honra!

– A gente pode montar um time só nosso, Pavel – disse Gabriel –, e prometer que pelo menos uma vez por semana vamos jogar aqui.

Aixa e Xeng se juntaram a eles e os seis formaram uma roda na água, debaixo dos olhares dos outros querubinos que fariam qualquer coisa para assistir outra partida como aquela.

Não dava para saber se a água que escorria pelo rosto de Pavel era feita de lágrimas ou eram gotas do rio, mas sua voz soava emocionada.

– Tenho certeza de que você vai ser um grande jogador de futebol, quando crescer!

Gabriel riu.

– Que nada!... Eu vou ser é astronauta!

Todos se divertiram com a resposta e jogaram água, uns nos outros.

✳✳✳

Algum tempo depois, devidamente secos e vestidos com o uniforme dos querubinos, os amigos entraram no castelo Branco, chamados pelo som de uma trombeta que era o sinal de reunião.

Apesar de não terem saído em missão naquele dia, todas

as crianças estavam felizes por causa das brincadeiras e da inusitada partida de futebol aéreo.

Sem demora, os quase trezentos querubinos se aglomeraram no saguão principal do castelo e perceberam a presença iluminada da senhora Átemis no topo da escadaria. Ao seu lado, o instrutor Fuzzili aguardava, segurando a pança. Também lá estava uma equipe de querubinas, todas meninas, respeitosamente em silêncio.

Ao notar que as crianças já estavam todas ali, o instrutor elevou a voz de barítono chamando para si as atenções.

– Queridas crianças!... Como todas sabem, devido aos tempos difíceis que estamos enfrentando, apenas uma equipe teve permissão para sair em missão, sendo ela considerada segura e livre de trevosos. Liderada por nossa amiga Christinne, a equipe obteve um sucesso digno de menção.

As crianças aplaudiram, produzindo nas três meninas uma reação normal, mista de vergonha e felicidade.

Amaruro apontou para a querubina Christinne.

– Ela vive na Suécia, no Mundo Entorpecido – falou perto do ouvido de Gabriel. – E sabe qual é a maior?... Lá, ela é paraplégica!

– O quê? – espantou-se Gabriel. Não podia acreditar naquilo, porque a menina pequenina e loira estava em pé no alto da escadaria, recebendo os elogios de cabeça baixa.

– No Mundo Real – Amaruro explicou – você é o que realmente é... Tudo no Entorpecido é passageiro!

O menino brasileiro ia fazer outra pergunta, mas o instrutor Fuzzili continuou.

– Como todos vocês sabem, sublimar temulentos é tarefa que depende de muita força e de um coração que transborde amor. Por isso é que vocês, crianças, são as responsáveis por este trabalho no Mundo Real. Quanto maiores forem estas qualidades, tanto maior o número de temulentos que poderão sublimar de uma vez...

Gabriel olhou para Amaruro, pois sabia que ele era o maior sublimador de temulentos do castelo Branco. O líder africano, por sua vez, olhou imediatamente para o chão, silencioso e resignado com alguma coisa que Gabriel não entendeu.

– Nossa amiga Christinne – prosseguiu o instrutor – conseguiu bater o recorde de todas vocês, minhas crianças... Ela sublimou 41 temulentos com um pensamento!

Gabriel quase caiu para trás com o susto. Não entendeu o que estava acontecendo ali, porque Amaruro havia dito que sublimara 281 temulentos em uma ocasião, todos ao mesmo tempo, mas agora o instrutor estava dizendo que o novo recorde era 41.

Ao seu lado, Amaruro continuava de cabeça baixa, as mãos para trás do corpo e os olhos quase fechados, calado e pensativo. Recebeu o olhar desconfiado e indignado de Gabriel sem se abalar, sabendo que o menino brasileiro estava confuso com as outras pessoas e não com ele.

Quase perguntando alguma coisa para seu líder, Gabriel foi impedido pela mão de Kosuke em seu ombro, que pediu calma sem emitir palavras.

Os olhos de Gabriel e Pavel se encontraram sem querer, no meio da multidão. A reação do menino russo foi acenar com a cabeça, como se dissesse: "não falei?". Mas o próprio Pavel viu a postura de Amaruro e olhou para o chão também, preocupado com as coisas que havia dito.

No alto da escadaria, a senhora Átemis tomou a palavra e inundou o castelo com sua voz melodiosa.

– Apesar de todas as dificuldades que enfrentamos, no momento, precisamos ter paciência e agir com sabedoria, meus querubinos... Foi o que esta equipe fez hoje, livrando um asilo da praga das psicoformas obscuras que impregnavam o ambiente. E, por causa do trabalho bem feito e de grande extensão, as três meninas receberão um prêmio proporcional à energia que dispensaram. De acordo com o próprio desejo delas, passarão algumas horas em esferas angelicais superiores, onde terão contato com arcanjos e receberão ensinamentos valiosos dessas mentes evoluídas.

Diante dos olhos de todos os querubinos, e em meio a um silêncio absoluto, a equipe da menina sueca se elevou no ar e desapareceu em meio a uma nuvem iluminada de teletransporte. Deixaram todos imaginando como seria visitar os arcanjos em seus locais de existência, já que eles eram seres que não precisavam mais voltar ao Mundo Entorpecido para aprender a controlar seus pensamentos.

– Os demais querubinos deste castelo – prosseguiu a senhora Átemis – devem aproveitar o tempo para estudar, treinar e se divertir, até o momento em que serão chamados para novas missões... Paz a todos!

Tal como as meninas, ela mesma desapareceu num clarão azulado, e os querubinos, que estavam no salão, começaram a se dispersar, assim como o próprio instrutor Fuzzili.

Gabriel não sabia o que fazer. Ao seu lado, Amaruro, despreocupado, ergueu a cabeça para assistir às crianças andando por todos os lados. Antes que o menino brasileiro pudesse dizer alguma coisa, para o desespero de Kosuke chegou Pavel à roda.

– Ei, Amaruro, apesar das minhas brincadeiras, espero que isso não afete nossa amizade. Você sabe... em relação ao recorde do castelo.

O menino africano balançou a cabeça concordando.

– Minha consciência está em paz, Pavel. Para mim, basta-me saber que sublimei 281 temulentos de uma vez, e isso é tudo de que eu preciso – disse com tranquilidade.

Gabriel aproveitou para quebrar o gelo.

– Mas como o instrutor Bolonhesa falou que a menina tinha batido o recorde com 41 temulentos?... Eles não sabem que você fez muito mais do que isso?

Amaruro olhou intensamente seu pupilo e amigo e, pelo brilho que aquele olhar emitia, Gabriel soube que suas palavras eram sinceras.

– Acontece que não sobrou ninguém para confirmar minha história...

Um brilho de lágrimas se formou no rosto de Amaruro, mas elas não chegaram a cair. Ele continuou com o rosto erguido, sorrindo de leve para Gabriel.

Pavel se despediu e levou sua equipe para outro lugar, deixando os três amigos em silêncio.

O momento um pouco constrangedor se seguiu. Amaruro respirou fundo.

– Algum dia, eu conto tudo para vocês.

Assim dizendo, eles mudaram de assunto e ganharam nova energia para sorrir, sendo o próprio Amaruro a puxar alegremente a conversa.

– Vocês viram? As meninas receberam uma visita ao mundo dos arcanjos, como prêmio!

– Que legal, né? – bradou Kosuke. – Imagina a gente, lá!

– Se aqui já é bonito – disse Gabriel –, como deve ser por lá?

– E elas tiveram a honra de escolher que queriam isso.

– Ei – Kosuke abraçou seus dois amigos –, e se a gente pudesse escolher um superprêmio, o que seria?

Eles pensaram, mas foi Gabriel quem recebeu um estalo na cabeça e aumentou ainda mais o sorriso, ao sugerir:

– Já sei!... A gente podia jogar uma pelada com os arcanjos!

Os outros dois riram alto e concordaram que aquele seria um prêmio fabuloso.

– É isso! – Kosuke completou o cenário. – E depois, nem teria graça jogar contra o time do Pavel!

Com os braços sobre os ombros uns dos outros, os três querubinos caminharam até seus aposentos no castelo Branco para descansar do jogo, rindo e conversando alegremente.

✳✳✳

Do lado do Mundo Entorpecido, o pequeno Gabriel passou a manhã brincando na rua com os vizinhos e, depois do almoço, foi levado pela mãe até a casa da tia Eugenita, onde o menino ficou com os primos.

Eles estavam conversando a respeito dos desenhos animados do momento, mas o assunto foi se desviando por vários caminhos até chegar aos sonhos que cada um deles costumava ter.

O primo mais velho de Gabriel, que contava onze anos, ergueu a voz.

– Uma vez eu sonhei que tinha ido assistir uma corrida de carros; daí um homem falou pro meu pai se eu queria andar de carro; daí eu fui e dei um monte de voltas; daí eu tava dirigindo...

O irmão mais novo dele resolveu competir e contou o seu.

– Uma vez eu sonhei que tinha um super-herói em cima do telhado de casa; daí ele tinha um balão; daí ele deu o balão pro Nico, e daí o Nico subiu segurando o balão, assim.

Imitando alguém que se eleva aos ares, a criança subiu na poltrona e depois se jogou no tapete, onde riu à toa.

Gabriel ouvia tudo com paciência, guardando no rosto um sorriso que poderia ser tanto autoconfiança quanto ironia, pela ingenuidade de seus primos. Mas chegou sua vez de contar seus sonhos e ele resolveu se gabar um pouco pelo fato de ter sido escolhido para ser querubino.

– Eu sempre sonho que vou pra um castelo enorme que fica perto de um campo de futebol – disse prendendo a atenção dos outros instantaneamente –, daí eu tenho dois amigos superlegais. Um mora na África e o outro no Japão. A gente sempre vai pra uns lugares onde tem vários monstros, e a gente os destrói com nossos poderes. E tem vários outros que fazem isso. Mas, daí, não é todo mundo que pode ir pro castelo, e tem que ser escolhido por um dos professores, e os monstros chamam temulentos...

Depois que terminou sua narrativa, que ele mesmo achava que era despretensiosa, Gabriel foi obrigado a ouvir seus dois primos falarem quase ao mesmo tempo seus sonhos inventados onde reinavam guerreiros em armaduras prateadas e dragões que cuspiam fogo pelo nariz. Eles eram os heróis e sempre despedaçavam as grandes criaturas aladas com suas espadas mágicas, ajudados por companheiros fiéis e seus cavalos imponentes.

Gabriel tentou falar que seus sonhos não tinham nada a ver com aquilo, e que, na verdade, nem eram sonhos, mas sua vida no Mundo Real. Sua mãe Eleonora e a tia Eugenita, porém, chegaram à sala trazendo um álbum de fotos desgastado pelo tempo.

– Olha a bagunça, criançada! – disse a tia de Gabriel abrindo espaço entre os meninos e sentando pesadamente no sofá, ao lado de Eleonora.

– Venham ver as fotos, meninos – chamou a mãe de Gabriel, e os três se puseram ao redor das duas adultas em um instante.

Entre risos e piadas, lembranças e histórias, viram fotos dos primos pequeninos e de Gabriel ainda no colo do pai. Uma das fotos, porém, chamou mais a atenção de Gabriel; nela estavam ele e seu avô materno em um forte e alegre abraço.

– Olha você e o vovô Aroldo – disse a mãe, colocando sobre a imagem seu dedo com a unha pintada de cor-de-rosa.

Os meninos fizeram silêncio e admiraram a foto do avô como se lembranças remotas invadissem suas mentes infantis e impedissem qualquer outra expressão.

– É... – murmurou a tia Eugenita. – Logo, logo vai fazer um ano que ele foi embora...

Gabriel ficou calado e não conseguia desgrudar os olhos da imagem que trazia tantas recordações agradáveis a ele.

Seu primo mais novo aproveitou o silêncio formado e perguntou com toda a sua ingenuidade:

– Mãe, quando é que o vô vai 'voltá'?

Tia Eugenita passou a mão nos cabelos do filho.

– A gente vai ver ele na casa do Céu, filhinho...

O menino se satisfez com a resposta, mas Gabriel ficou com aquelas lembranças na cabeça pelo resto do dia, até o momento em que adormeceu depois que o sol se foi.

✳✳✳

Gabriel chegou ao castelo Branco e logo viu que Kosuke estava ali, à sua espera.

– Oi, Kosu!

– Oi, Gabriel! Eu tenho novidades pra você.

– O que é? Vamos sair em missão, hoje?

– Não... É que uma pessoa veio te visitar aqui no castelo.

O menino brasileiro entortou as sobrancelhas e deixou sua perplexidade escapar pela boca.

– Visitar?... Quem?

– Ele pediu pra eu não falar – informou o japonês rindo um pouco da situação. – Só posso dizer que você vai encontrá-lo no mezanino, no andar de cima.

Mas Gabriel não entendeu o que estava acontecendo, por isso ficou parado assistindo Kosuke se divertir cada vez mais com a situação. Tentou pensar em alguma possibilidade de quem estaria lá, mas não lhe ocorria nome algum. Talvez fosse uma brincadeira com Amaruro ou algum outro querubino, ou ainda com a senhora Mortomilda, o que seria bem pior.

– Sobe logo, menino! – ordenou Kosuke girando o brasileiro nos calcanhares e empurrando-o pelas costas. – Ele não tem o dia todo pra ficar aqui e acho que ele devia te dar uma bronca por ter ido dormir tão tarde no Mundo Entorpecido! Vai! Vai!

Sem entender nada ou emitir palavra, Gabriel subiu correndo a escadaria que o levou até o mezanino. Pelo caminho cruzou com outros querubinos e tentou achar no meio deles um rosto conhecido ou alguém rindo da sua cara de bobo. Chegou até um ponto em que havia uma enorme vidraça de onde era possível ver o vale lá embaixo. Lá estava um adulto de cabelos brancos, e Gabriel parou de andar e de respirar quando o viu.

Estava de costas, mas sem dúvida era ele mesmo. As roupas simples eram de homem que estava acostumado a trabalhar no campo, tinha um chapéu de palha numa das mãos, as costas meio encurvadas por causa do longo tempo vivido na Terra e os braços fortes e amorenados de sol.

Percebendo a chegada de seu neto, o senhor Aroldo ficou de frente para ele e abriu aquele sorriso que só os avôs sabem dar para as crianças. Seus braços também ficaram estendidos e convidaram o pequeno Gabriel a se jogar neles, como faziam tempos atrás.

Assombrado com a visita muito mais do que inesperada, Gabriel ficou com os olhos cheios de lágrimas e não conseguiu fazer a boca transmitir o que estava pensando.

– Que foi? – perguntou seu Aroldo fazendo graça. – Não reconhece mais o vô, 'fiote'?

– Vô!

A voz explodiu dentro da garganta de Gabriel. Ele voou em direção ao abraço apertado e cheio de energia. Soluçou como um bebê e derramou tanta lágrima, que o ombro esquerdo do avô materno ficou ensopado em poucos segundos. Não conseguia falar, mas chorava alto. Apalpava o rosto macio e enrugado para ver se era verdade o que estava acontecendo, devolvendo os beijos que recebia nas bochechas avermelhadas pela emoção.

– Meu 'fiote'! – dizia o idoso, erguendo o neto no ar. – Quanto tempo faz que a gente não se vê!... Eu fiquei sabendo que 'ocê' tinha virado querubino, por isso resolvi fazer uma visita...

Gabriel tentou dizer alguma coisa, mas os soluços o impediam. Mesmo assim, seu Aroldo captou os pensamentos da criança e respondeu à pergunta que ela não conseguiu fazer.

– Eu sei. Eu sei... Faz um ano que eu deixei aquele mundão que 'ocêis' chamam de Entorpecido, e agora vivo só aqui, no Mundo Real... ou será que 'ocê' pensou que eu tinha acabado dentro daquele caixão?

Balançando a cabeça com energia para os lados, Gabriel respondeu que não.

– Agora se acalma – pediu o avô. – Eu vim de bastante longe e não vô embora sem 'ouví sua vóis'... 'Péra lá', meninão! Como é que um querubino chora desse jeito, homem? Nem parece neto do seu Aroldo!

Depois de mais um abraço, ele colocou o menino no chão e pôs o chapéu de palha na cabeça dele, que quase flutuou sobre os cachos dourados de Gabriel. Depois se ajoelhou no chão para ficar mais perto dele, onde aproveitou para ajudá-lo a enxugar as lágrimas.

O idoso aguardou com paciência até que seu neto se recuperasse, para ouvir uma voz trêmula e ensopada de emoção.

– Eu pensei que a gente não ia mais se ver...

– Mas agora – respondeu seu Aroldo segurando as mãos pequenas que tremiam – 'ocê' já sabe que a vida é grande demais para caber numa vida só... A gente ainda vai se vê pelo tempo em que 'acreditá' que pode, e de minha parte isso é pra sempre!

– Eu fiquei muito triste quando você morreu, vô... e a mãe também...

– Eu sei. Daqui do Mundo Real, a gente consegue ver quase tudo o que acontece lá no mundão passageiro. Por isso eu vim te ver; soube que está se tornando um grande sublimador de temulentos, né, 'fiote'?

Gabriel sorriu.

– Mas diga lá – indagou seu Aroldo –, quantos 'ocê' já sublimou de uma só vez?

– Três... Vô, como o senhor sabe dessas coisas?

Seu Aroldo mostrou os dentes perfeitos, que no Mundo Real não eram mais a sua velha dentadura, e riu alto. Apertou o nariz do neto e respondeu à sua pergunta inteligente.

– Quando eu tinha a sua idade, também era um querubino.

– É sério, vô? – gritou o menino. – E você também vinha pra esse castelo?

– Esse, não – disse o idoso olhando para os lados e para o teto. – Eu ia pra um grande templo que ficava numa ilha belíssima. E olha que 'ocêis' têm um lugar bem arrumado aqui, 'fiote'.

– Eu fiz grandes amigos aqui, vô. O Amaruro e o Kosuke. Um deles é nosso líder e mora na África, o outro veio do Japão e é muito engraçado!

– Que bom, 'fiote'. 'Ocê' ganhou um tesouro inestimável que dinheiro algum da Terra pode comprar... Cuide bem dessas amizades e elas irão com 'ocê' pro resto da eternidade.

– Vô, quando o senhor era querubino, ganhou muitos prêmios?

– Claro que sim, meu menino, mas eu não ficava pensando nisso. Acho que já te ensinaram por que a gente ganha prêmios, não é?

Gabriel pensou um pouco.

– É porque a gente cumpre nossa missão, daí a gente é premiado.

Seu Aroldo riu da ingenuidade do neto.

– Na verdade, os prêmios não existem para incentivar os querubinos... A gente ganha eles porque é uma coisa inevitável.

– Como assim?

– É uma lei da natureza, Gabrielzinho... Se 'ocê' sorrir pra um espelho, a imagem sorri de volta pra 'ocê'... Se mostrar a língua pra ele, toca a imagem devolver a língua. E se der um soco no espelho, 'ocê' e a sua imagem vão ficar gemendo de dor... Com os prêmios é a mesma coisa: a natureza só está te devolvendo o que 'ocê' deu pra ela.

Seu Aroldo notou que o neto estava entendendo suas palavras, por isso continuou.

– Lá na Terra, isso se chama lei de ação e reação. Quando um querubino sublima um temulento, está dando amor e alegria pra natureza e é ela quem devolve tudo, na medida exata do que 'ocê' deu, mas na forma de uma coisa que a gente chama não muito acertadamente de prêmio.

– Que legal, vô! Como o senhor é inteligente!

– Ah, 'fiote', a inteligência é uma coisa muito boa, mas nem de longe é a mais importante no Mundo Real. O que conta aqui é só o que 'ocê' dá pras pessoas que caminham com 'ocê'... É por isso que o trabalho dos querubinos é muito importante.

– É – fez Gabriel lembrando da situação complicada que estavam enfrentando, no momento, para trabalhar –, mas agora está difícil, vô. Tem uns trevosos com forma de macaco que estão atrapalhando nossas missões, por isso, a gente nem está saindo muito...

– Sempre existiram trevosos, Gabrielzinho. São pessoas doentes da cabeça, que precisam dos médicos certos e do remédio exato.

– Qual?

– Ora, o mesmo que 'ocê' dá para os temulentos!

– Mas o nosso líder falou que não temos força suficiente para modificar um trevoso; só os arcanjos conseguem.

Erguendo uma sobrancelha, seu Aroldo falou bem baixinho, quase no ouvido do neto.

– Mas tem uma coisa que esse seu líder não sabe...

– O que é? – perguntou Gabriel com a curiosidade acesa, olhando para os lados para se certificar de que ninguém ouviria o grande segredo.

– 'Ocê'... – disse o idoso – é neto do seu Aroldo!

Assim dizendo, ele ergueu de novo Gabriel no ar e ambos giraram sobre o piso encerado do mezanino, rindo e gritando como duas crianças que fazem bagunça em lugar proibido. O chapéu de palha voou longe, e o avô aumentou a velocidade dos rodopios, segurando o menino pelos braços, fazendo-o voar como um carrossel, seus pés passando a poucos centímetros da vidraça.

– Eu vou soltar! – gritava seu Aroldo, toda vez que passava pelo vidro.

– Não! – respondia Gabriel no meio das gargalhadas que não podia e nem queria controlar.

– Eu vou soltar!

A brincadeira dos dois durou até o momento em que seu Aroldo percebeu que não estavam mais sozinhos, pois uma figura alta, magra e de rosto fechado como suco de limão azedo estava ali perto, de braços cruzados e batendo um pé no chão com um sapato de bico fino. Era a senhora Mirgomilda.

Ao vê-la, seu Aroldo parou os giros e pôs o neto no colo, abraçando-o como quem o protegia de um perigo.

A mulher aproveitou para passar, porque o caminho estava impedido pelas brincadeiras dos dois, e foi embora com a mesma expressão de quadro da Idade das Trevas, sem olhar para trás.

Quando estava longe o suficiente, seu Aroldo comentou:

– 'Ocêis' têm temulentos de estimação, aqui?

– Não, vô. Essa é a senhora Mortomilda.

– Que bizarro... – murmurou o ancião colocando seu neto de volta no piso encerado.

Pegou o chapéu de palha que havia caído e escondeu os

cabelos brancos com ele. Depois tomou a mão de Gabriel e começou a caminhar pelo mezanino.

– Sabe, 'fiote', lá onde eu 'tô' tem muito serviço, e por causa disso não posso ficar muito com 'ocê'.

– Ah, vô!... O que o senhor faz? Ainda é querubino?

– Sou um mensageiro agora, garoto. Ser querubino é só pra crianças, porque 'ocêis' têm a mente pura. Ainda não foram contaminados com as preocupações do Mundo Entorpecido e nem com as ideias malucas de muitas religiões que lançam trevas onde só devia ter luz.

Gabriel ficou pensando no que seu avô disse...

– Cabeça de criança é fundamental pra exterminar temulento – concluiu seu Aroldo.

– Mas o senhor vai voltar, vô?

– Sempre que tiver tempo, 'fiote'. Eu prometo!

– E a mamãe? O senhor vai visitar ela também?

– Ah, eu costumo fazer isso com frequência, quando ela volta pro Mundo Real, e sua mãe lembra do encontro como se fosse um sonho.

Os dois foram conversando até o pátio externo do castelo, onde uma nave pequena em forma de globo aguardava seu Aroldo.

Como despedida, o avô ajoelhou de novo para chegar mais perto do neto.

– 'Fio', 'ocê' tem uma luz muito forte aqui – e colocou o dedo no peito de Gabriel. – Usa ela sempre, sempre pro bem!

Gabriel sorriu e concordou com a sugestão do avô, lançando-se a um último abraço, já cheio de saudades, que durou o suficiente para ambos trocarem todo o carinho que sentiam um pelo outro.

– Tchau, Gabrielzinho – falou seu Aroldo, ao ficar em pé de novo.

– Tchau, vovô! Boa viagem!

Sem pressa, o ancião caminhou até a nave que o esperava e, antes de desaparecer atrás da porta, acenou com o chapéu de palha e deu um sorriso alegre.

Gabriel ficou no pátio até que a nave subiu levemente aos céus, sem fazer o menor ruído, e sumiu entre as nuvens.

✳✳✳

Amaruro estava sentado em posição de meditação sobre um tapete africano que ficava no centro da sala de descanso de sua equipe, porém, apesar da postura que inspirava ausência de pensamentos, sua cabeça estava bem ativa. Ele tentava escolher muito bem cada palavra antes de falar.

– É realmente algo intrigante – dizia ele –, mas estou convencido de que deve haver uma resposta racional...

Seu comentário foi interrompido pela chegada de Gabriel, que entrou na sala como uma faísca elétrica, cheio de energia.

– Oi, Maru!

– Oi, amigo...

– Deixa eu falar: meu vô estava aqui no castelo Branco! Ele morreu faz um ano e eu nunca pensei que fosse ver ele de novo!

– Eu sei – disse o líder sorrindo por compartilhar da alegria do menino brasileiro. – O Kosu me contou tudo.

– Ué! – fez Gabriel. – Cadê o Kosu?

Amaruro ergueu os olhos para cima e foi imitado por seu pupilo. Ambos viram, lá em cima, que o menino japonês estava sentado também em posição de lótus, bem acima deles, só que no teto. Por causa disso, seus cabelos compridos apontavam para o chão, amarrados em um longo rabo-de-cavalo preto e liso.

– 'Tô' aqui, Gabriel – disse ele rindo. – Estou tentando oxigenar melhor o cérebro pra gente resolver uma questão difícil, né? Como foi lá com seu vovô?

– Foi muito legal! Ele não mudou nada!

– Claro que não – explicou Amaruro enquanto apontava um banco para o amigo se sentar – quem disse que a morte muda alguma coisa?... A única coisa diferente é que a gente passa a viver só no Mundo Real.

Gabriel preferiu sentar no chão também e continuou ouvindo a explicação de seu professor:

– Morrer é como acordar do sonho do Mundo Entorpecido.

– Mas tem uns que acordam do sonho para viver no pesadelo que eles mesmos criaram... – Kosuke concordou, agitando os cabelos ao mover a cabeça.

– Como os trevosos?... Era essa a questão difícil de que vocês estavam falando?

– Não – respondeu Amaruro se concentrando de novo –, estamos tentando entender por que os querubinos nunca se encontram quando estão no Mundo Entorpecido.

– Isso é verdade? – quis saber Gabriel, meio decepcionado com aquela afirmação. – Quer dizer que a gente nunca vai poder jogar bola lá?

Kosuke imediatamente se manifestou.

– Xi, Gabriel! Se eu já sou travado pra futebol aqui no Real, imagina lá!

– Infelizmente – respondeu Amaruro – é verdade, amigos... Nunca aconteceu algo assim, pelo que eu sei. Tem a ver com o fato de morarmos em locais muito distantes uns dos outros, claro. E isto é uma regra para os querubinos: as equipes são formadas com membros de diferentes países.

– Por quê? – indagou Gabriel beirando a indignação. – Qual o problema de a gente se encontrar no Entorpecido?

– É isso que estamos tentando descobrir nesta meditação querubino-transcendental – afirmou Kosuke acentuando sua postura de iogue e fechando os olhos para se concentrar ao máximo.

Amaruro foi mais realista.

– Ainda não sei... mas... parece que isso poderia atrapalhar as missões que temos naquele mundo...

– A gente também tem missão lá?

– Claro que sim. Tudo na vida é uma missão: nossos estudos, trabalhos e nossa família.

Gabriel pareceu iluminado por uma ideia. Lançou outra questão difícil para os colegas.

– Eu fiquei pensando em outra coisa... se eu sou brasileiro e o Kosuke é japonês, e se a gente só vem pro Mundo Real quando dorme no Mundo Entorpecido, como é que nós dois podemos estar aqui, se quando é noite no Brasil é dia no Japão?

O líder da equipe organizou os pensamentos para poder responder, mas Kosuke o atropelou, e disse:

– Ah, Gabriel, com certeza você agora está tirando uma soneca depois do almoço, né?

– O quê? – ele disse rindo. – Acho mesmo é que você fica na cama o dia inteiro, seu 'dorminhoco duma figa'!

– Não é nada disso – corrigiu o menino africano. – Se vocês repararem bem, nós permanecemos pouco tempo neste castelo. Enquanto Gabriel está adormecendo em algum lugar do Brasil, Kosu está nas horas finais de sono, deitado no Japão. Por ser o líder, estou no meio de vocês e fico mais tempo por aqui. Mas isso tudo é mais ou menos uma especulação, porque...

Amaruro foi interrompido pela figura alta e magra da senhora Mirgomilda que surgiu repentinamente na porta da sala. Ali parada como uma estátua fechando o caminho, ela passou os olhos primeiro para o líder, depois para o menino brasileiro e demorou um pouco para descobrir Kosuke sentado de ponta-cabeça no teto, sorrindo como quem acaba de fazer uma piada mental que não foi ouvida.

As crianças ficaram em silêncio e olharam para ela com os olhos arregalados. Somente o líder africano, porém, sabia o que poderia significar aquela visita inesperada, e a senhora confirmou sua suspeita ao falar.

– Crianças, a missão de hoje foi designada a vocês.

Quase sem poder acreditar no que ouviam, os querubinos ficaram em silêncio. A figura mais esquisita do castelo Branco, prevendo qual seria a próxima indagação, antecipou-se a ela.

– O local é seguro, livre de trevosos.

4 A HISTÓRIA DE AMARURO

A NAVE EM forma de gafanhoto passou por muitos lugares estranhos que Gabriel não reconheceu. Saindo dos campos ensolarados e belos da região extensa do vale do rio Branc'Água, passou por um deserto de vegetação escassa e, a seguir, por nuvens tempestuosas e escuras que formavam uma tempestade repleta de sombras e rodamoinhos de gases tão densos, que mais pareciam feitos de areia preta.

Apesar da tormenta do lado de fora, a nave chacoalhava pouco, e os três querubinos olhavam o estranho mundo lá fora pela janela. Estavam sozinhos no amplo espaço do veículo, porque as missões estavam limitadas a uma ou outra viagem por dia, logicamente por culpa do exército de trevosos que estava dominando o Mundo Real.

Gabriel observava as nuvens que, por vezes, lembravam cogumelos atômicos de escuridão e imaginou que, se a missão fosse ali, o ambiente seria mais perigoso até do que os macacos-humanos. Ou talvez o ambiente estivesse livre deles porque nem eles aguentariam ficar no meio daquela tempestade.

Os três amigos estavam ansiosos por poderem voltar a trabalhar, mas o menino brasileiro estava estranhando a situação lá fora.

– Maru – perguntou – aonde estamos indo? Parece que estamos entrando em um vulcão...

Rindo, o líder da equipe esclareceu.

– Fica calmo, Gabriel. Estamos indo para o Mundo Entorpecido.

– Como é? – disse Kosuke, quase pulando do assento. – O que está acontecendo com o Entorpecido enquanto a gente dorme nele? Será que estourou uma guerra nuclear e a gente não sabe?... Piloto, corre pra minha casa, pra eu avisar minha mãe!

Kosuke ficou em pé no seu banco e agitou a mão para o adolescente que conduzia o gafanhoto de metal em meio à tormenta de cinzas, mas foi ignorado e recebeu dele apenas uma risada irônica.

– Senta aí, Kosu – disse Amaruro puxando seu pupilo pelo uniforme branco. – Não tem motivo pra se desesperar.

O menino japonês caiu de volta no banco, mas ainda estava inquieto.

– Olha o que está acontecendo lá, Maru-san! – ele disse apontando a janela constantemente surrada por lufadas de gases que se assemelhavam às chamas de uma fogueira. – Vai me dizer que o Mundo Entorpecido não está em perigo?

– Claro que está – respondeu calmamente o líder para o desespero dos amigos. – Basta olhar pela janela para ver.

– Então... Será que um meteoro gigante trombou com a Terra enquanto a gente dorme lá?

Amaruro colocou seu assento numa posição mais confortável, como se quisesse dormir um pouco, e esticou os pés preguiçosamente.

– Não – ele disse fechando os olhos para descansar –, é muito pior do que isso.

Gabriel e Kosuke se entreolharam assustados, sem conseguirem emitir palavras que exprimissem o que se passava em suas cabeças atordoadas. Lá fora, a Terra parecia estar sendo cozida em um fogão de lenha, e o líder deles tentava tirar um cochilo durante a viagem.

Amaruro abriu apenas um dos olhos para espiar seus alunos. Encontrou-os embasbacados e arrepiados, por isso não aguentou e riu alto, fazendo suas gargalhadas ecoarem pela nave vazia. Quando terminou, os dois aguardavam uma explicação racional.

– Meus queridos pupilos – ele, ainda risonho, ensinou –, o que vocês estão vendo lá fora é apenas o mundo mental do Entorpecido. É como uma capa que envolve a Terra e é feita de todos os pensamentos das pessoas que vivem lá, inclusive nós, que agora lá dormimos!... Só quem está aqui no Mundo Real enxerga isso.

Os dois observaram de novo o ambiente infernal pelo qual a nave-gafanhoto passava.

– Que bizarro!

– A coisa tá feia na Terra, né? – completou Kosuke.

Amaruro aproveitou para continuar seu ensinamento.

– Este lugar fica a meio caminho entre o Mundo Entorpecido e o Real... Muitas pessoas passam por aqui quando morrem no Entorpecido e, dependendo do seu estado mental, ficam encalhadas e fazem um estágio no meio desta tormenta... Este ambiente, criado pelo próprio modo de pensar do mundo, inspirou aquelas ideias malucas de inferno e purgatório.

– Quer dizer – indagou Kosuke – que as pessoas que estão no Entorpecido já estão no inferno?

– Que eles mesmos criaram – completou Amaruro. – O que estamos vendo lá fora é um imenso, enorme e gordo temulento.

Os meninos se acalmaram um pouco, mas passaram o resto da viagem calados, pensando em suas próprias responsabilidades frente à camada psíquica que envolvia o planeta Terra.

Depois de uma jornada mais ou menos longa, notaram que as nuvens pesadas foram rareando e deram lugar ao céu azul que estavam acostumados a ver no Mundo Entorpecido, quando voltavam para lá. Mesmo assim, não havia nele o brilho característico. Era semelhante a um teto pintado, do novo ponto de vista em que se encontravam.

Abaixo deles havia uma grande cidade com seus prédios, casas, ruas e carros correndo para todos os lados. Sobre ela, pairava uma névoa cor de sujeira, muito tênue, mas persistente, algo como uma poluição atmosférica que impregnava o concreto e o asfalto. Gabriel observou bem aquela fumaça e ficou se perguntando se ela também não seria um temulento quase materializado naquele grande centro urbano.

A nave-gafanhoto desceu e parou bem em cima de um dos maiores prédios da cidade. Não o mais alto, mas era largo e extenso, como se comportasse dentro de si uma pequena população.

Gabriel grudou o rosto na janela da nave e viu os carros e as pessoas passarem lá embaixo. Nenhum deles parecia ver a nave dos querubinos sobrevoando a cidade, e ele imaginou que as pessoas no Mundo Entorpecido não poderiam ver as que estavam no Mundo Real, mas não teve certeza disso.

Antes de poder formular uma pergunta àquele respeito, o líder Amaruro os chamou à ação.

– Vamos, querubinos! Nossa missão é aqui!

Os três saltaram das poltronas e foram até a porta lateral da nave que estava se abrindo. Receberam quase instantaneamente uma bafejada daquele ar pesado da cidade, cheio de fumaça e gasolina queimada. Torceram o nariz para aquela atmosfera grossa que, para eles que vinham do Mundo Real, era como um mergulho em um rio sujo e lodoso.

Amaruro percebeu a reação em seus amigos e deu um último conselho.

– Mantenham a concentração! Aqui no Mundo Entorpecido vai ser mais difícil voar porque a matéria daqui é mais pesada.

Assim dizendo, ele saltou e foi pousar no teto extenso daquele prédio, sendo seguido de perto por Kosuke e Gabriel. Ambos chegaram meio desajeitados e sentiram um pouco do impacto com a laje de alvenaria.

Acima deles, a nave-gafanhoto subiu e se afastou.

– Ai! – fez o menino japonês. – Mais um pouco e eu quebrava as pernas!

– Vamos nos livrar dessa ideia – pediu o líder. – O ambiente é denso e afeta nossas mentes, mas podemos usar isso a nosso favor.

– Claro! – ironizou Kosuke. – Podemos chamar um táxi pra voltar pro Mundo Real, depois que tudo acabar.

Gabriel riu, mas Amaruro, acostumado com o jeito de seu aluno, continuou sua explicação.

– Temos que entrar neste prédio. Vamos aproveitar que nossos corpos vieram do mundo dos pensamentos para ignorar a matéria do Entorpecido.

Quando terminou de dizer, Amaruro começou a afundar na laje. Seus pés penetraram o concreto, depois as pernas sumiram, como se ele estivesse sendo engolido por areia movediça. Por fim, sua cabeça sorridente desapareceu no concreto onde os alunos, assombrados e boquiabertos, pisavam.

Os dois aprendizes de querubino ficaram olhando para o lugar onde Amaruro havia literalmente submergido no prédio. Era a primeira vez que se deparavam com aquele fenômeno de atravessar a matéria e mal sabiam o que fazer com o novo conhecimento.

– Caramba! – exclamou Kosuke apalpando o piso com a ponta do tênis do uniforme – O Maru parecia um fantasma!

– Será que a gente pode fazer igual a ele?

– Não sei!... Será que não era melhor descer pelo elevador? Pelo menos assim, a gente ia saber em que andar ia parar, né?...

– Não custa nada tentar uma vez, Kosu. Deixa eu ver... – disse Gabriel e se afastou um passo para o lado, onde abriu os braços e tentou se concentrar, desejando atravessar o chão a qualquer custo.

Forçou os pequenos pés e arriscou dar dois pulinhos para ver se o concreto cedia. Para sua decepção, porém, ainda continuava lá, debaixo do olhar divertido do menino japonês.

– Quer uma picareta? – ele perguntou, ao ver o amigo pisar com cada vez mais força no piso intransponível.

Gabriel desistiu e coçou os cachos amarelos sem entender como Amaruro tinha conseguido atravessar aquela barreira incrivelmente sólida. Estava quase desistindo e acatando a ideia de um bom elevador ou escada que certamente existia por ali, mas Kosuke foi iluminado por uma ideia repentina.

– Espera um pouco – ele disse esticando os braços e olhando o chão. – Você percebeu isso, Gabriel?

– O quê?

– É impressão minha ou nós dois não estamos fazendo sombra?

Ao redor deles, o teto do prédio era cheio de antenas parabólicas, máquinas de resfriamento de ar, canos, caixas protegendo material da rede elétrica e outras coisas típicas de edifícios de grandes cidades. Todas elas, como notou o menino brasileiro, estavam projetando sombras sobre o concreto cinzento, mesmo com a névoa suja que parecia poluir o ar e ofuscava o sol impiedoso que se erguia bem acima deles.

Gabriel olhou para os próprios pés e constatou o que seu amigo suspeitava: não havia sombra formada pelo seu corpo. Ele próprio parecia iluminado de igual forma por todos os lados, como se as leis da Física fossem diferentes para ele, e a luz do dia ignorasse sua presença.

Kosuke também estava desse jeito, e Gabriel percebeu que ele parecia uma imagem recortada e colada em um ambiente estranho.

– Que bizarro! – ele disse. – Parece que você não está aí, Kosu!

– É mesmo!... Deve ser porque a gente está no Mundo Entorpecido... Ei! Lembra o que o Maru disse, antes de afundar no concreto como se fosse um pedaço de *tofu* no *misoshiro*?

Gabriel pensou um pouco.

– Ele falou que a gente devia ignorar a matéria...

– Pois, é! Se a gente é pensamento, porque veio do Mundo Real, então isso não devia ser obstáculo, né? – disse o menino japonês, pisando o cimento para indicar o que estava falando.

O rosto de Gabriel pareceu iluminado por aquela verdade.

– A gente não está conseguindo porque está pensando que o prédio e a gente é feito da mesma coisa!

– É isso mesmo! – concluiu Kosuke. – A gente não tem que imaginar que o corpo está atravessando o concreto, mas que já estamos do outro lado!

Ambos concordaram, balançando a cabeça, e se posicionaram mais uma vez para seguir o líder. Fecharam os olhos quase inconscientemente e mentalizaram o andar logo abaixo. Foi como se o chão sumisse debaixo de seus pés, porque perderam a sensação de peso.

Quando Gabriel arriscou abrir os olhos para ver o que acontecia, estava afundando no teto do prédio com rapidez; só faltava sua cabeça. Ao seu lado, Kosuke também era engolido pelo concreto, concentrado. Quando a cabeça passou, fechou os olhos porque não queria saber como era ver uma laje por dentro. Imaginou que a impressão de soterramento seria insuportável.

Mas foi tudo tão rápido que em dois segundos estava flutuando dentro do edifício, e fazer aquilo não era novidade para ele.

O ambiente era iluminado artificialmente por lâmpadas compridas no teto que eles haviam acabado de penetrar como duas goteiras; um corredor longo e cheio de portas por todo o seu caminho.

Amaruro os aguardava de braços cruzados, encostado na parede e fazendo cara de alívio por finalmente vê-los.

– Isso é muito louco! – disse Kosuke ao chegar ao piso limpo e branco. – Ah!, se eu pudesse fazer isso quanto estou acordado no Entorpecido!

– Demoraram, hein? – observou o professor, fingindo impaciência. – Pensei que vocês não iam mais perceber que nossas presenças aqui não têm nada a ver com as coisas daqui.

– A gente é como um pensamento aqui! – disse Gabriel para mostrar ao seu professor o que havia aprendido. – Existe, mas não pode ser preso por paredes.

– É isso mesmo, Gabriel. Há outras coisas também: as pessoas que estão aqui no Mundo Entorpecido não podem nos ver e nem nos ouvir, mas nós podemos captar todos os seus pensamentos. Por isso é muito importante que nos concentremos em nossa missão... Tudo bem?

– Sim, capitão! – falou o menino japonês batendo continência. – Estamos prontos para ouvir os detalhes da missão!

Amaruro começou a andar e os dois o seguiram de perto enquanto ele falava.

– Estamos em um hospital. Por causa da própria condição frágil das pessoas que aqui estão, é natural que o lugar fique às vezes infestado por temulentos...

Passaram diante de uma porta aberta e viram uma cama de lençóis brancos, sobre a qual um homem de idade avançada parecia assistir à televisão, enquanto estava ligado a diversos aparelhos que mediam seus batimentos cardíacos. O som de vozes que vinham do aparelho televisivo era

GABRIEL QUERUBIM E OS GUARDIÕES DOS SONHOS | 167

completamente estranho, porque parecia ser um discurso em uma língua estrangeira que Gabriel não entendia. Mas alguém lá dentro estava falando alto e melancolicamente de uma maneira fácil de escutar.

– Por que eles não vêm me visitar?... Por quê?...

Depois que passaram, Gabriel percebeu que o dono daquelas perguntas era o próprio homem sobre a cama, mas ele não estava falando aquilo e, sim, pensando.

Amaruro prosseguia a caminhada e a explanação.

– Milhares de equipes de querubinos visitam lugares como este por todo o Mundo Entorpecido, o tempo todo. Mas agora, com a ameaça dos trevosos, imagino que estejamos defasados...

Enquanto passava, Kosuke espiou dentro de um dos leitos e viu uma vovozinha sobre uma cama, com tubos descendo por sua boca e nariz. Ela estava acordada e, para o espanto do menino, ela o enxergou e acenou para ele como se estivesse vendo um neto seu. Meio sem graça, Kosuke devolveu o aceno e correu para alcançar os amigos.

– Maru-san! – ele chamou, interrompendo a explicação do professor. – Uma senhora me viu lá atrás!

Sem se abalar ou perder o ritmo, o líder africano explicou:

– Quando as pessoas estão prestes a partir para o Mundo Real, é natural que comecem a ver coisas que pertencem a ele.

Kosuke ficou chocado. Aquilo significava que a vovozinha simpática logo estaria mais perto deles, e ele se perguntou se ela iria para o castelo Branco. Quem sabe substituiria a senhora Mirgomilda em sua tarefa?

– Como nós teremos muito trabalho por aqui – Amaruro continuou com seus conselhos –, sugiro nos dividirmos. Vamos sublimar todos os temulentos que pudermos para melhorar este ambiente de cura. Muito cuidado com a curiosidade, amigos. Não estamos aqui para julgar as pessoas, mas para limpar a parte psíquica onde elas vivem. Entendido?

– Sim – disseram os dois quase ao mesmo tempo.

O som de passos e de conversa atraiu a atenção das três crianças para uma curva no corredor, e por ali surgiu um casal de médicos vestidos com jalecos brancos. A mulher falava em uma língua desconhecida, gesticulava e agitava uma prancheta no ar, como se quisesse com isso chamar a atenção do médico ao lado, cujos olhos pareciam perdidos no fim do corredor.

Como ambos vinham na direção dos querubinos, Gabriel e Kosuke abriram passagem e se encostaram à parede. Amaruro viu a reação deles, mas ficou parado no meio do caminho para dar-lhes uma outra lição a respeito do estado dimensional em que estavam.

Sem notar as presenças dos meninos, o casal de adultos foi direto para cima de Amaruro. O menino africano, sorridente e confiante, atravessou as pernas do médico do mesmo jeito como havia feito com a laje de concreto. Seus alunos viram aquilo e ficaram sem palavras, meio envergonhados por não terem imaginado que se ninguém podia vê-los e nem ouvi-los, também não poderia senti-los.

Naquele momento de silêncio que se formou, os querubinos conseguiram escutar os pensamentos das duas pessoas que haviam acabado de passar, apesar de não entenderam uma palavra do que diziam.

– Por que ele não presta atenção no que eu digo? – reclamava mentalmente a médica. – Esse insensível não vê que a coisa é séria?

O médico, por sua vez, meditava em alto e bom som.

– Como ela fala! Fica repetindo a mesma coisa sem parar!

Em pouco tempo os dois sumiram dentro de um dos leitos, e fez-se um relativo silêncio mental no corredor.

Amaruro deu suas últimas ordens:

– Cada um fica com um andar. Depois a gente se encontra no teto do hospital pra ir embora. Eu fico aqui, Kosuke no andar de baixo e Gabriel no próximo.

Concordando com a divisão de tarefa, os dois atravessaram o piso e desceram até seus locais determinados, deixando Amaruro sozinho naquele corredor.

✳✳✳

No andar em que Amaruro estava, havia mais de quarenta leitos, todos eles pareciam ocupados por pacientes em estados de saúde variados, porém, precários em sua maioria. Por todos os lados, viam-se aparelhos mensurando os batimentos cardíacos, tubos em narizes e bocas, sondas administrando soro e nutrientes diretamente nas veias de braços fracos e imóveis. Algumas enfermeiras e auxiliares circulavam por ali, tomavam nota do estado dos pacientes, ajustavam aparelhos ou conversavam sobre assuntos banais pelos cantos.

Amaruro entrava nos quartos, um a um, e analisava a situação com uma ponta de estranheza, porque eram poucos os temulentos que encontrava. A maioria era feita de vermes internos, bactérias criadas pela força mental dos doentes ou parasitas que sugavam as forças deles. Coisas simples que eram facilmente sublimadas pelo menino africano. Foi justamente isso o que o deixou preocupado, porque geralmente um local onde o sofrimento reinava deveria ser infestado por psicoformas desequilibradas, ainda mais, porque os trabalhos dos querubinos estavam sofrendo restrições.

Quando constatou que a relativa limpeza do local era uma regra, Amaruro prestou mais atenção nos pacientes e descobriu um fenômeno que se repetia na imensa maioria: todos estavam dormindo um sono muito profundo e recebiam água e alimentação por meios artificiais.

Entrou em um dos quartos onde uma enfermeira aprontava os aparelhos que estavam ligados a um homem de idade bastante avançada. Ela parecia muito preocupada e seus pensamentos repetitivos diziam alto aos ouvidos mentais do querubino.

– Mais um que entrou em coma! O que será que está acontecendo neste hospital?

Ao ouvir aquilo, Amaruro ficou ainda mais aflito e passou rapidamente por todos os outros quartos até chegar ao último, tendo contado que, na maioria deles, os pacientes estavam em coma há pouco tempo.

Estava pensativo e preocupado quando surgiu seu amigo Kosuke por uma das paredes.

– Acabei o andar de baixo, Maru! Foi muito fácil! Parece que a maioria dos pacientes está em coma e dando uma voltinha no Mundo Real.

Amaruro arregalou os olhos.

– Kosuke, está acontecendo alguma coisa muito, muito errada por aqui!

$$* * *$$

Gabriel estava dois andares abaixo e passeava pelos leitos sublimando os poucos temulentos que encontrava nos corpos dos pacientes. O silêncio parecia ser regra por todos os cantos, a não ser quando algum médico ou enfermeiro passava, porque estavam cheios de preocupações e ansiedade.

O trabalho estava fácil, e o menino brasileiro não se preocupou com isso, porque estava concentrado em ajudar as pessoas doentes que encontrava pelo caminho. Às vezes, ele atravessava a parede para ir de um quarto a outro, outras, usava a porta e atravessava o corredor. E foi justamente quando fazia isso que escutou um grito de pavor vindo de um dos quartos ali perto.

Ficou paralisado um momento, pensando no que deveria fazer, porque não sabia se o grito era verbalizado ou pensado. Em seu íntimo, alguma coisa muito forte lhe dizia que os gritos eram na verdade pensamentos, porque eram pedidos de socorro abafados. Talvez alguém estivesse tendo problemas com algum temulento, e ele resolveu investigar.

Chegou à porta do quarto de onde os berros haviam partido e encontrou apenas uma mulher muito magra, deitada na cama. Entrou devagar e flutuou ao lado dela para ver o que estava acontecendo, encontrando-a dormindo. Em sua boca havia um tubo, por isso Gabriel concluiu que os gritos que havia escutado eram mesmo mentais, mas se aquela mulher estava no Mundo Real, por causa da inconsciência, como ele teria ouvido?

Curioso, o menino olhou bem de perto o rosto dela e notou que gotas de suor brotavam da sua pele, como se estivesse com febre ou como se tivesse feito algum esforço recente.

Foi justamente no momento em que Gabriel estava mais concentrado que sentiu uma presença às suas costas. Sua coluna gelou com aquela impressão desagradável. Não soube explicar a si mesmo o que estava acontecendo, mas era muito semelhante aos momentos em que sabia onde Amaruro e Kosuke estavam, mesmo sem olhar para eles. A grande diferença era que naquele instante, fosse lá quem estivesse com ele no quarto, causava frio em seu sangue e provocava mal-estar imediato.

Gabriel sentiu medo de virar para ver quem era, mas teve a impressão tão forte de que, se não virasse, iria morrer, que girou no ar com grande agilidade, e tomou um susto que arrepiou todo seu corpo.

A menos de dois passos de distância estava um homem alto, todo vestido de preto. Usava uma roupa semelhante a um terno caro feito sob medida. Tinha a aparência de cinquenta anos de idade, os cabelos faltavam na parte de cima da cabeça, sobrando apenas dos lados, e esses já eram cinzentos. A pele era clara e marcada pelo tempo. Seu nariz parecia o bico de uma águia, a boca era concentrada dentro de um cavanhaque fino e escuro. Seus olhos eram azuis, mas nem de longe tinham o brilho precioso dos olhos da senhora Átemis. Aqueles, ao contrário, pareciam embaçados como névoa, e encaravam Gabriel com um misto de desprezo e ódio profundos, quase encobertos pelas sobrancelhas agudas que estavam unidas no centro do rosto. De maneira geral, aquele homem parecia bem alimentado e otimamente vestido, ostentando até uma barriga por debaixo dos tecidos finos.

Mas o que mais assustou Gabriel não foi sua aparência de corrupto ou o seu aparecimento repentino e, sim, o fato de aquele estranho poder vê-lo no Mundo Entorpecido. Sua mente infantil agiu com rapidez e ele percebeu que o visitante inesperado e mal-encarado também não fazia sombra no chão, se bem que ele todo era como uma sombra colada naquele ambiente hospitalar.

Como Gabriel estava sem fala, o homem falou primeiro.

– Oi, menininho... Está trabalhando por aqui?

As palavras macias e aparentemente cordiais não combinavam com a aparência e, muito menos, com a expressão de seu rosto, mas Gabriel resolveu responder no mesmo tom, para não provocar o que parecia ser o ódio.

– O-oi... Quem é você?...

– Pode me chamar de Faustus – disse o estranho, desviando o olhar para a paciente que estava na cama, como se fugisse do olhar da criança. – E você, qual sua graça?

Gabriel pensou que aquilo não tinha graça nenhuma, mas ousou responder.

– Eu sou Gabriel – disse ele e se afastou um pouco mais da presença pesada de Faustus.

– Ah, que nome propício! – respondeu o homem. – Seus amigos não vieram com você?

– Sim... Eles estão lá em cima...

Faustus olhou para o teto, como se pudesse ver o que estava acontecendo nos andares superiores, e localizou outros dois querubinos reunidos. Depois, voltou a encarar a paciente na cama e pousou sua mão de leve no braço pálido e fraco dela.

Gabriel notou que ele usava um anel de ouro com uma pedra vermelha. Suas unhas eram bem tratadas e brilhantes.

– O que o senhor faz aqui? – perguntou o menino ousando dar um passo a mais na conversa. Sua reação inicial de medo foi lentamente substituída pela urgência do trabalho, e sua curiosidade aumentava a cada instante.

Faustus pareceu não gostar da pergunta e olhou a criança com desprezo ainda maior.

– Eu controlo tudo por aqui... Entendeu, pirralho?... Tenho poder sobre todas as coisas que quero, e nada, absolutamente nada, pode impedir meu domínio bondoso, soberano e justo sobre os objetos do meu desejo.

Gabriel recuou e ficou encostado nos aparelhos ao lado da cama, pois agora sabia que o homem trajado de preto não era flor para se cheirar. Faustus avançava lentamente em sua direção, olhando profundamente bem dentro da alma de Gabriel, como se quisesse prendê-lo com a intensidade daqueles olhos embaçados.

– Você não pode me deter, e sabe por quê?... Porque você não passa de um macaquinho! É isso o que você é! Um macaco peludo com rabo e hálito de símio!

O menino não entendia o que estava acontecendo. Aqueles insultos nada significavam para ele, mas não conseguia desviar a atenção dos olhos magnéticos de Faustus. Queria gritar, mas não conseguia. Tudo o que fez foi pensar em seus amigos com a maior intensidade que pôde.

A resposta veio com a rapidez desejada.

Kosuke e Amaruro surgiram pelas paredes como pássaros dando rasante. O menino japonês tentou empurrar o estranho para trás com as duas mãos, porém ele era tão ágil quanto um querubino e desviou do golpe para surgir do outro lado da cama, imponente e cheio de orgulho de si. O líder africano, por sua vez, agarrou Gabriel pelos braços e o retirou da posição acuada em que estava. Depois, com o peito estufado, encarou o homem.

– Quem é você?

Faustus ajeitou o terno e falou como se estivesse conversando com os próprios botões:

– Ora, vejam só... Mais um para virar macaco.

As informações se encaixaram no cérebro de Amaruro com a velocidade de um relâmpago.

– Querubinos, estamos diante do trevoso que hipnotiza as pessoas para transformá-las em macacos! Ele está colocando os doentes em coma para levá-los a outras regiões do Mundo Real, onde alimentarão seu exército de pessoas transformadas com os temulentos desses doentes infelizes!

Gabriel e Kosuke tomaram um susto. Faustus ficou abalado com a perspicácia do menino diante dele.

– Quem você pensa que é para me chamar de trevoso, menino insolente? Olhe para mim! Eu pareço um desses a quem vocês chamam de trevosos?... Tenho mais dignidade do que todos vocês juntos! Guarde suas palavras para outro, não para mim!

Amaruro sorriu de leve, mas manteve a firmeza quando respondeu:

– Sua aparência é a mesma de quando você se rastejava no Mundo Entorpecido em busca de poder e prestígio, mas agora que você passou para o Mundo Real dá para ver perfeitamente o que você é por dentro: um grandessíssimo de um babaca!

– Como ousa me insultar? – revoltou-se o homem de terno, visivelmente transtornado com o que acabara de ouvir.

– Se a verdade o insulta – respondeu Amaruro –, mude-a.

Profundamente afetado e ofendido, Faustus cerrou os punhos para bater na criança diante dele, mas não avançou um centímetro em sua posição. A cólera avermelhou seu rosto, o cavanhaque se abriu para mostrar dentes tortos e amarelados que preenchiam uma boca fétida, do fundo da qual surgiu um grito de ordem.

– Peguem esses pirralhos!

Os três ficaram em estado de alerta máximo, porque perceberam pelos grunhidos que um grupo de trevosos em forma de macacos invadiu as paredes desprotegidas do hospital. Eles se aproximavam a galope.

– Vamos embora! – ordenou Amaruro indicando o teto como saída mais rápida, porque os trevosos pareciam sair do chão, do asfalto, do concreto das calçadas daquela cidade, e os querubinos sentiam suas presenças mesmo sem olhar.

O menino africano e Kosuke saltaram para o teto e atravessaram a matéria com a velocidade que podiam, mas Gabriel não teve tanta sorte, porque Faustus o agarrou pelas pernas e usou seu peso para impedir que o querubino fugisse. Quando percebeu o que tinha acontecido, o menino brasileiro se viu encalhado entre o teto de um quarto e o piso de outro. Seus pés estavam firmemente presos pelas garras de unhas bem tratadas do terrível homem de cavanhaque.

– Socorro! – gritou Gabriel se debatendo naquela interface de concreto do Mundo Entorpecido.

Do lado de baixo, Faustus sorria com maldade, esticando seu cavanhaque ao redor da bocarra.

– Pelo menos um de vocês, eu vou levar comigo!

Amaruro escutou o chamado de seu amigo quando já estava quase saindo do prédio. Ao seu lado, Kosuke também parou porque sentiu falta do companheiro.

– Ele pegou Gabriel – disse o líder. – Vamos voltar!

Ambos desceram dois andares o mais rápido que podiam. Sentiram que os trevosos escalavam as paredes, subiam as escadas em manadas e percorriam os corredores como cães farejando o inimigo. Um ou outro mais lúcido conseguia atravessar portas e paredes, mas a maioria não tinha capacidade para perceber que isso era possível. Mesmo assim avançavam com grande velocidade.

– Solta! – gritou Gabriel fazendo força com as mãos para não cair no andar de baixo. O resto de seu corpo estava dançando no meio da laje, o que causava nele uma impressão desagradável de que não poderia se manter assim por muito tempo.

Faustus usava todo o seu peso para puxar o menino para baixo ou segurá-lo até que seus escravos hipnotizados chegassem, e ria com ódio e satisfação por estar fazendo aquilo.

– Vocês todos terão o que merecem! – dizia ele, revirando os olhos embaçados de cólera. – Vão aprender a não se intrometerem nas vidas dos outros!

Amaruro e Kosuke chegaram e foram logo segurando Gabriel pelos braços na tentativa de soltá-lo das mãos do trevoso maior. Mas a força deles parecia inútil contra os dedos de Faustus, que pareciam querer entrar nos calcanhares do menino. Ambos puxavam para cima e o homem de roupas caras puxava para baixo. A barriga de Gabriel entrava e saía do concreto.

Percebendo que seria inútil continuar com aquele cabo-de-guerra humano, Amaruro tomou uma decisão radical. Olhou para os lados, viu como os trevosos já estavam nas janelas e chegavam pela porta do quarto. No andar de baixo, eles estavam prestes a agarrar as pernas de Gabriel para fazê-lo em pedacinhos. Mesmo se conseguissem se livrar do incômodo Faustus, eles estariam cercados de macacos-humanos raivosos, e suas existências como querubins terminariam ali.

– Abortar missão! – ordenou Amaruro.

Gabriel não entendeu o que ele queria dizer com aquilo, porque em primeiro lugar precisariam fugir dali, mas sentiu a mão de Amaruro se fechar ao lado de seu braço, prestes a dar um beliscão dos grandes, e compreendeu que usariam o belisca-pra-ver-se-eu-tô-sonhando.

Kosuke pegou um bocado do bíceps de Amaruro entre o indicador e o polegar, e Gabriel fez o mesmo com seu amigo japonês.

Os três estavam prontos a deixar o estado de hiperconsciência do Mundo Real para voltarem às suas vidas pacatas no Mundo Entorpecido. O líder africano fez uma contagem mental rápida, que foi ouvida pelos amigos.

– Três, dois, um...

E os querubinos torceram os braços dos companheiros bem no momento em que garras afiadas de macacos cortavam o ar para tentar acertá-los em cheio.

$$* * *$$

– Ai! – berrou Gabriel dando um pulo de meio metro na própria cama. Quando voltou a encontrar o colchão, imediatamente levou a mão até o braço esquerdo, onde acabara de levar um beliscão dos fortes. O lugar ardia como se tivesse sido queimado pelo fogo e ele sabia que, em algum lugar do Japão, um garotinho de nome Kosuke também acabara de pular de seu tatame com uma mancha roxa no braço.

Por ter acordado de repente, as imagens ainda estavam muito vivas em sua cabeça. A sensação de estar atravessado em uma laje revirava seu estômago.

Mas nada daquilo tinha importância, se comparado à sensação desagradável das mãos de Faustus segurando seus calcanhares. Ainda podia sentir seu cheiro e sua presença horrenda, como se o trevoso o tivesse acompanhado em seu retorno ao corpo entorpecido.

A irmã de Gabriel também acordou com o grito do menino e, apesar de estar acostumada com as esquisitices dele, não se conformava de ainda não ter seu próprio quarto, porque já era uma moça de onze anos de idade.

Ela acendeu o abajur no criado-mudo e encarou seu irmão com cara duplamente feia: primeiro, porque foi acordada no meio da madrugada e segundo, porque estava ofuscada.

– Ai, Gabrielzinho – ela ameaçou com a voz sonolenta –, se você continuar com esses sonhos de maluco, vou falar pra mamãe fazer você dormir no quartinho dos fundos!

Mas ele nem ligou. Estava tão assustado com o que acabara de viver no Mundo Real, que simplesmente virou para o outro lado e cobriu a cabeça com o lençol para se proteger das sombras de seu quarto.

Mais tarde, durante o almoço, a família toda estava reunida ao redor da mesa e comia o trivial de todo dia. Menos a Amanda, que comia na sala, em frente à televisão.

Gabriel estava calado e se demorava a mastigar as batatas. Sua mãe o chamou de volta à realidade daquele mundo.

– Filho, sua irmã contou que você teve pesadelo de novo, essa noite.

Para não ter que revelar seu segredo como querubino, ele preferiu responder balançando a cabeça para concordar.

O pai se intrometeu na conversa para dar seu palpite.

– Eu já falei que a gente pode levar ele na psicóloga do RH do supermercado... Ela fica lá uma vez por semana e cuida dos filhos dos funcionários, também.

Gabriel ergueu os olhos assustados para o pai. Não sabia bem para que servia uma psicóloga, mas com certeza era algo semelhante a um médico que ouviria seu coração, pediria para mostrar a língua e faria perguntas bobas.

Eleonora percebeu a reação do filho e resolveu amenizar um pouco a situação.

– Bom, vamos ver como as coisas andam... De repente é só alguma coisa que você anda comendo, ou é fase... Além disso, a Amanda está louca pra ter um quarto só pra ela e poder ficar de fofoca com as amiguinhas, ao telefone.

– Essa é boa! – resmungou o pai, voltando sua atenção para os brócolis difíceis de cortar.

O assunto havia terminado ali, naquele dia, mas Gabriel se perguntou como ele podia estar comendo tranquilamente uma rodela de tomate, enquanto o Mundo Real estava sendo atacado por algumas centenas de seres humanos transformados em macacos por uma mente doentia como a de Faustus.

Tão preocupado ele ficou, que pegou no sono bastante tarde, à noite.

✳✳✳

Gabriel abriu os olhos e se viu no interior do castelo Branco. Sabia que estava lá porque reconheceu a arquitetura e os afrescos mostrando nuvens e figuras de anjos, porém encontrava-se em uma sala que não conhecia. Ao seu lado estavam Amaruro e Kosuke. Ele imediatamente os abraçou e se alegrou por poder vê-los novamente, depois do que haviam vivido no dia anterior. Seus dois amigos retribuíram os cumprimentos efusivos, mas o líder da equipe chamou a atenção do pequeno Gabriel para o fato de não estarem sozinhos ali.

Além deles, a senhora Átemis também desfrutava da brisa suave que entrava pela janela ampla daquela sala. Seu longo vestido azul celeste balançava ao sabor do vento, da mesma maneira como fazia a cortina branca atrás dela. Seus olhos eram tão brilhantes quanto a claridade que banhava o recinto, e Gabriel se perdeu neles assim que se virou para ficar de frente para a criadora daquela mansão de querubinos.

– Paz, Gabriel! – ela saudou com um sorriso leve, quase imperceptível, e se aproximou da equipe.

– Paz, senhora Átemis!... Desculpe a demora...

Ao ver o grupo todo reunido, ela apontou as cadeiras no centro da sala e sugeriu que todos se sentassem para a pequena reunião que teria início.

Gabriel observou o movimento longo que ela fez com o braço e se perguntou se a luz que viu em sua pele era inata, ou simplesmente reflexo do sol que entrava pela janela.

– Está tudo bem – ela respondeu com a voz suave. – Vida de querubino é assim mesmo.

Os quatro se sentaram em um quase círculo, e as crianças ficaram com os pés balançando no ar sobre um tapete com desenhos de aves do paraíso.

Sem mais delongas ou afetação na voz, a senhora Átemis encarou-os profundamente.

– Meus filhos, em primeiro lugar preciso pedir desculpas por ter enviado vocês a uma missão perigosa, quando acreditávamos que seria um trabalho de rotina.

Os meninos se entreolharam, felizes por não ter acontecido uma tragédia. Foi Gabriel quem falou aquilo que estavam pensando.

– Vida de querubino é assim mesmo!

– Sim – disse Átemis –, sempre houve momentos difíceis na história dos querubinos, tanto quanto houve situações de desafio para a Humanidade. Por isso, não pensem que o que estamos vivendo agora é algo novo ou inusitado... Pessoas e entidades como Faustus sempre existiram e buscaram destruir a ordem das leis naturais, que levam ao progresso as consciências que vivem neste mundo, tanto na dimensão da matéria quanto aqui, na dimensão Real. Algumas vezes, o domínio dessas entidades se estendeu por vários séculos, como aconteceu na Idade das Trevas, mas, no fim, a Verdade sempre sai vitoriosa, e chegará o dia em que todos trabalharão exclusivamente em favor do progresso humano.

Apontando para um dos afrescos da parede, a senhora Átemis chamou a atenção das crianças para um tempo longínquo onde os querubinos usavam saias brancas como uniforme padrão.

– Desde o momento em que as pessoas aprenderam a se reunir em comunidades, crianças como vocês são chamadas a trabalhar levando luz onde há trevas, em todas as partes do mundo, e foram chamadas de vários nomes, como querubins no ocidente, erês na terra de Amaruro e vários outros... Não importa a língua ou a religião, o trabalho é o mesmo e o objetivo é um só. Não podemos nos esquecer de que estamos em processo de constante aprendizado, e só aprende quem explora coisas novas... Vocês entendem isso?

– Entendemos – respondeu Amaruro. – Ontem mesmo estivemos diante de uma coisa nova, e foi bem diferente de enfrentar psicoformas irracionais.

– Isto é verdade – a senhora Átemis completou. – Ficar diante de criaturas doentes como Faustus é trabalho para pessoas muito bem preparadas, mas eu acredito que vocês tenham se saído bem, meus filhos.

Kosuke se mexeu em sua cadeira e lançou a pergunta:

– Senhora Átemis, o que vai acontecer com aquelas pessoas que estavam sendo raptadas?

Ela pensou por um momento e respondeu de maneira pausada e firme.

– Certamente foram levadas para regiões trevosas do Mundo Real, onde foram feitas prisioneiras. Sem poder retornar ao Entorpecido, o corpo de matéria que lá está entra em estado de coma, do qual só poderão sair se forem socorridas das garras do exército de Faustus.

– Todo mundo que entra em coma é por causa disso? – perguntou Gabriel com sua curiosidade peculiar.

– Não... Vários são os motivos no Mundo Real que podem levar ao coma, e alguns são necessários. Neste caso presente, porém, a prisão em regiões de Trevas é uma distorção da ordem. Faustus certamente levou os doentes para lá na intenção de produzir temulentos para alimentar seu exército de escravos hipnotizados. Assim, ao invés de caçarem temulentos pelo Mundo Real, poderão cultivá-los como se fossem animais de abate, e as fontes deles serão as mentes aturdidas dos enfermos em coma.

Kosuke mostrou-se preocupado com os doentes.

– Será que a gente pode ajudar aquelas pessoas?

O menino japonês recebeu um olhar terno da senhora Átemis, acompanhado do sorriso sutil que ela lançou para ele enquanto meditava no que acabara de ouvir. Depois ela olhou para Amaruro e reconheceu nele a expressão de quem sabia exatamente qual era a resposta para aquela pergunta. Mas o menino africano baixou os olhos e continuou pensativo.

– A missão dos querubinos – disse a senhora Átemis – é justamente ajudar as pessoas. Por isso, a resposta à sua pergunta é: sim, vocês querubinos podem recuperar os doentes que foram levados por Faustus... Só há uma dificuldade nisso: as regiões de Trevas são altamente perigosas para vocês. Trata-se de lugares de onde nem todos os querubinos voltam, e onde imperam o sofrimento e a injustiça humana.

Ela viu que a reação de assombro tomou conta de Gabriel e Kosuke, enquanto o líder continuava de cabeça baixa, pensativo e com expressão controlada de tristeza. Dirigindo-se para os dois primeiros, ela perguntou:

– Vocês gostariam de salvar aquelas pessoas?

Ao ouvir aquilo, Amaruro ergueu o rosto de repente e esperou de olhos arregalados as respostas que viriam de seus dois amigos, o que passou despercebido por eles, mas não pela senhora Átemis.

Gabriel foi o primeiro a se expressar.

– Eu fiquei com muita pena daqueles vovozinhos e das vovozinhas que foram raptados pelos macacos e queria poder fazer alguma coisa por eles.

Kosuke falou logo em seguida.

– Eu não sei explicar isso, mas tenho uma impressão muito forte dentro de mim que me diz que eu posso salvar essas pessoas.

Depois de ouvir com atenção os dois novos querubinos, a senhora Átemis olhou para o assustado Amaruro, convidando sem palavras as duas crianças a fazerem o mesmo, e perguntou ao líder:

– O que você acha disso, Amaruro?

Ele abriu a boca, porém só conseguiu gaguejar um pouco. Respirou fundo para reorganizar os pensamentos e conseguiu dizer:

– Este tipo de missão não é trabalho para arcanjos?

Com um leve sorriso, ela fez outra pergunta:

– Esqueceu o que eu disse a respeito da evolução?

Mas o menino abaixou a cabeça de novo.

– Eu sei porque a senhora está fazendo isso... Não tem outro jeito, não é? – respondeu, com voz fraca.

Quando ergueu o olhar, o menino africano encontrou a intensidade magnética do brilho celestial que saía dos olhos dela. Os dois permaneceram por alguns segundos assim, conversando mentalmente numa linguagem que Gabriel e Kosuke não puderam captar, mas estavam tão confusos que evitaram falar ou fazer algum questionamento.

Quando aquele colóquio, que de tão profundo era secreto, acabou, Amaruro emergiu do marasmo em que estava e respirou fundo.

– Está bem... – disse ele, concordando com a situação – se nós formos chamados, vamos até as Trevas e faremos o que pudermos para ajudar os doentes em coma... Apesar do perigo que isso representa.

A senhora Átemis concordou movendo a cabeça.

– Sua equipe – disse ela – é a mais indicada para uma missão como esta, Amaruro, porque de todos os querubinos deste castelo, você foi o único que já esteve nas Trevas.

Seus dois amigos ficaram surpresos com aquela nova informação, que deveria ser motivo de orgulho para qualquer querubino. Mas, ao contrário de suas expectativas, Amaruro não parecia feliz por aquilo, e seu rosto deixava transparecer lembranças que só ele sabia onde incomodavam.

– Vamos fazer o que pudermos – respondeu o pequeno líder.

– Tenho certeza disso – completou a senhora de olhos azuis – e também sei que vocês vão fazer o que precisa ser feito.

Assim dizendo, ela analisou as reações em Kosuke e em Gabriel, lançando para eles sua expressão enigmática de serenidade profunda.

– Quando devemos partir? – questionou Amaruro, que parecia inquieto com sua própria decisão.

Átemis encarou o menino à maneira de uma mãe zelosa e meditou bastante antes de responder, como se estivesse medindo as palavras. A brisa da manhã invadiu a sala e esvoaçou a cortina, envolvendo a todos com seu calor.

– As coisas têm seu tempo certo para acontecer, Amaruro – e como se estivesse mudando de assunto. – Serão avisados quando tiverem permissão para este trabalho... Até lá, preparem-se para invadir as Trevas, salvar os prisioneiros e voltar.

A reunião parecia terminada, mas ela passou os olhos nos meninos ainda uma vez.

– Querem dizer mais alguma coisa? Fazer alguma pergunta?

Como as crianças se calaram, ela ficou em pé e se despediu delas.

– Espero poder vê-los em breve, meus filhos. Descansem bastante para se prepararem para a próxima missão, e não se esqueçam de que podemos muito mais do que imaginamos, quando acreditamos.

✳✳✳

Um minuto depois, os três amigos estavam sentados lado a lado no parapeito de uma das sacadas mais altas da torre principal do castelo. Seus pés balançavam no ar a muitos metros de altura do telhado lá embaixo, e eles tinham uma vista privilegiada do vale do rio Branc'Água, que se estendia diante deles até o horizonte de azul inconfundível. A brisa suave e quente batia neles. Estavam tão alto, que podiam ver os pássaros voando abaixo de suas botas, como as andorinhas que faziam acrobacias aéreas perto da torre.

Amaruro estava entre seus pupilos e, de olhos perdidos no curso incansável do rio, buscava em sua mente as palavras certas para explicar o que precisava ser dito a eles. Gabriel e Kosuke, por sua vez, entendiam a situação e aguardavam respeitosamente o momento em que o professor falaria.

Depois de um suspiro profundo, ele começou.

– Não é fácil ser líder de querubinos... Fácil é ficar em casa sem fazer nada, esperando que as coisas melhorem por algum passe de feitiçaria.

Os dois concordaram, mas permaneceram em silêncio, esperando que Amaruro prosseguisse.

– Antes de conhecer vocês – ele contou –, eu era líder de outra equipe, e nós vivemos muitas aventuras, juntos... Tornamos-nos grandes amigos. Era uma menina francesa e um menino paraguaio... Nossa maior alegria era livrar as pessoas dos temulentos... Não medíamos esforços para isso...

Amaruro olhou para baixo, onde o rio começava debaixo do castelo Branco, mas sua expressão estava tão perdida no nada, que Gabriel duvidou de que ele estivesse vendo alguma coisa que não fossem suas lembranças.

– Um dia – ele continuou –, tivemos que ir até as Trevas em uma missão muito perigosa e importante, e fomos quase até um ponto sem volta daquela região. Era um lugar escuro, medonho, cheio de temulentos agressivos e de pessoas perdidas em suas mentes deturpadas. Estávamos perto do local que inspirou as pessoas do passado a criarem lugares lendários, como o inferno ou o Hades... A passagem por lá é tão traumática, que ficam as marcas naqueles que saem do Mundo Entorpecido e se dirigem para lá durante o sono ou depois da morte. Por isso, quando acordam ou voltam em outras vidas, levam consigo recordações de passagens de sofrimento e de criaturas horrorosas das Trevas.

Erguendo a cabeça para encarar o firmamento diante de si, o menino africano prosseguiu.

– Uma moça estava sendo atormentada por centenas de temulentos e foi arrastada para aquelas Trevas numa noite complicada... Eu e minha equipe fomos até lá, queríamos ajudar, e conseguimos fazê-la voltar, sã e salva, para o Entorpecido. Por outro lado, nos complicamos e ficamos presos naquela região sem luz, no meio de 281 temulentos...

Gabriel e Kosuke se entreolharam com um pouco de espanto. Estavam finalmente ouvindo a história que Amaruro guardava bem no fundo de suas lembranças e que ele dificilmente comentava com alguém.

Com atenção redobrada, os meninos escutaram o que dizia o professor.

– Não preciso dizer que eram temulentos difíceis de combater. Muito mais agressivos do que esses que vemos no cotidiano. O ambiente tornava nosso trabalho mais complicado. Por causa disso, me vi diante de uma escolha ingrata para qualquer líder: ou permitia que os temulentos nos atacassem, o que seria o fim de nossas carreiras como querubinos... ou usava toda a minha força para tentar sublimar todas aquelas psicoformas de uma só vez...

Amaruro suspirou fundo de novo.

– Vocês sabem qual foi minha decisão... Meus dois amigos me incentivaram a tomá-la, mesmo sabendo do risco que eles mesmos corriam, porque, num caso como este, a emissão de energia é tão grande...

O menino se calou um momento e passou as mãos pelo rosto, como se estivesse cansado, exaurido pelo esforço que fazia para contar aquilo. Sua voz foi ficando fraca, mas ele continuou.

– A emissão de energia é tão grande que pode destruir tudo ao redor, inclusive querubinos... Quando despertei no Mundo Entorpecido, logo depois de transformar os temulentos em luz, não tinha certeza de que voltaria ao castelo Branco de novo, porque podia ser que eu tivesse feito comigo mesmo o que os temulentos fariam, se me pegassem. Mas eu não precisei raciocinar muito para descobrir que nunca mais veria meus dois amigos... Vocês sabem: se um querubino é morto no Mundo Real, deixa de ser querubino e passa a viver uma vida como a de todas as outras crianças da Terra... Quando cheguei aqui, no dia seguinte, meu temor foi confirmado. Meus amigos deram a vida para que eu aniquilasse aquelas psicoformas que, com certeza, voltariam a molestar a moça se sobrevivessem...

Amaruro ergueu a cabeça e ficou olhando, sem foco, para o horizonte. Suas lembranças traziam sentimentos profundos que podiam ser vistos em seu rosto de criança.

– A senhora Átemis estava me esperando sozinha no salão principal do castelo, e tudo o que ela fez foi passar a mão em minha cabeça, em silêncio. Sua expressão era tão enigmática que até hoje não sei se era tristeza ou paciência... A única coisa que me deixou feliz naquele dia foi que eu não recebi nenhum prêmio, nenhuma rosa ou condecoração por ter exterminado quase trezentos temulentos de uma só vez... Eu não teria me sentido bem, na ocasião, se ganhasse alguma coisa, porque o preço era alto demais.

Gabriel soube que a narrativa havia terminado e olhou longe com tristeza, imaginando como seria ruim se aquilo acontecesse de novo. A coisa mais importante de ser querubino, ele pensou, eram as amizades fortes como a luz do sol, que havia feito no castelo Branco.

Amaruro mudou o tom de voz e encarou seus dois amigos com um sorriso largo, que só ele sabia dar, e disse com verdadeira alegria:

– Mas agora eu tenho vocês!

Os dois sorriram também.

– Não ganhei um prêmio da senhora Átemis, mas fui condecorado com dois novos amigos que são verdadeiros tesouros para mim!

No alto daquela amurada, os três se abraçaram e entrelaçaram os braços uns nos ombros dos outros. Amaruro completou:

– E digo mais: eu fico cada vez mais impressionado com as habilidades de vocês, que estão muito acima da média de qualquer querubino que eu já tenha conhecido!

– Quê isso, Maru-san? – disse Kosuke. – Vai demorar pra gente conseguir sublimar 281 temulentos de uma só vez, né? Só mesmo você, pra fazer isso!

– Maru – disse Gabriel –, pra mim você é o maior querubino do mundo e agora que você contou essa história, eu sei que você é o maior de todos os tempos!

Amaruro riu alto.

– 'Pára' com isso! Do jeito que vocês falam, eu devia ser líder de arcanjos!

Eles riram ainda mais e depois ficaram em silêncio observando as andorinhas que faziam festa diante de seus olhos, mas não desfizeram o abraço triplo em que estavam.

– Entenderam agora porque eu não me sinto bem em ter de voltar para as Trevas?

Os dois responderam que sim com a cabeça.

– Mas a gente vai fazer o melhor que a gente puder, Maruzão, e estaremos sempre juntos, até o fim, se houver um fim – incentivou Kosuke.

– É – disse Gabriel –, e se as coisas ficarem muito complicadas, a gente pode usar o belisca-pra-ver-se-eu-tô-sonhando!

Assim dizendo, ele ensaiou um beliscão no braço do líder, confiante de que havia encontrado a resposta para qualquer problema que ocorresse nas Trevas. Mas o professor trouxe outro ensinamento importante para seus alunos. Algo que havia esquecido de dizer, mas que era tão terrível que não poderia passar em branco.

– Amigos, eu ainda não disse pra vocês que essa técnica só funciona em regiões iluminadas ou relativamente claras do Mundo Real. As Trevas representam um estado tão profundo da inconsciência, do ponto de vista do Mundo Entorpecido, que o belisca-pra-ver-se-eu-tô-sonhando não funciona lá.

Kosuke e Gabriel olharam assustados para o menino africano.

– Se funcionasse, eu teria usado com minha outra equipe...

Kosuke fez cara de preocupado, descobrindo naquele instante que a missão seria mais perigosa do que supunha.

– Ai, ai, ai... Será que neste castelo tem alguma vaga pra faxineiro? – ele disse se referindo aos querubinos responsáveis por livrar o castelo Branco dos temulentos criados pelas próprias crianças e que, por isso mesmo, nunca saíam em missões.

5 RUMO ÀS TREVAS

NAQUELE DIA, GABRIEL despertou com o sentimento de dever apurado, pois sabia que algum dia teria que partir em uma missão muito especial quando fosse para sua cama, mas não tinha certeza de quando seria.

A lembrança da senhora Átemis fez tão bem para ele, que a primeira coisa que fez depois de pular da cama foi arrumá-la, para não dar trabalho para a mãe. Depois disso ainda ajudou-a com a louça do café, porque se dispôs a enxugar e guardar tudo.

À tarde, por causa do calor abafado que fazia, o céu escureceu bem rápido e choveu forte. Nesse momento, Gabriel estava acompanhando sua mãe ao carro, e ele pôde ver o aguaceiro correndo como enxurrada pelas valetas das ruas, os raios que cortavam o céu escuro e o limpador de parabrisa que ia de um lado para o outro, sem muito efeito.

Pararam no estacionamento do supermercado e tiveram que esperar até que a tempestade de verão amainasse por completo, o que não demorou muito. Assim que os pingos não passavam de gotinhas isoladas, o pai de Gabriel veio correndo e entrou no carro.

– Que chuva! – ele falou alegre e beijou a esposa que estava ao volante.

Gabriel estava no banco de trás e ganhou do pai um pirulito de uva, que foi parar imediatamente em sua boca, quase não dando tempo de retirar a embalagem.

Na volta para casa, dona Eleonora e seu Marcos conversavam a respeito das coisas do dia-a-dia. Gabriel estava de olho no mundo lá fora, onde as nuvens que antes dominavam o céu começavam a desaparecer tão velozmente quanto haviam surgido. Era o fim da tarde, e apareceu no horizonte um sol vermelho e vivo como o fogo, que clareava as nuvens avermelhadas por baixo inundando a cidade com seu brilho de despedida do dia.

Hipnotizado com a beleza do pôr-do-sol, Gabriel se lembrou de que, em breve, estaria de novo com seus amigos no Mundo Real e agradeceu por ter companheiros tão legais e saudosos. Queria tê-los pelo resto da vida.

O menino também percebeu que seu pai havia se calado e contemplava o entardecer, tão absorvido quanto ele mesmo. Seu Marcos pareceu notar que o filho, no banco de trás, também via a mesma coisa.

– Que coisa linda, né, Gabrielzinho?

Eleonora observou também, aproveitando que estavam parados em um semáforo, e o pai de Gabriel completou seu pensamento.

– Sempre que eu vejo isso, lembro do seu vô Aroldo...

A atenção do menino redobrou, e ele ouviu a explicação do pai.

– Quando eu fiquei desempregado, o vovô Aroldo falou com aquele jeito cheio de esperteza dele: "'Fio', depois da chuva sempre faz sol... Pode demorar um dia ou dois, mas o sol sempre volta!".

Gabriel sorriu e viu o avô em sua mente. Reconheceu que aquele tipo de coisa era típica dele, cheia de otimismo e vitalidade, como convinha a alguém que já tinha sido um querubino, e agora trabalhava em locais muito acima da Terra.

À noite, cheio de serenidade e esperança, Gabriel foi se deitar. Fez uma coisa que não fazia há muito tempo antes de dormir. Era um hábito ensinado pelo avô materno, e ele resolveu retomá-lo em homenagem ao grande amigo que agora estava no Mundo Real. Pôs as mãos juntas e rezou em silêncio.

$$***$$

Gabriel adormeceu muito rápido e foi imediatamente para o castelo Branco. Sentiu-se sugado até lá, como se transitasse dentro de um tubo de vácuo que o levaria instantaneamente para o salão principal da mansão dos querubinos. Era a primeira vez que tinha aquela sensação em sua viagem até aquele ponto específico do Mundo Real. Entendeu que passava através de um teletransportador de natureza desconhecida para ele. Mesmo assim, sentiu que aquele túnel estava relacionado à sua própria mente, e ela era parte do processo necessário para a sua formação. Talvez por causa disso, ele pensou, morrer no Mundo Real significava perder o caminho para o castelo, o que representava o fim da carreira de um querubino.

Seus olhos terminaram de se abrir no salão, e ele identificou Kosuke e Amaruro ao seu lado, todos eles vestidos com o uniforme branco. Também eles haviam acabado de chegar. Era a primeira vez que os três amigos aportavam no castelo Branco ao mesmo tempo.

Mal tiveram tempo de se cumprimentarem ou fazerem alguma observação a respeito daquela situação, porque o instrutor Fuzzili os aguardava a alguns passos, fora do círculo desenhado no chão, onde os querubinos surgiam durante o sono no Mundo Entorpecido.

Ao vê-los ali, o adulto com pança de barril de vinho caminhou até eles e foi logo dizendo:

– Crianças, a nave de transporte os está esperando lá fora... Por ordem de nossa querida senhora Átemis, devo informá-los de que a próxima missão será libertar pessoas sequestradas por entidades trevosas... Serão levados para uma região distante nas Trevas.

Pelo tom de voz do instrutor, os meninos sentiram que estava sendo difícil para ele dar a notícia. Mas ele provavelmente não sabia que os querubinos haviam conversado bastante no dia anterior e estavam cientes do que deveriam fazer.

Amaruro concordou com o instrutor balançando a cabeça, mas Kosuke foi além, e fez sinal de positivo para ele com o polegar.

– Beleza, instrutor Bolonhesa!... Ups! Quer dizer, Fuzzili...

O italiano arregalou os olhos diante do apelido que não conhecia, mas não entendeu seu significado ou o que o menino japonês queria dizer com aquilo.

Depois da gafe, os querubinos deram a volta ao redor do instrutor porque queriam sair dali a passos rápidos e longos. Amaruro, porém, estacionou no meio do caminho e, pensativo, deu meia volta e encarou o senhor Fuzzili ainda uma vez. Gabriel e Kosuke também esperaram, mas este último queria sair logo para não ser questionado a respeito do apelido secreto.

Ainda atordoado pelo que acabara de ouvir, o instrutor notou que o líder do grupo esperava uma chance de falar.

– Instrutor, será que não seria melhor que esses meus alunos tivessem antes algum treinamento para se moverem nas Trevas?

Fuzzili fugiu com os olhos, gaguejou e tamborilou com os dedos roliços sobre a barriga volumosa. Hesitou um pouco mais e, por fim, respondeu:

– Bem, veja... A senhora Átemis acredita não ser necessário, nesse caso...

Amaruro esperou uma resposta mais consistente, mas ela não veio. Da boca de Fuzzili saiu apenas um ensaio de um grunhido que não virou informação inteligível. Mas o menino africano, longe de se aborrecer por isso, despediu-se de novo e guiou seus amigos para o pátio do castelo, onde a nave-gafanhoto os esperava.

Kosuke esperou que estivessem lá fora para comentar:

— Puxa vida! A senhora Átemis confia mesmo na gente, né?

— É... — disse Amaruro, como se falasse consigo mesmo. — Ela confia muito.

Gabriel girou o pescoço para todos os lados de repente, assustado com alguma coisa, e disse em voz alta:

— E parece que nossos amigos também! Olha, tá todo mundo vendo a gente!

Apontando para todas as direções, Gabriel mostrou que a maior parte dos querubinos do castelo Branco estava assistindo à partida deles. Alguns com a cara grudada nas vidraças da mansão, outros nos jardins e morros ao lado do pátio de pouso. A maioria, flutuando nas proximidades, quietos e imóveis.

— Parece que querem se despedir da gente, né? — comentou Kosuke enquanto eles se dirigiam para a nave.

— Já sabem que vamos para as Trevas — concluiu Amaruro.

— Por que eles estão tristes? — indagou Gabriel ao ver que as expressões dos seus amigos eram de pesar, fechadas e cinzentas.

Foi o próprio líder quem respondeu, arriscando um sorriso convencido.

— Devem achar que a gente não vai voltar. Vamos mostrar pra eles do que são feitos os querubinos!

— É! — fez Kosuke cheio de energia. Depois olhou para as caretas que preenchiam as vidraças do castelo Branco. — E vocês podem formar seus times, porque, quando a gente voltar, vamos mostrar pra vocês de novo quem é que joga bola de verdade por aqui!

Para sua decepção, as crianças que se amontoavam nas janelas nem se mexeram. Devolveram para ele apenas o olhar de choro e ele fingiu que isso não o abalou.

– Vamos, Kosu! – pediu o líder. – A viagem é longa.

Agitando os longos cabelos pretos atrás de si, Kosuke acompanhou a equipe até a entrada da nave-gafanhoto e entrou logo depois de Gabriel.

O menino brasileiro viu a indiana Samadhi na sacada de uma das torres. Ela não parecia triste, ao contrário dos outros. Juntando as mãos diante do peito, ela saudou o colega querubino e disse alguma coisa que foi impossível ouvir, mas que Gabriel soube que era um *namastê*. Ele acenou com a mão e entrou.

Amaruro foi o último a subir e não resistiu dar outra olhada ao seu redor antes de embarcar. Sentiu que alguém em especial estava pensando nele com intensidade, por isso procurou quem poderia ser entre os que estavam flutuando. Não demorou a encontrar seu amigo Pavel no meio das crianças.

O menino russo estava sério e pensativo, mas quando percebeu que Amaruro havia captado seus pensamentos, sorriu para ele e acenou de leve com a cabeça. Ao contrário de todos os outros ali, Pavel parecia ser o único a desejar-lhes "boa sorte", pois a maioria parecia sentir pena da equipe que certamente estaria indo para a morte como querubinos. Todos sabiam que naquela região, aquele mesmo Amaruro havia perdido dois companheiros, e agora retornaria para lá.

Mesmo de longe, Amaruro devolveu o aceno e não se demorou em longas despedidas, porque sabia que retornariam. Não tinha certeza se inteiros ou vitoriosos, mas jurou a si mesmo que retornaria e, desta vez, com a equipe completa.

Depois que os três embarcaram, a nave-gafanhoto elevou-se nos ares até ficar muito acima do castelo Branco. Sua manobra foi assistida por uma multidão de querubinos silenciosos e tristes, que viram o veículo partir cortando o céu rumo às Trevas.

***

Logo no início da viagem, o líder Amaruro chamou seus amigos para uma conversa longa na qual explicou o que eram as Trevas e as reações que essas regiões costumavam ter em pessoas como os querubinos.

– Vocês já sabem – ele disse – que os ambientes no Mundo Real são criados pelas pessoas que vivem neles. As Trevas são regiões habitadas por sofredores, malvados, revoltados, mentirosos, bandidos, hipócritas, preguiçosos e toda sorte de gente que falha feio em suas missões no Mundo Entorpecido. Elas vão para esses lugares infelizes durante o sono ou depois que morrem, e muitas só saem quando ganham outra chance de voltar ao Entorpecido, numa nova vida. Por conta disso, vocês já podem imaginar o tipo de ambiente para o qual estamos indo.

Gabriel e Kosuke ouviram com atenção, mas já imaginavam que as Trevas eram realmente tudo aquilo que Amaruro dizia, por isso não se espantaram. A curiosidade dos dois, porém, era grande. Olhavam constantemente para a janela ao lado das poltronas da nave para verificar se já estavam chegando. Tudo o que viam, naquele momento, era um entardecer e o aumento progressivo da quantidade de nuvens que fechavam o céu.

Amaruro prosseguiu com a aula.

– O que vocês precisam saber é que o ambiente é tão pesado que vamos sentir dificuldade de voar, não seremos tão ágeis quanto em outros lugares. Vamos nos cansar muito rápido com menos esforço, porque somos querubinos, e não arcanjos... A probabilidade de que o belisca-pra-ver-se-eu-tô-sonhando não funcione é enorme, como eu já disse pra vocês, por isso nossa única rota de fuga é a nave... Entenderam?

Eles responderam que sim balançando as cabeças, e o menino africano continuou:

— Mas a nave talvez não possa nos levar até onde queremos ir.

— O quê? — fez Kosuke, indignado.

— É isso mesmo, amigos. O lugar é muito perigoso, vigiado por criaturas que vocês nunca imaginaram que poderiam existir, e esta nave também não voaria bem por lá, como nós... Seria atacada sem chances de retorno.

— Eles têm armas, Maru? — indagou Gabriel.

— Sim, mas elas são diferentes daquelas que vemos na Terra. Aqui as armas afetam os pensamentos, a mente, porque a morte só existe para o corpo biológico que está no Entorpecido. A preocupação maior com a nave é que temulentos a destruam, por isso ela não vai poder nos salvar se alguma coisa acontecer com a gente nas Trevas.

Kosuke chegou a uma conclusão.

— Vamos ter de entrar e sair por nós mesmos, né?

— É... — concordou Amaruro, pensativo. — Mas eu acho que vai dar tudo certo, porque vamos apenas libertar as pessoas raptadas e voltar... mais nada! Entenderam? Vamos agir rápido e simplesmente fazer o que pudermos.

Diante do silêncio que se fez dentro da nave, o menino brasileiro deu vazão à sua curiosidade.

— Maru... E se aparecerem os macacos?

— Daí a gente corre — respondeu sem rodeios o líder e deu por encerrado o assunto.

Longa foi a viagem dos querubinos rumo aos locais de pouca luz do Mundo Real. A cada momento que avançava a nave-gafanhoto, as crianças notavam que a noite se tornava mais escura e nublada. Havia algumas estrelas no começo, porém elas sumiram e deram lugar a uma fumaça semelhante a uma fuligem, a qual ficava cada vez mais espessa conforme avançavam rumo aos ambientes de sofrimento.

Assim que entraram naquelas nuvens de sujeira, a nave agitou-se. Parecia um barco sendo jogado por ondas cada vez mais fortes. Os querubinos sentiram que ela descia um pouco a cada solavanco e ficava mais próxima do solo, ou o que quer que existisse lá embaixo. Algumas vezes ouviam batidas nos cascos, como se o gafanhoto batesse em pedras. As poltronas tremiam com as manobras cada vez mais ousadas que o veículo fazia.

Kosuke, que sempre se sentava ao lado da janela, tentava enxergar alguma coisa lá fora.

– Parece – comentou quebrando o silêncio que eles faziam há um bom tempo – que estamos dentro de uma máquina de lavar roupa cheia de esgoto!

– Se eu fosse você – disse Amaruro com sua tranquilidade habitual – não ficaria com a cara grudada na janela.

O menino japonês sentiu outro solavanco.

– Só estou tentando ver as coisas lá embaixo...

Mal havia acabado de falar, e no meio da fumaça que envolvia a nave, Kosuke viu um rosto humano iluminado apenas pela claridade que partia do interior do veículo. Era o rosto de uma pessoa que mais parecia uma caveira arrastada pelo vento, de boca aberta como se gritasse contra o sofrimento. Os olhos arregalados de dor e desespero apontaram para Kosuke por um breve instante antes de sumir de novo nas ondas da tempestade.

– Ai! – gritou horrorizado o menino dando um pulo de um metro em sua poltrona e agarrando o braço do seu líder. – Tinha alguém lá fora! Eu vi, Maru! Tem gente voando lá!

– Eu avisei – Amaruro disse –, mas o curioso não me ouviu...

– Credo! – continuou o japonês. – Esse lugar é mais assombroso do que eu imaginei!

– E você ainda não viu nada.

A nave-gafanhoto chacoalhou com mais força e começou a descer com grande velocidade. Amaruro levantou-se na poltrona e viu que, na parte posterior, na cabine, o piloto adolescente lutava com os comandos para tentar recuperar o controle e estabilizar a rota. Ao lado dele havia outro com a mesma idade. Eram dois para garantir a segurança dos passageiros, caso o piloto acordasse acidentalmente no Mundo Entorpecido.

– Tudo bem aí? – ele perguntou.

O jovem não pôde virar para trás para responder, mas gritou.

– Tudo!... Acho que, depois dessa, eu finalmente vou conseguir passar no exame pra tirar carta de motorista, no Mundo Entorpecido!

O piloto soltou uma gargalhada alta, e as crianças ficaram aliviadas ao ver que a situação não era fatal, mas apenas caótica. Porém, houve uma ligeira queda na esperança das crianças após o comentário do adolescente-piloto.

– Agora vem a parte difícil em que eu sempre me dou mal... a baliza!

– Segurem firme! – ordenou o copiloto, o que fez os querubinos sentarem em seus lugares e se agarrarem com força nos encostos.

A nave perdia altitude com grande velocidade. Kosuke viu pela janela que as nuvens obscuras haviam ficado para cima e dado espaço a um cenário de montanhas e desertos banhados por uma noite que parecia ser eterna. O clima lá fora parecia bem mais tranquilo do que a camada tempestuosa que acabavam de atravessar, mas ainda assim a nave-gafanhoto sacolejava para todos os lados como um carro correndo por uma estrada de terra esburacada. As trepidações ficavam cada vez menores, porém mais constantes, fazendo as crianças se sentirem dentro de uma máquina de fazer pipoca.

Kosuke tentou falar alguma coisa, mas sua voz saiu toda recortada, como o balido de um carneiro. No meio da situação desesperadora, ele achou graça daquilo e começou a emitir sons apenas para se divertir com o efeito que faziam.

– Bé-é-é-é-é-é-é-é-é-é-é-é-é-é...
Gabriel gostou da ideia e, rindo, imitou o amigo.
– Bi-i-i-i-i-i-i-i-i-i-i-i-i-i-i-i-i...
Amaruro ficou indignado.
– E-eu na-não a-a-cre-e-di-i-to que-e vo-o-cê-es tã-ão fa-a-ze-en-do is-so!
O gafanhoto chegou perto do solo de barriga, graças a uma manobra ágil do adolescente que o pilotava, e ali, perto do chão, sentiu que tinha mais estabilidade. Ele sabia que, quanto mais alto alguém tentasse voar nas Trevas, mais difícil seria, porque o ar era pesado, e a gravidade naquela região parecia atrair as coisas para baixo com mais força.

Mesmo com todas essas dificuldades, a nave esverdeada flutuou sobre os rochedos e dançou para os lados em busca de um ponto onde pudesse permanecer estável por alguns minutos. Parecia que perdia força o tempo todo, mas o maquinário resistia bravamente naquele ambiente inconstante.

Enquanto buscava ficar o mais perto do solo, sem tocar nele, o piloto deu um sinal para o outro adolescente. Ele se levantou com grande presteza, indo até os querubinos.

O copiloto entregou um pequeno aparelho para Amaruro.

– As coordenadas para a missão estão aqui. Não podemos pousar! Se pararmos os motores, eles talvez não voltem a funcionar. Por isso, vamos deixá-los aqui e retornar para cima das nuvens. Voltaremos para buscá-los quando nos chamarem.

Meio assustado com o que ele mesmo acabara de dizer, o jovem observou se as crianças tinham entendido o que havia dito. Achou que sim.

– Nós só vamos poder resgatá-los – continuou – se estiverem a uma distância segura do foco dos trevosos. Por isso, vocês vão ter que voltar para cá quando terminarem...

Amaruro tomou o aparelho.

– É só isso? – indagou com tranquilidade.

Fazendo que sim com a cabeça, o copiloto deu passagem para os meninos que já estavam se pondo de pé, prontos para saírem da nave.

O líder da equipe disse para o jovem apenas uma coisa única coisa.

– Estejam preparados! A gente não vai demorar.

No momento seguinte, semelhante a um portão que dava passagem para o inferno, a comporta lateral da nave-gafanhoto foi aberta, o que revelou aos olhos dos querubinos um mundo de sombras e aspereza, com rochas pontiagudas e depressões obscuras. Sobre esse mundo entrevado e sem vida aparente, o veículo balançava como uma jangada ao sabor das ondas, e as crianças viam o solo irregular se aproximar e se afastar.

– Cuidado! – comentou Amaruro. – Nosso voo é mais difícil aqui!

Depois de se certificar de que os alunos haviam ouvido a lição, o menino africano esperou a nave chegar mais perto das rochas. Saltou como quem mergulha em pé numa piscina. Gabriel e Kosuke o imitaram e caíram como duas abóboras jogadas do alto de um muro. Tentaram voar ou levitar, mas tudo o que fizeram foi amortecer a queda inevitável sobre a areia e o cascalho cor de breu.

Kosuke deu três cambalhotas por um declive antes de parar ao lado de uma pedra parecida com um coral escuro. Gabriel caiu de cara naquela terra com cor de fuligem de óleo queimado. Seu uniforme branco ganhou uma cor a mais assim que tocou o solo das Trevas.

Amaruro foi o primeiro a ficar em pé. Viu a nave subir meio desengonçada pelos ares nublados do ambiente, até sumir na escuridão das nuvens revoltas logo acima. O líder não teve tempo para ficar apreciando a partida do meio de fuga deles. Ao seu lado, os amigos gemiam e cuspiam a terra da boca.

– Estão bem? – ele perguntou, mas sabia que estavam inteiros.

– Nunca estive melhor – respondeu o menino japonês, todo torto e sujo no meio das rochas.

– Logo vão se acostumar com a gravidade forte daqui – explicou Amaruro, ajudando Gabriel a ficar em pé. – Por enquanto, tentem não subestimar esse ar pesado.

Os dois ajudaram Kosuke a sair do buraco em que ele estava. Seus cabelos longos saíram salpicados de areia.

– Ai! – ele reclamou. – Que lugarzinho do inferno!

– Também acho – disse o líder –, mas vamos logo para onde temos de ir. Assim a gente termina isso o mais rápido possível.

– Será que os macacos estão aqui perto, Maru? – indagou Gabriel, passando seus olhos curiosos pelas sombras dos vales que os cercavam.

Amaruro consultou o pequeno aparelho dado pelo copiloto da nave-gafanhoto.

– Acho que não... A nave nos deixou num local seguro, longe de trevosos e de gente como o Faustus. Eles não podem saber que a gente veio resgatar as pessoas em coma, por isso vamos entrar a pé, em silêncio, e sair do mesmo jeito.

Na tela do pequeno instrumento eletrônico, Amaruro viu um mapa tridimensional de uma extensa área daquela região das Trevas. Viu que eles três estavam indicados por pontos verdes minúsculos, enquanto o local da missão estava assinalado por um quadrado vermelho. Conforme Amaruro girava o aparelho no ar, uma seta azul indicava a direção que tinham de seguir para chegar ao local sinalizado.

– Temos que ir pra lá! – ele concluiu e apontou para o que parecia ser um vale extenso, de muitas centenas ou milhares de quilômetros, que era semelhante ao fundo de uma cratera muito grande, toda ladeada de uma cordilheira de montanhas pontudas e escuras quase tocando a camada de nuvens que encobria tudo.

Gabriel analisava a direção apontada, mas viu pelo canto dos olhos que alguma coisa se mexia no meio de umas pedras, a cerca de dez metros de onde estavam. Seus amigos tentavam enxergar o que poderia haver de diferente na direção em que teriam que partir, mas o menino brasileiro forçou a vista para descobrir o que estava ali perto.

– Maru! – ele chamou em voz baixa e esticou o dedo para indicar a posição. – Tem alguma coisa ali.

Longe de ficar impressionado, Amaruro disse com voz firme:

– Gabriel!... Olhe para mim!

Assustado, o menino obedeceu, e o líder continuou com o mesmo tom.

– Este lugar é abarrotado de pessoas nos mais deploráveis estados físicos e psíquicos. São tantas, que nós poderíamos passar a eternidade aqui, tentando ajudá-las. Por isso, vamos nos concentrar em nossa missão, e deixar que arcanjos e outras entidades superiores cuidem deste lugar... Não podemos perder nosso foco! Entendeu?

De olhos arregalados, Gabriel balbuciou uma resposta depois de muito hesitar.

– Mas parece que ele precisa de ajuda...

– Você acha que ele quer ajuda? – indagou Amaruro com firmeza redobrada. – Então vá lá e tente ajudar esse infeliz, já que você quer aprender na prática o que eu acabei de te ensinar!

Paralisado, o menino brasileiro não sabia o que fazer. Ficou olhando seu professor.

– Vai – disse Amaruro de novo, e deu passagem para seu pupilo.

De cabeça baixa, Gabriel caminhou a passos curtos e vacilantes até o amontoado de pedras em que alguma coisa estava esparramada.

O ambiente era escuro, mas ainda assim existia uma claridade embaçada que permitia ver as coisas meio acinzentadas,

GABRIEL QUERUBIM E OS GUARDIÕES DOS SONHOS | 205

como num filme em preto e branco. E foi assim que Gabriel viu o que parecia ser um corpo retorcido no chão. As pernas e os braços estavam tortos, talvez trocados, e a barriga se confundia com rochas e terra. A cabeça emergia do meio disso tudo. Não parecia alguma coisa viva até que aqueles olhos miúdos apontaram para o querubino recém-chegado.

Gabriel ia dizer alguma coisa ou fazer uma pergunta, mas o homem gritou.

– Onde está o dinheiro? Onde está? Eu vou matar ele! Ele roubou meu dinheiro! Onde está ele?

– Calma, senhor... – disse o menino assustado com a reação do enfermo – Eu posso ajudar... Se o senhor se acalmar...

Mas o homem parecia ter entrado em um ciclo interminável de frases confusas. Não parecia ouvir o que Gabriel estava dizendo.

– Onde está o dinheiro? Ele roubou meu dinheiro! Onde está ele? Meu dinheiro, onde está?

Gabriel ficou mais algum momento ali, parado diante sua própria impotência em fazer alguma coisa. O homem continuava sua ladainha interminável, dando a entender que passaria ainda muitas décadas ou séculos repetindo a mesma coisa.

Em desalento, o menino voltou para os amigos de cabeça baixa.

– Desculpa, Maru...

Amaruro colocou a mão no ombro do amigo.

– Você aprendeu uma grande lição: a gente só consegue ajudar quem quer ser ajudado.

Erguendo a cabeça, Gabriel descobriu o sorriso inconfundível do amigo.

– E aqui, nas Trevas, raríssimos são aqueles que admitem que precisam de ajuda para melhorarem.

Gabriel concordou com um aceno da cabeça. O líder chamou os dois para a caminhada que seria longa. Começaram descendo um barranco e deixaram para trás as frases intermináveis do homem doente.

Em certo momento, Kosuke indagou:

— Maru-san, quantas pessoas, mais ou menos, existem aqui nas Trevas?

— Bom — ele disse contornando um rochedo —, a população é muito flutuante, mas gira em torno de doze bilhões de pessoas.

Os dois se espantaram com o número.

— Que bizarro!

Para ganhar tempo e serem vistos pelo menor número possível de entidades ou temulentos, os querubinos decidiram correr o tempo todo. Como o voo era mais difícil e não muito eficiente, correr era a melhor solução. Atravessavam aquele deserto de Trevas como três coriscos brancos rasgando o caminho, sem parar para nada.

Gabriel estava muito curioso com tudo ao seu redor, mas não queria desobedecer a seu líder a ponto de parar e analisar as coisas que via apenas de relance. Durante a longa travessia que fizeram em direção ao centro daquela aparente cratera, passaram por grupos imensos de pessoas que mais pareciam farrapos humanos, algumas combalidas como se não restassem mais forças em seus corpos retorcidos, outras agitadas e discutindo em voz alta, agindo como se estivessem em uma revolução de grandes proporções. Às vezes as crianças desviavam de regiões semelhantes a pântanos cuja lama fétida borbulhava e exalava fumaça amarelada, outras vezes saltavam sobre lagos feitos de pessoas aglomeradas. O cheiro de carne podre era tão forte, que podia até ser visto como uma névoa que cobria as cabeças daquela gente em desespero.

Em muitas ocasiões, eles ouviram vozes horrendas chamando por eles, algumas com raiva, outras pedindo socorro e clemência. Porém já sabiam que não estavam ali para salvar o mundo. Tudo o que podiam fazer era ignorar os clamores e seguir rumo à missão que tinham, e esta não seria fácil.

Em determinado momento, Amaruro pediu que parassem e se escondessem atrás de um morro. Ficaram assim até que notaram a passagem de uma mulher lá embaixo. Ela respirava com dificuldade, como se a pressa na qual corria a acompanhasse há muito tempo. Depois dela, um bando de várias centenas de pessoas passaram, certamente perseguindo a primeira, todos berrando palavras de ordem e moralidade, mas segurando pedaços de pau e pedras.

Kosuke e Gabriel iam perguntar o que era aquilo, mas Amaruro os chamou de volta ao objetivo e os querubinos retomaram a corrida veloz, sem chance de descobrir no que resultaria aquela perseguição injusta.

Era difícil não deparar com alguém ou alguma coisa se movendo nas sombras a cada passo que davam. Tiveram a impressão de que a multidão de desesperados ia aumentando à medida que adentravam no centro da cratera de dimensões quilométricas. Os meninos, porém, acostumando-se à gravidade do ambiente, reaprendiam a ter a agilidade costumeira e desviavam de qualquer obstáculo antes de serem vistos.

De vez em quando, passavam ao lado de alguma casa feita de tábuas e pedras, ou mesmo de um conjunto delas, dando a impressão de ser uma pequena vila cujos moradores em nada diferiam dos demais. Também notaram cavernas obscuras e buracos no chão, de onde partiam vozes e lamentos. Apesar do número assustador de pessoas vivendo ali, o dobro do que havia no Mundo Entorpecido, elas não conseguiam se organizar para formar uma civilização. Viviam em condições sanitárias piores do que as da Idade Média. Era como se vivessem em um pesadelo coletivo.

Não foi preciso muito raciocínio para os dois aprendizes de querubino descobrirem que as Trevas eram um grande conjunto de temulentos criados por pessoas que viviam no Mundo Entorpecido, e que passavam a viver naquela criação mental comunitária depois da morte do corpo, completando-a e fortalecendo-a com novos desvarios da consciência.

Correndo como lebres, os meninos percorreram dezenas de quilômetros e se depararam com todas as misérias humanas que costumeiramente viam quando acordados no Entorpecido. Só que ali elas eram aumentadas porque não estavam mascaradas pelos limites da matéria e da consciência semiadormecida daquele mundo.

Quando já estavam quase no centro da cratera que era apenas um ponto nas Trevas, Gabriel reparou que acima deles havia criaturas voando perto das nuvens. Eram seres alados parecidos com morcegos de muitos metros de envergadura. Batiam as asas sem parar, na tentativa de vencer as dificuldades impostas pelo peso do ar trevoso. Suas silhuetas contrastavam contra o teto nublado quando algum raio clareava o ambiente. Pareciam predadores buscando alguma coisa no solo pedregoso abaixo. Talvez vigiassem o ambiente contra querubinos limpinhos e saborosos, cheios de carne sobre os ossos e prontos para virarem comida de temulento. Ou, então, eles eram o motivo para a navegafanhoto não poder chegar até aquele ponto.

Naquele local, Amaruro diminuiu a marcha até parar, e seus pupilos o imitaram. De olho no aparelho de mão, o menino africano o ergueu no ar.

– Estamos perto do nosso objetivo.

A seta indicava poucos metros de onde deviam agir. Eles aproveitaram para dar uma olhada no lugar, que parecia mais deserto do que todo o caminho percorrido até ali. Nada de pessoas despedaçadas pelo chão, implorando socorro ou maldizendo a existência, nem grupos de sofredores correndo sem destino certo, mas apenas pedras, areia e rochedos de dois metros de altura.

– O lugar tá muito quieto, né? – murmurou Kosuke, girando sobre si mesmo para visualizar todo o redor.

Amaruro pensou um pouco e expôs uma teoria para explicar aquilo.

– Acho que os macacos devem viver aqui perto, por isso eles espantam as outras pessoas que vivem nas Trevas, mas que não são iguais a eles...

– Pois, é! – replicou o japonês. – Podem ser doentes e sofredores, mas bobos eles não são!

Amaruro guardou o aparelho no cinto do uniforme que era branco antes de eles chegarem ali.

– Vou subir numa dessas pedras para ver melhor a região.

Sem dificuldade, o querubino deu um salto e foi parar no alto do rochedo próximo. Ali ele se agachou e forçou os olhos na escuridão. Adiante havia um vale extenso e cheio de sinais de ocupação humana. Casebres e córregos surgiam de repente no ambiente hostil. Havia outras coisas que Amaruro não reconheceu de longe. Mas o que mais chamou sua atenção foi uma casa grande, escura e alta, semelhante a uma construção abandonada, erguida sobre um morro alto no meio do vale. Parecia um castelo de alvenaria, desgastado e caindo aos pedaços como se uma espécie de chuva ácida o destruísse aos poucos durante centenas de anos.

Amaruro chamou seus pupilos e eles saltaram para cima, descobrindo que já estavam acostumados à gravidade das Trevas.

– Vejam – disse o líder apontando seu achado. – Parece uma vila, ou coisa parecida. As pessoas raptadas estão aí. Não vai ser difícil localizá-las. Vamos agir rápido, todos juntos, sem nos separarmos nem por um segundo.

– Maru – chamou Gabriel apontando para longe –, será que aquela é a casa do Faustus?

O castelo sombrio ficou mais evidente por causa de um raio que estremeceu as nuvens. Os três viram que era uma construção decadente, porém a maior e mais alta que haviam visto até então.

– É bem provável, Gabriel, mas eu não quero descobrir isso... Vamos libertar as pessoas e ir embora mais rápido do que chegamos aqui.

Com cautela e silêncio, os meninos desceram do rochedo e caminharam lentamente pelo vale. Andaram por ruelas estreitas entre os casebres de madeira, cujas janelas davam para ambientes absolutamente escuros, mas que pareciam vazios. O silêncio que fazia ali era diferente das lamentações e gritos de pavor que haviam acompanhado a jornada dos querubinos até aquele ponto. Vento e trovões ocasionais mascaravam os passos leves dos meninos. Às vezes, uma porta rangendo por nada ou uma janela batendo de leve chamava a atenção, mas isso não assustava muito. Depois de alguns passos, notaram que estavam em uma cidade fantasma.

Porém, se no momento estava vazia, não era sempre assim. Amaruro apontou o chão sem dizer nada, indicando pegadas grandes de macacos. Eram marcas de pés com o dedão voltado para o lado e estavam por toda parte.

Kosuke entendeu a mensagem e imitou um macaco pequeno andando com as pernas arqueadas, coçando a cabeça e a barriga.

– Psiu! – fez Amaruro da maneira mais baixa que podia, ordenando que seu aluno parasse com as macaquices. – Se nos pegam aqui...

– O lugar tá vazio – sussurrou o menino japonês para se justificar –, os macacos devem ter ido caçar em outro canto.

– Isso não significa que a gente pode ficar sambando no terreno deles – disse o líder fazendo força para não erguer a voz.

GABRIEL QUERUBIM E OS GUARDIÕES DOS SONHOS | 211

– Mas a gente pode andar com mais tranquilidade, né? Quer ver?

Ao dizer aquilo, Kosuke saiu livremente pela ruela como se estivesse desfilando em uma passarela, cheio de trejeitos, chutando a areia com as botas. Mas sua alegria durou pouco, porque eles ouviram um grito agudo e desesperado que vinha de algum ponto da vila, cortando o ar, ferindo os ouvidos sensíveis das crianças.

Imediatamente, o menino japonês deu meia-volta e passou pelos amigos com pressa, quase indo embora.

– Mas eu acho que vou por ali – ele disse entre os dentes.

Amaruro segurou o amigo pela manga do uniforme e fez o grupo se encostar à parede do casebre ao lado, onde sumiram nas sombras. Esperou um pouco mais para se certificar do que tinha escutado.

– Era o grito de um prisioneiro... – concluiu em voz baixa. – Eles estão próximos.

– Acho que veio daquela direção – falou Gabriel apontando a direita, onde a rua fazia uma curva pronunciada.

Com um movimento rápido da mão, o líder chamou sua equipe para a ação. Os três andaram como ratos pelos cantos, velozes e cautelosos.

✳✳✳

Quase nas pontas dos pés, os querubinos chegaram a uma espécie de praça meio grande. Ladeada por casebres por todos os lados, era um terreno plano de terra batida e suja, cheia de lixo amontoado em todos os cantos. Sendo um lugar aberto, Amaruro temeu que estivessem mais expostos ali. Viu que o sinistro castelo de paredes manchadas estava próximo e se erguia sobre o único morro da região como um guardião sombrio a vigiar a vila. Acima de tudo aquilo, o teto de nuvens remexia como um ser vivo doente, com espasmos dolorosos. Raios e trovões percorriam a camada de fumaça, lembrando uma grande fogueira de óleo grosso queimando.

No centro da praça havia um galpão de dimensões consideráveis, maior do que uma quadra, sem janelas e com apenas uma porta. Apesar da aparência mal cuidada, parecia uma construção nova, e era mais alta do que a maioria das moradas daquela vila. Tinha um telhado assimétrico, porém parecia pesado e grosso como uma parede. Do outro lado, algo parecido com uma caixa d'água cilíndrica gigantesca, escura como o breu, apontava para a tempestade no céu.

Amaruro apontou o galpão.

– Estão sentindo?... Os prisioneiros estão lá dentro.

Os dois pupilos se concentraram para perceber as presenças das pessoas raptadas. Gabriel comentou algo que Kosuke também percebia.

– Tenho a impressão de que os macacos não estão aqui, Maru... Mas, não sei por que não estou tranquilo. Parece que a gente tá sendo vigiado.

– Vamos confiar em nossas habilidades, amigos – ponderou o líder. – Temos pessoas a salvar. Vamos fazer isso com sucesso, de um jeito rápido e eficaz. Daqui a pouco a gente vai estar de volta ao castelo Branco.

Dentro daquelas sombras e do ar pesado que os envolvia, os meninos viram o sorriso sincero e estimulante de Amaruro. Ficaram mais confiantes neles mesmos, prontos para a próxima etapa daquela missão.

– Vamos! – exclamou o menino africano, puxando seus alunos a uma corrida rápida e rasteira pela parte aberta da praça, onde eles quase não tocaram o chão com os pés.

Num piscar de olhos estavam em frente da porta alta do galpão. Viram que ela estava fechada por uma corrente, presa por um cadeado que tinha quase o tamanho de um abacate. Inspirado por aquilo, Amaruro se concentrou e transformou aquela psicoforma enferrujada de cadeado em um abacaxi maduro, que arrancou da corrente e deu para Kosuke segurar.

– Toma – ele disse. – Descasca esse.

Fazendo cara de nojo, o menino japonês jogou a fruta longe.

Empurrada pelo líder e por Gabriel, a porta abriu devagar, rangendo sobre os gonzos tortos, deixando ver lá dentro um ambiente complexo, onde muitas coisas estavam acontecendo ao mesmo tempo.

A primeira coisa que os querubinos perceberam foi a voz de alguém falando alto, cujas palavras transpiravam desabafo e raiva. O som era típico de alto-falantes e ecoava nas quatro paredes internas do galpão, fazendo o ar vibrar a cada frase impregnada de emoções fortes, estressantes.

– Os assassinos mataram friamente o casal que dormia tranquilamente em sua casa! – dizia a voz. – A maldade foi tão grande que, depois de matar e assaltar, ainda colocaram fogo em tudo!

Com bastante agilidade, os querubinos entraram e fecharam a porta atrás de si. Tiveram a atenção voltada imediatamente para um aparelho de televisão enorme que ficava em uma das paredes ao lado. Parecia uma máquina feita de sucata e tubos velhos, cuja parte de trás exalava fumaça e gotejava um líquido sujo. A parte da frente era um monitor gigante, semelhante ao de um cinema, que mostrava um repórter engravatado gesticulando e esbravejando para os telespectadores.

– E as autoridades? – ele dizia, vermelho de ódio – Onde estão os responsáveis pela sociedade, que não tomam providências para colocar esses marginais na cadeia?

Um olhar para a plateia daquele programa sinistro revelou o que as crianças já esperavam: eram as pessoas, idosas em sua maioria, que haviam sido raptadas do Mundo Entorpecido. Estavam todas presas sobre macas de ferro, amarradas com cordas ou arames, e a inclinação daquelas camas desconfortáveis era suficiente para deixá-los quase de pé, mas todos de frente para a televisão. Os prisioneiros olhavam para ela com olhos esbugalhados e lacrimejantes, como que hipnotizados, alheios à própria situação deplorável.

– Pena de morte! – continuava o repórter aos gritos – É nessas horas que eu acho que nossa nação deveria ter a pena de morte! Só assim para acabar com esses marginais que destroem as vidas de nós, cidadãos de bem!

Quando se acostumaram à claridade do ambiente estranho, as crianças perceberam a parte mais medonha: influenciados pelo que viam na TV, os raptados emitiam pensamentos que imediatamente se transformavam em temulentos.

As formas psíquicas obscuras surgiam como criaturas agitadas, cheias de espinhos, ou então com tentáculos e vertendo visgo pelas bocas, que repetiam as palavras do re-pórter. Alguns temulentos chegavam a lutar entre si, no ar ou no chão em que se arrastavam. Outros lembravam ar-mas e bombas que giravam no ar e eram usadas por aque-les temulentos que aparentavam mais consciência, todos guiados pelas cabeças atormentadas dos prisioneiros.

– Porque bandido tem mais é que morrer mesmo! – es-bravejou o respeitável homem da televisão, com seu terno bem colocado e o cabelo cheio de gel.

Como se não bastasse o espanto que havia tomado os querubinos, eles viram que outro aparelho grande ficava no teto do galpão, parecido com uma tromba artificial de elefante, composta por tubos e cabos que se moviam de maneira quase inteligente pelo ambiente. Essa máquina era responsável por coletar os temulentos que os prisionei-ros geravam, e funcionava como um aspirador de pó.

As psicoformas atormentadas eram sugadas pela aber-tura do tubo e levadas a algum coletor que não ficava ali.

Muito provavelmente era a caixa d'água preta que ficava ao lado do galpão, onde os temulentos que alimentavam os macacos ficavam armazenados.

– Que bizarro! – exclamou Gabriel ao ver as criaturas esbravejantes serem sorvidas pela tromba de metal.

– Estão cultivando temulentos de pessoas que vivem no Mundo Entorpecido – disse Amaruro para si mesmo.

Kosuke analisou a situação.

– É por causa desse programa de televisão, né?... Como ele é horrível! Em que parte das Trevas será que é feito?

– Trevas? – repetiu o líder. – Essa televisão está passando um programa comum do Mundo Entorpecido, Kosu.

E o repórter não parava.

– Menina de doze anos mata a própria colega de classe, em escola da periferia. Usou a arma do pai e disse que fez aquilo porque a colega era exibida. Vejam as imagens!

Kosuke arregalou os olhos.

– Como diria o Gabriel: bizarro!

Amaruro apontou a televisão e disse com uma ponta de indignação:

– Esta é uma das maiores produtoras de temulentos da Terra!... Vamos começar nosso salvamento acabando com ela!

Agitados pela necessidade do dever, as crianças foram até a frente do aparelho. Os pupilos ficaram se perguntando como fazer aquilo. Amaruro respondeu com ação. Esticou os braços e fez a imagem da tela tremer com chuviscos e clarões. Ela ficou distorcida, a voz do repórter cada vez mais longe, até que tudo foi substituído pela imagem mental criada pelo querubino: um jardim de tulipas brancas e amarelas em um campo ensolarado, repleto de borboletas e outros insetos polinizadores. O som da voz impertinente foi trocado pela brisa agitando as folhagens. A luz de sirenes de viaturas policiais e refletores desapareceram para dar lugar ao céu azulado, brilhante.

– Pronto – ele disse quando terminou. – Agora os prisioneiros.

Os três avançaram dividindo-se entre a centena de macas que preenchiam o galpão. Tentaram desfazer os nós das cordas ou soltar os arames duros que apertavam os doentes, mas não conseguiram.

Gabriel notou que a produção de temulentos havia parado, talvez por causa da nova imagem que atingia os cérebros dos raptados. A tromba coletora gigante que pendia do teto parou de funcionar, sem saber o que fazer. As pessoas, porém, ainda tinham o olhar perdido na televisão e não respondiam a outros estímulos, a não ser por gemidos ou lamentações ocasionais de dor.

Com toda a sua experiência, Amaruro conseguia transformar algumas cordas em matéria tão frágil quanto gravetos, e pôde retirá-las com facilidade. Porém, para seu espanto, quando ele desfazia uma amarra, surgia outra em outro lugar do corpo do prisioneiro, o que mantinha as pessoas continuamente presas às macas.

Kosuke teve a mesma dificuldade e, expressando o que seus amigos estavam pensando, disse:

– Isso não está funcionando! Parece que essas coisas têm vida própria!

– Essas cordas e correntes são criações dos próprios prisioneiros... Eles estão hipnotizados. Estão com a ideia fixa neste cativeiro – concluiu Amaruro.

De imediato, as crianças perceberam que seria inútil simplesmente sublimar as amarras, porém era imprescindível acabar com elas, ou a missão falharia. Amaruro ficou pensativo... tentou encontrar uma solução para o problema mais difícil até o momento. Não sabia o que fazer com tantas pessoas na mesma condição de hipnose. Se fossem apenas uma ou duas, talvez pudessem levá-las dali com maca e tudo, mas o galpão estava cheio com uma centena de raptados e nenhum deles estava consciente.

Amaruro ergueu a cabeça depois de refletir profundamente.

– Amigos, eu não sei o que fazer...

Gabriel passou a mão na frente dos olhos esbugalhados de uma senhora; ela nem piscou. Kosuke, por sua vez, estava inquieto e agitado com suas sensações, porque sentia que alguma coisa estava errada naquilo tudo. Olhava com ansiedade crescente as pessoas paralisadas nas macas.

O menino japonês transpareceu seu estado de espírito e chamou a atenção dos amigos.

– Fui eu que dei a ideia de a gente vir pra cá. A responsabilidade é minha...

– Kosuke! – chamou o menino africano. – Eu sou o líder desta equipe. Portanto, eu sou responsável por tudo o que acontecer aqui. Se a gente não puder salvar estas pessoas, pelo menos fizemos tudo o que estava ao nosso alcance.

– Não é isso, Maru! – respondeu ele – Estou querendo dizer que dei a ideia de virmos pra cá porque eu sei que posso ajudar estas pessoas!... Eu não sei como explicar isso, mas desde o começo, quando a senhora Átemis conversou com a gente, eu senti que podia!... E esta sensação é muito maior agora!

Amaruro olhou seu pupilo com cara de susto. Nunca havia ouvido um querubino falar daquele jeito. A confiança daquelas palavras era tão intensa, que ele foi contagiado por ela.

– Tá bom! – ele disse. – Então faça o que você acredita que pode fazer.

Kosuke ficou meditativo e com cara de "e agora?" porque sabia que podia, mas não tinha muita ideia de como podia.

Gabriel e Amaruro se afastaram das macas para ver o que aconteceria. Assistiram ao amigo caminhar até a frente do enorme aparelho de televisão que continuava mostrando flores. Ali ele parou e apreciou toda a extensão do galpão sinistro. Os olhos dos prisioneiros estavam voltados para a sua direção, mas se perdiam na claridade da tela, ignorando a presença dos querubinos.

Guardando a autoconfiança, Kosuke se sentou no chão em posição de lótus e concentrou-se com muita facilidade. Em breves momentos começou a flutuar e manteve a posição inicial, subindo até ficar na altura dos olhos das pessoas presas. Era como se um tapete invisível o erguesse no ar. Sua respiração ficou lenta, profunda, e o menino limpou a mente de dúvidas desnecessárias. Não procurou respostas ou caminhos, mas foi uma inspiração que penetrou seus pensamentos como se viesse de regiões de luz, sem que precisasse pedir por ela ou interferir em sua chegada.

Abriu os olhos quando teve a certeza de como agir e viu a verdade por trás dos doentes que se mantinham num estado hipnótico de inatividade. Todos eles estavam acamados no Mundo Entorpecido. Haviam entrado em coma quando os trevosos arrastaram seus corpos próprios do Mundo Real até as regiões profundas das Trevas. Além disso, havia outra característica comum entre eles: a maior parte do sofrimento que acompanhava seu estado de saúde deficiente havia sido desejada pelas próprias pessoas, e apenas por isso haviam permitido inconscientemente que os macacos-humanos os raptassem. Também por isso haviam sido facilmente hipnotizados por Faustus. Agora arcavam com as consequências de seus próprios desejos de doença e autodepreciação. Em resumo, Kosuke percebeu que os prisioneiros eram vítimas de si mesmos.

Apesar de parecerem alheios ao mundo que os rodeava, estavam na região onde os pensamentos dominavam a matéria, por isso o menino japonês sabia que eles ouviriam suas palavras por mais catatônicos que estivessem. Foi assim que colocou muita energia na voz que reverberou por todo o galpão.

– Amigos de jornada na Terra! É bem verdade que somos incompreendidos por aqueles que nos cercam. Muitas vezes, somos odiados por quem mais amamos. E tudo isso nos coloca em estado de fragilidade, porque queremos retribuição pelos nossos sentimentos, buscando com doença e com sofrimento ganhar a compaixão, a fim de que todos sintam pena de nossos estados debilitados.

Amaruro e Gabriel ficaram espantados com aquelas palavras que não entendiam o significado, porque Kosuke falava como se conhecesse o íntimo dos prisioneiros. E se assombraram ainda mais ao notarem que as pessoas reagiam ao que o amigo dizia. Com espasmos no rosto e movimentos da boca, cada um deles aparentava ter sido tocado pelas ideias do menino japonês.

E Kosuke não parava.

– Mas chegou a hora de tomarmos consciência de que a única e verdadeira felicidade é aquela que existe dentro de nós mesmos, a qual apenas nós podemos modificar, e que tem como única dona nossa própria vontade. Porque ninguém vai nos amar mais se nós não nos amarmos. Nenhuma pessoa vai gostar mais de nós se nos fizermos de coitados, de infelizes que buscam na doença uma muleta para o ego.

Alguns prisioneiros começaram a piscar os olhos e a fixá-los nas coisas ao seu redor, como se acabassem de acordar de um sono profundo e doloroso após longa noite de pesadelos. A voz forte de Kosuke, carregada com seu sotaque japonês, lembrava a de um pequeno samurai falando aos seus discípulos.

– Basta de desejar a doença como forma de chamar a atenção! Basta de sofrimento que tem como único retorno mais dores! É hora de nos libertarmos dessas amarras de sentimentalismo doentio, lembrando que temos um gerador de força infinito em nossas mentes, esperando apenas um comando decisivo para nos levar a regiões de contentamento e alegria intermináveis!

Kosuke saiu da posição de lótus e ficou flutuando em pé no ar, onde tomou fôlego para lançar uma ordem final, forte, retumbante.

– Acordem para a vida!

Entre gemidos e soluços de choro intermináveis, todos os prisioneiros se libertaram das correntes que os prendiam às macas. Seus corpos ganharam cor novamente, como que acesos por uma chama que começava a arder em seus peitos. Estavam confusos e atordoados com a situação que não entendiam. O ambiente trevoso, com seu ar pesado e sujo, repentinamente causou impacto naquelas pessoas. O susto teve nelas um efeito benéfico, porque seus corpos subiram em direção ao céu, desaparecendo e atravessando o teto do galpão em formas que mais lembravam faíscas efêmeras. Um a um ou em grupos, todos eles desapareceram daquela cela sombria, restando apenas as macas vazias e a imensa tromba imóvel no teto.

– Pra onde eles foram? – perguntou Gabriel com a cabeça fervendo de tantas perguntas que queria fazer.

– Despertaram! – disse Amaruro, olhando seu pupilo japonês com espanto sincero no rosto. Não sabia se exultava de felicidade ou se dava vazão à tremenda impressão que Kosuke havia causado nele. – Caramba! Você anulou a hipnose dos raptados! Eles acordaram do coma! Como você fez isso?

O menino voltou ao chão e passou a mão pelos longos cabelos, como para se livrar da eletricidade estática que os impregnava. Percebendo-se do que havia ocorrido, Kosuke riu de si mesmo.

– Sinceridade?... Eu não sei!

– Kosu, eu nunca vi um querubino fazer isso! – disse o líder no mesmo tom, se acercando do aluno e libertando seu sorriso inigualável, quase explodindo de felicidade. – Como você sabia aquelas coisas de "muleta para o ego" e "gerador de força infinito"?

O menino se dobrou sobre a própria barriga de tanto rir. Entre uma gargalhada e outra, tudo o que conseguiu dizer foi:

– Eu não sei, Maru-san!

Gabriel também se achegou e colocou a mão no ombro do colega.

– Parecia que você conhecia a história de todos eles! – falou o menino brasileiro, cheio de alegria também.

Kosuke respirou fundo e segurou a felicidade o quanto pôde.

– Mas eu sabia mesmo!... Não sei como, mas tive a impressão de que alguém me disse aquelas coisas. Lembrei da senhora Átemis... Imaginei como ela faria a coisa, porque ela sempre fala muito bonito, né?... E deu no que deu, oras!

Amaruro puxou seu aluno para si e deu um longo e apertado abraço de agradecimento. Estava profundamente emocionado porque não imaginava que a missão fosse terminar com um sucesso tão grande.

– Valeu, amigo! Você salvou aquelas pessoas!

– Ah, 'pára' com isso, Maru! Daqui a pouco a gente tá se dando beijinho no rosto, igual às meninas!... Argh! Já pensou se o Pavel descobre?

Os três riram alto. Kosuke, cheio de energia como se estivesse ainda elétrico, saiu da frente da televisão gigante andando rápido.

– 'Vambóra' daqui! Eu quero voltar logo pro castelo Branco e depois vou pra minha casa no Entorpecido. Algo me diz que amanhã tenho prova de matemática.

Gabriel e Amaruro acompanharam o passo rápido do querubino, lembrando-se de repente de que ainda teriam que correr todo o caminho de volta até o ponto de contato com a nave-gafanhoto.

– Tem razão – disse o líder da equipe. – Vamos embora o mais rápido possível!

Kosuke pegou a maçaneta da porta e virou-se para trás.
– Agora que a gente já sabe o caminho, é só correr como um trem-bala!

O menino puxou a porta e descortinou lá fora uma situação que todos eles esperavam que não acontecesse.

A praça estava tomada por macacos-humanos que esperavam a saída dos querubinos intrometidos.

Seus olhos vermelhos, injetados de sangue e ódio, apontavam para a porta que havia acabado de abrir. O macaco que estava mais perto segurava um abacaxi na mão. Rosnando com raiva, esmagou-o com facilidade, como se quebrasse um ovo.

Os outros quatrocentos trevosos que cercavam o galpão também mostraram os dentes pontiagudos, e não foi para sorrir para as crianças.

Kosuke bateu a porta com força e virou-se para os amigos.
– A gente tá cercado!
– Recuem! – ordenou Amaruro, saltando para trás já com os pés flutuando no ar, o corpo arrepiado e a hiperconsciência instantaneamente aguçada diante do perigo.

Os dois alunos adotaram postura de combate e tiraram os pés do piso frio e sujo. A única coisa que podiam fazer naquele momento era se afastar da porta. Então, voaram para o meio do galpão. Foram acompanhados pelo líder, mas ele usou sua mente para construir uma tranca de ferro pesada e maciça na tentativa de lacrar a única entrada. Assim estariam seguros por alguns momentos, porém sabiam que permaneceriam presos.

Colocaram-se no meio das macas sabendo que se todos aqueles macacos entrassem ali, não teriam a menor chance de fugir. Precisavam de uma boa ideia ou uma rota de fuga eficiente, mas a construção não tinha janelas.

A porta de entrada tremeu com um estrondo forte como uma bomba, o que fez a tranca de Amaruro ceder. Mais uma pancada daquela e o lugar seria invadido.

Completamente tomado pela necessidade de sobreviver, o líder olhou para o alto e viu a tromba coletora de temulentos. Ela era grande o suficiente para permitir a passagem de querubinos. Seu dedo apontou aquela possibilidade, e seu pensamento, rápido como a luz, atingiu as mentes dos amigos como um trovão.

– Por ali! – ele ordenou.

A porta de entrada foi arrancada da parede e voou para dentro do galpão como uma folha de papel arrastada pelo vento, retorcida com a força da pancada. Surgiram incontáveis criaturas peludas e raivosas pela abertura formada. Elas jorraram para dentro, enchendo o ambiente com seus gritos e olhares assustadores.

Procuraram as crianças pelos cantos. Tudo o que viram foi uma bota branca sumir dentro da tromba sugadora que era agitada no teto.

Dentro dela, Kosuke era o primeiro a se esgueirar pelo tubo escuro e apertado. Gabriel vinha logo atrás e Amaruro era o último. Estavam subindo o mais rápido que podiam naquelas condições desfavoráveis, o que foi lento demais, porque sentiram a tromba ser puxada, socada e rasgada pelas garras fortes dos macacos-humanos. Por estar mais embaixo, o menino africano foi o que mais sofreu, sacudido de um lado para o outro como se estivesse preso dentro de um cobertor agitado no ar.

Gabriel já estava em um ponto acima do teto do galpão, por isso não sentia as pancadas.

– Maru! – ele gritou ao ver o desespero do amigo. – Segura a minha mão!

Esticando-se como podia, o líder ergueu os braços e deixou Gabriel pegar um deles, sendo depois puxado para a região mais sólida. Teve medo que os trevosos entrassem pela tromba também, mas eram grandes demais para isso.

– Não parem! – ele disse. – Eu 'tô' bem!

Kosuke foi adiante e avançou por um túnel comprido e firme, no fim do qual havia uma abertura de um lado e uma máquina aspiradora do outro, que estava desligada por falta de temulentos a sugar. Mas a disposição do caminho facilitava o fluxo naquela direção, por isso o menino japonês escorregou para dentro de um ambiente construído como reservatório de temulentos. Ali ele caiu sentado em uma montanha de coisas pastosas, meladas, sujas, asquerosas que se mexiam como ostras ou insetos do tamanho de gatos. O lugar fedia, e das paredes internas escorria uma lama escura e borbulhenta.

Gabriel viu quando o amigo escorregou na abertura do fim do túnel.

– Kosu, onde você foi?

Alguns tentáculos tentavam se enrolar nas pernas do menino japonês, enquanto um temulento de oito patas subia por seus cabelos compridos. Mesmo assim, ele respondeu:

– Gabriel, quando você chegar aqui, pense que é melhor do que encarar os macacos!

– Ele está no reservatório de temulentos – disse Amaruro. – É a nossa única chance de escapar.

Os dois se arrastaram e caíram pela abertura também, mas foram mais espertos que Kosuke e flutuaram antes de atingir a montanha de psicoformas perturbadas em ebulição. Não sabiam qual era a profundidade daquela piscina de pensamentos doentios, mas faltavam apenas cinco metros para alcançar o teto do reator, que tinha mais de vinte de altura.

Abaixo deles, o menino japonês voava em círculos e esperneava na tentativa de se livrar de um temulento em forma de besouro que se prendia em seus cabelos compridos.

– Solta! – ele gritava. – Solta daí, bicho esquisito!

Amaruro foi ao seu socorro e transformou a pequena criatura, que apenas parecia ser viva, em uma presilha colorida que lembrava uma borboleta. Quando se deu conta do que havia acontecido, Kosuke estranhou aquela sublimação, tirou o acessório feminino dos cabelos e olhou torto para seu professor.

– Ficou a sua cara – explicou Amaruro.

Kosuke deu um sorriso amarelo por brincadeira e jogou a presilha no monte de temulentos logo abaixo.

– A gente vai ter que sublimar tudo isso? – perguntou Gabriel ao observar, preocupado, a quantidade interminável de psicoformas.

– Não – disse o menino africano. – Precisamos fugir, e eu espero fazer isso sem ter de enfrentar temulentos. Já bastam os trevosos lá fora.

Como a parte inferior estava tomada pela sujeira psíquica, a única opção parecia ser por cima, onde havia uma escotilha que parecia pesada e maciça. Amaruro voou até lá e tocou a maçaneta daquela saída. Sentiu que o ambiente do outro lado estava livre porque os macacos continuavam no chão, ao redor e dentro do galpão. Depois se concentrou para destravar a escotilha e tornar mais leve o giro da maçaneta, porque obviamente havia sido fechada por mãos fortes.

– Preciso de ajuda aqui – ele pediu.

Seus pupilos flutuaram até a pesada peça de ferro.

Fizeram força e a escotilha abriu para fora, deixando escapar o ar amarelado que infectava o ambiente do reservatório. Os três saíram ao mesmo tempo e se viram no alto da torre cilíndrica que lembrava uma imensa caixa d'água. Acima deles estava de novo o teto de nuvens escuras e reboliças, e abaixo havia a vila de casebres tortos que era a morada dos macacos nas Trevas. Seus habitantes cercavam o galpão, furiosos e barulhentos. Os querubinos puderam avaliar que eram realmente muitos e, por sorte, ainda não haviam visto as crianças lá no alto.

Amaruro correu para o outro extremo do topo do reservatório e viu que havia uma rota de fuga possível. Teriam de pular e saltar sobre os telhados das moradias mais baixas, rápidos o bastante para não serem vistos.

– Vejam – ele disse, em voz baixa. – Vamos pular de casa em casa até deixarmos a vila. Depois a gente faz o contorno e volta para o ponto de encontro com a navegafanhoto... Vamos perder tempo porque estaremos indo à direção oposta, mas eles nem vão perceber.

– Será que a gente não consegue voar pra fora da vila de uma vez? – perguntou Gabriel, no mesmo tom cauteloso.

Amaruro considerou a possibilidade.

– Não vamos conseguir voar grandes distâncias aqui, nas Trevas. Já estou achando muito pular dessa altura... Vamos ficar juntos o tempo todo e deixar esses infelizes para trás... Prontos?

Os dois fizeram que sim com as cabeças e acompanharam o líder no salto até o telhado mais próximo da praça.

Quando estavam no meio do caminho, se assustaram com uma voz esganiçada que percorreu toda a região.

– Eles tão fugindo! Ali! Ali! Eles tão pulando do alambique! Pro outro lado! Ali!

Pegos de surpresa, os querubinos notaram que havia uma criança em uma das janelas do castelo escuro que ficava no centro da vila. Ela estava vigiando todos os movimentos dos querubinos desde sua chegada. Provavelmente havia chamado os macacos-humanos e era a responsável por toda aquela confusão. Gabriel ficou assombrado com aquilo, pois o menino devia ter a sua idade. Devia trabalhar para Faustus naquele ambiente primitivo e degenerado.

Descobertos, os três chegaram sem leveza sobre o telhado de uma das casas pequenas, diferentemente do que podiam fazer em regiões menos obstruídas do Mundo Real, e sentiram o impacto nas pernas de criança.

Como não tinham tempo para lamentações ou para sentir dor, avaliaram a nova situação e descobriram que os trevosos estavam se reorganizando ao redor do galpão para persegui-los. Muitos dedos peludos e acusadores apontaram para os querubinos. Os gritos horríveis das criaturas ecoaram por aquela região das Trevas.

– Adiante! – ordenou Amaruro chamando seus pupilos ao próximo salto.

Enquanto pulavam de um telhado para o outro como gatos, ouviram a voz da criança incitar insistentemente os macacos.

– Por ali! Eles tão indo por ali!

Guiados pela necessidade de sobrevivência, os meninos corriam velozes. Pulavam com agilidade sobre as moradas dos trevosos. Sabiam que estavam sendo seguidos. Gabriel olhou para trás apenas uma vez, notando que os quatrocentos macacos invadiam as vielas como uma enxurrada pronta para engoli-los. Mas, dificilmente conseguiriam, porque ele notou que eram mais rápidos que os símios.

Assim que voltou sua atenção para o caminho, o menino brasileiro percebeu que não estava com medo, mas sentia pena daquelas pessoas transformadas em animais. Uma piedade profunda e intensa tomou conta dele, porém Gabriel continuou correndo em silêncio, ouvindo seus próprios passos quebrando as telhas, uma após outra.

As casas acabaram de repente na beira de um barranco, e os querubinos saltaram para subi-lo. Tinham de correr no terreno irregular e cheio de rochedos, por isso perdiam tempo pulando pedras, desviando de buracos. Suas botas deixavam marcas fundas na areia preta das Trevas. Avançaram a ponto de não poderem mais ouvir os gritos alucinados da criança no castelo sombrio.

Kosuke fazia os cabelos esvoaçarem atrás de si, e Amaruro consultava o aparelho sinalizador para saber se estavam no caminho certo. Ao olhar para ele, descobriu o que já sabia: teriam de dar meia volta para localizar o ponto de resgate da nave-gafanhoto. Não adiantaria querer que ela os resgatasse, porque a região era tão perigosa, que o veículo dificilmente chegaria inteiro. A única saída para aquela situação era correr em uma curva bastante aberta para desviar dos trevosos e voltar ao ponto de partida. E foi o que o líder fez, guiando seus pupilos ligeiramente para o lado.

Incansáveis, os meninos percorreram vários quilômetros de terreno desértico e pedregoso, mergulhados no ar poluído e denso daquele ambiente infectado por pensamentos deprimentes. Atrás deles vinham os macacos-humanos, igualmente infatigáveis, levantando poeira como uma manada de criaturas ferozes e decididas a parar apenas quando vingassem a libertação de seus prisioneiros. Estavam longe e não eram mais rápidos do que os querubinos, no entanto pareciam dispostos a continuar a perseguição até o Mundo Entorpecido, se fosse preciso.

Amaruro consultou o aparelho mais uma vez e viu que seu plano havia funcionado: estavam rumando na direção certa, apesar da distância enorme que ainda tinham pela frente. Olhou para trás e viu a nuvem escura de trevosos saltando de rocha em rocha lá longe, por isso suspirou aliviado, porque era pouco provável que alguma coisa mudasse naquela situação.

Mas pouco provável não era impossível, e a mudança veio de onde ele menos poderia esperar.

Gabriel se perdeu em seus próprios pensamentos enquanto corria. Sentiu que alguma coisa muito forte e profunda o incomodava com aquela situação. Acima dele um paredão de nuvens escuras recobria um céu que também devia ser azul, ele pensou, e aquele vale de sombras e de morte ao seu redor pareceu, por um instante, um grande hospital esquecido no meio do nada, cheio de pessoas doentes que precisavam de ajuda. E as pessoas transformadas em símios por uma mente enlouquecida, todas sofredoras, de repente não inspiravam medo, mas piedade.

Quase sem perceber, o menino brasileiro diminuiu a velocidade da corrida e deixou seus dois amigos avançarem. Seus pés passaram da corrida para a caminhada e, quando deu por si, estava parado no meio do deserto.

Kosuke e Amaruro fugiam com velocidade incrível. Adiante deles havia uma grande elevação, um barranco alto e íngreme que subiram com apenas um fôlego. Foi apenas quando chegaram lá em cima que se deram conta de que alguma coisa estava faltando.

O menino japonês foi o primeiro a olhar para trás e descobrir espantado que Gabriel estava parado no caminho, lá embaixo. Amaruro sentiu o que estava acontecendo e ficou congelado no alto do barranco. Girou devagar o corpo; seus olhos cruzaram os de Gabriel. Ele sem entender nada; o pupilo com um grande ponto de interrogação no rosto.

Lá de cima, os dois viram no horizonte a manada de macacos-humanos chegando.

– Gabriel! – gritou Amaruro a plenos pulmões, saindo do estado de letargia com uma explosão de inconformismo. – O que você está fazendo?

Mas o menino não estava ouvindo. Sua mente estava longe e corria junto dos trevosos, sentindo que debaixo da raiva deles havia medo e desespero. Por isso, virou-se. Viu aquelas pessoas vindo em sua direção, prontas para dilacerarem sua carne, mas ainda distantes dali.

Dentro de sua cabeça ele viu a senhora Átemis, bela, resplandecente, no meio de um lago de luz. Ela tinha a expressão séria e tranquila, mas sua voz soou nítida na lembrança do menino.

– Voe, Gabriel!

Perante aquela ordem, ele firmou os pés no chão e cerrou os punhos. Estava de volta às Trevas e sentiu o ar bater em seus cachos, o frio do ambiente e o chão vibrando com a marcha implacável dos trevosos. Seus amigos em desespero gritavam do alto do barranco.

– Vamos embora, Gabriel! – suplicava Amaruro quase descendo para arrastar o amigo paralisado.

Mas o menino estava completamente consciente do universo ao seu redor. Todas as respostas que ele precisava para as perguntas que nem sabia que deveriam ser feitas vieram até ele. Seus olhos buscaram os do amigo mais uma vez.

– Não, Amaruro... Aquelas pessoas estão doentes, e nós temos que salvá-las... Eu sinto que devo fazer isso, porque foi por esta razão que me tornei querubino... Eu sei que posso fazê-lo!

Kosuke ficou ainda mais espantado. Sabia o que o amigo estava falando. Sentia o mesmo dentro de si. Mas o líder da equipe levou as mãos à cabeça, no auge do desespero. Sua voz deixou transparecer indignação e pavor.

– Gabriel, se você ficar parado aí, aqueles trevosos vão estraçalhar você!

O menino brasileiro sorriu e balançou a cabeça, concordando com o que seu professor estava dizendo.

– Você tem razão, Amaruro. Eu posso morrer aqui e despertar no Mundo Entorpecido sabendo que nunca mais voltarei ao castelo Branco, mas eu também vou ter a certeza de que me esforcei ao máximo para ajudar as pessoas necessitadas que cruzaram meu caminho!

Amaruro tomou um choque. Sua boca pronta para gritar uma ordem se calou, ainda aberta. Não podia existir um argumento para rebater o que seu pupilo dizia. Ao tomar consciência daquilo, sentiu uma onda de energia diferente percorrer o ar. Ela vinha do menino lá embaixo.

Gabriel sabia que estava sendo entendido.

– Seus dois alunos que morreram nas Trevas deviam ter este mesmo sentimento no coração, porque eles deram suas vidas para ajudar outra pessoa.

– Gabriel... – murmurou Amaruro bem baixinho, e as lágrimas encheram seus olhos.

– Seus amigos sabiam que seria a última missão deles, mas mesmo assim insistiram em que você sublimasse os 281 temulentos de uma vez. Fizeram isso em nome do que acreditavam ser o correto. Você pode ter certeza de que hoje são crianças felizes em alguma parte da Terra, porque deram o máximo de si e venceram em suas missões!

Kosuke viu o rosto de Amaruro pingar com o choro que começava a escorrer. O menino africano estava tocado até o mais profundo do seu ser pelas palavras do amigo.

Ao longe, os macacos-humanos chegavam cada vez mais perto.

Gabriel ergueu uma mão no ar e indagou com voz forte:

– O que importam nossas vidas como querubinos? Será que elas são mais importantes do que nossa necessidade de ajudar as pessoas?... O que importa se nós três terminarmos nossas carreiras hoje, aqui nas Trevas, se voltarmos para o Entorpecido sabendo que lutamos até o fim para livrar algumas pessoas das sombras?

Amaruro também cerrou os pequenos punhos e tomou sua decisão. Viu os trevosos a menos de duzentos metros de Gabriel, e a coragem impregnou seu coração de querubino. Uma energia que não sentia há muito tempo iluminou seu peito, e ele saltou.

Suas pernas o levaram muito alto no céu, onde ele girou o corpo com leveza e agilidade, deixando pelo caminho as lágrimas, como pequenos diamantes levados pelo vento. Quando pousou ao lado de Gabriel, o chão tremeu. Uma nuvem de poeira foi levantada por seus pés.

Seus olhos grandes e brilhantes encaravam os trevosos que se aproximavam.

Kosuke veio logo atrás; também ergueu o pó do chão do outro lado do amigo brasileiro depois de cruzar o ar.

– Gabriel! – disse Amaruro cheio de vitalidade. – Eu não sei o que você vai fazer, mas vou com você até o fim!

– Eu, também! – bradou Kosuke. – E se tudo acabar aqui, vou estar satisfeito por ter plantado uma semente de esperança nas Trevas!

Emocionado com aquilo, Gabriel esticou as mãos na direção das pessoas hipnotizadas que corriam até eles, preparando-se.

O ambiente ao redor dos querubinos começou a brilhar. Ficou iluminado por uma claridade que partia deles mesmos, como um único foco de luz no meio da escuridão.

Os quatrocentos trevosos não conseguiram chegar perto daquela força. Contornaram as crianças e se mantiveram a uma distância segura para eles, cercando-as. Em poucos segundos, formaram uma barreira de ódio e vingança a circular os meninos, que tinham como única rota de fuga possível o céu acima deles.

Mas as crianças não queriam fugir. Estavam cercadas por trevosos peludos, barulhentos, perigosos, que só não chegavam mais perto porque estavam com medo da luz que vinha daqueles querubinos.

Os três formaram um círculo e ficaram voltados para fora, dando as costas um para o outro, preparados para qualquer coisa que acontecesse ali. Gabriel brilhava como uma lâmpada.

– A gente não pode mudar as pessoas... Mas a gente pode fazer elas se lembrarem de um tempo especial em que tudo era tão simples, que não havia Trevas.

Amaruro e Kosuke ouviram com atenção enquanto assistiam ao paredão de macacos agitados que os cercavam.

– Todo mundo já foi criança – continuou Gabriel –, e se a gente não pode mudar as pessoas, pelo menos podemos fazer elas se lembrarem dessa época em suas vidas... Elas vão se lembrar de que não tinham preocupações, nem raiva, nem culpa, e vão voltar a ser o que eram antes de serem transformadas.

– Estamos ouvindo, Gabriel! – disse Amaruro. – Vamos te ajudar!

Gabriel não sabia explicar como aquilo estava acontecendo, mas viu em seus pensamentos a infância de todos aqueles infelizes que os cercavam. Sabia o que estava escondido nas lembranças de cada um. Seus momentos felizes na Terra e aqueles que emocionavam, todos vividos junto às suas famílias. Era como uma expansão da hiperconsciência. Teve a impressão de que tudo aquilo acontecia no espaço de sua mente, e de que ele já não era mais apenas um, mas um conjunto.

Essas lembranças ele trouxe de volta a cada pessoa. Fez isso materializando-as, sublimando o que havia de irracional e escuro em memórias resgatadas, da mesma forma que modificava temulentos em *triticum*.

Amaruro viu os trevosos hesitarem e recuaram um passo. Todos eles pareciam pegos de surpresa por um vento diferente que soprava em seus mundos mentais. As caras antes raivosas tornaram-se rostos assombrados. As mãos encrespadas tremeram e relaxaram perante lembranças perdidas no tempo. Em suas mentes eram crianças de novo, e seus joelhos fraquejaram.

Kosuke não sabia explicar como aquilo podia ocorrer, mas quando percebeu que dava resultado, concentrou-se ainda mais em memórias infantis que ele desconhecia. Todas girando no ar.

Gabriel estava tão iluminado que seu uniforme parecia feito de prata em ponto de fusão. Aquela luz engoliu os trevosos numa bola candente. Todos eles estavam presos por sua energia, mergulhados em pensamentos que eles reconheciam como próprios. E o menino brasileiro aumentou sua potência. Respirou fundo e sua voz fez o ar vibrar, dizendo a frase que ecoou na claridade:

– A Luz dissolve as Trevas!

Sacudidos pela onda de choque que partiu dos querubinos, os trevosos modificaram seus corpos. A aparência de símios foi modificada para a de seres humanos comuns, de todas as raças e sexos, todos chorando e assustados como crianças.

Recordavam suas infâncias durante a última passagem pelo Mundo Entorpecido e caíam de joelhos no chão áspero das Trevas, livres da hipnose que os prendia em correntes de culpa e ódio. Vestiam farrapos. Tinham a aparência daqueles que vagavam longas distâncias no mundo em busca de um caminho para viver além da sobrevivência. Olhavam os outros ao redor, sem compreender o que estava se passando. Viam três crianças como um sol numa noite no deserto, aquecendo suas vidas e indicando-lhes o caminho.

A claridade dos querubinos foi diminuindo aos poucos, terminada a missão que antes parecia impossível.

As pessoas libertadas da hipnose perversa de Faustus olhavam os meninos e tombavam suavemente no chão, tomadas por um sono irresistível por causa da quantidade de energia que haviam usada para voltarem a ser humanos na forma e no pensar.

Quando acabou, os meninos estavam cercados por quatrocentas pessoas que dormiam profundamente.

Olharam assustados ao seu redor porque não podiam acreditar no que haviam feito.

Gabriel se deu conta de que seu professor estava olhando para ele com um misto de incredulidade e alegria; ambos sorriram em silêncio. Depois se abraçaram e nada disseram. Amaruro precisaria de muitos anos ainda para agradecer o amigo pelo que havia feito por ele.

– Olha! – disse Kosuke, em voz baixa.

Apontava para o céu e continuou como se falasse para si mesmo.

– Tem alguma coisa nas nuvens...

O teto de fumaça escura e reboliça que encobria as Trevas mostrava alguns pontos claros bem acima dos querubinos, lembrando pontos de luz surgindo de dentro da camada gasosa. Cada vez mais curiosos, os meninos entortaram o pescoço e começaram a contar quantas estrelas nasciam nas nuvens carregadas sobre suas cabeças. Ao redor deles o silêncio era grande. Apesar de saberem que aquele fenômeno tinha alguma coisa a ver com eles, não sentiram medo.

Assim que os pontinhos brilhantes somavam quase duzentos, eles começaram a cair do céu com a velocidade de raios, e materializaram-se ao redor dos meninos, no meio das pessoas adormecidas, na forma de pessoas altas e belas, todas com grandes asas em suas costas. Suas vestes brancas possuíam luz própria. Eram homens e mulheres de longos cabelos, de todas as cores, cujos olhos pareciam pedras preciosas refletindo cores celestiais.

– Arcanjos! – exclamou Amaruro boquiaberto, quase incapaz de acreditar no que seus olhos viam.

As asas que eles tinham nas costas desapareceram com suavidade, o que emprestou aspecto mais humano aos seres em que a evolução havia atingido os mais altos patamares. Mas os meninos tiveram a certeza de que nunca haviam visto, no Mundo Entorpecido ou no Real, pessoas tão belas, jovens e fortes, a não ser a senhora Átemis.

O último a chegar foi um homem de quase dois metros de altura, cujos braços musculosos tinham a pele lisa como plástico. Era da cor do pêssego maduro, bronzeada e brilhante. Estava de costas para as crianças, por isso elas não viram seu rosto. Percebiam uma cabeleira feita de longos cachos castanho-escuros que caíam até abaixo dos ombros. As asas imponentes desapareceram como uma miragem logo depois do seu pouso instantâneo. A um sinal da mão daquele homem, a equipe de arcanjos que o precedeu tomou conta das pessoas adormecidas. Cada um deles tomava um doente em cada braço, preparando-se para partir.

Gabriel reconheceu aquele arcanjo, pois já tinha visto uma imagem dele no castelo Branco: era a estátua majestosa que enfeitava o salão de um dos andares mais baixos. Apesar de estar de costas, só podia ser ele.

E o 'Homem de Deus' sentiu sua pessoa ser atravessada pelo pensamento intenso do menino atrás de si, por isso virou-se devagar e revelou seu rosto de pele perfeita. O nariz era grande e reto, parecido com uma escultura grega. As sobrancelhas eram como traços intensos, profundamente demarcados sobre os olhos de brilho magnético. Em sua boca firme e grossa havia um sorriso misterioso que aumentou, quando seu olhar caiu no do menino brasileiro.

O arcanjo fez sinal de "positivo" com o polegar para Gabriel.

– Bom serviço, xará!

Gabriel respondeu imitando seu gesto com as duas mãos, e seu sorriso foi de uma orelha à outra. Amaruro e Kosuke também riram, iluminados pela presença marcante daquele arcanjo multissecular.

Os outros enviados começaram a subir rumo ao céu. Levaram com eles as pessoas que foram libertadas das garras do hipnotismo doentio pela coragem e força dos três querubinos.

Aproveitando que sua cabeça estava fervendo de dúvidas, Gabriel teve a ousadia de aproximar-se mais um passo do arcanjo Gabriel.

– Tio, pra onde vocês vão levar essas pessoas?

O Homem de Deus respondeu com voz firme e serena.

– Eles vão voltar a nascer na Terra.

– Mas será que eles vão ficar completamente curados, tio Gabriel?

– Certamente, mas o tempo que vão levar para isso vai depender do esforço deles mesmos. Deram um grande passo hoje, ajudados por vocês, mas a caminhada, amiguinho, é infinita.

– E o Faustus? Vocês não podem levar ele também?

– Faustus tem a mente tão atormentada pela cegueira do orgulho e do egoísmo, que precisa permanecer mais tempo neste vale de dor para aprender a dar valor ao amor.

– Tio, como alguém pode dar valor ao amor num lugar como este?

Sem perder a paciência por causa de tantas perguntas que já teriam feito um adulto arrancar os próprios cabelos, Gabriel respondeu.

– As Trevas são a água que as pessoas sujam durante suas passagens pela vida na Terra. Ao chegarem aqui, são obrigadas a beber dessa água, e se ressentem dela até o ponto em que decidem não produzir mais sujeira.

– Entendi... – fez o menino dando a impressão que não tinha mais questões, mas estava apenas ganhando tempo para colocar outras em ordem.

Os arcanjos estavam subindo com as pessoas nos braços e desapareciam nas nuvens escuras, onde se transformavam em luz de novo.

Nas costas largas de Gabriel ressurgiram as asas grandes e majestosas, porque ele estava pronto para retornar para o lugar de onde havia vindo. Antes, porém, seus olhos tranquilos procuraram o líder Amaruro.

– Recomendo que vocês partam imediatamente. Desejo que o melhor aconteça na jornada de vocês, lembrando que todos nós servimos ao mesmo Mestre.

– Obrigado – disse, respeitoso, o menino africano, sem poder esconder sua felicidade.

Kosuke também agradeceu, mas Gabriel interrompeu a partida do Homem de Deus com sua última questão.

– Tio, como é o mundo dos arcanjos?

O Gabriel arcanjo deu um sorriso misterioso, mostrando seus dentes perfeitos e brancos como a luz da lua. Não respondeu. Apenas lançou um olhar significativo para o menino, abriu suas asas e se elevou ao céu com a velocidade de uma faísca que mergulhou nas nuvens.

Kosuke foi até o amigo brasileiro e colocou a mão em seu ombro.

– Xi, Gabriel! Você encheu o cara com suas perguntas...

Coçando os cachos, o menino deu uma desculpa para si mesmo.

– Não é, não!... É que ele deve estar com pressa... Os arcanjos são pessoas ocupadas.

Apesar da descontração, Amaruro lembrou que estavam ainda nas Trevas. O ambiente ao redor deles era árido, frio e inóspito. Além disso, tinham uma caminhada longa pela frente, e esta poderia ser tão perigosa quando a vinda até aquele ponto.

– Amigos, vamos embora pra casa – ele disse, juntando-se aos outros e consultando o aparelho que indicava a direção a seguir. – Já vivemos emoções suficientes para uma vida inteira, por hoje.

Mas Amaruro estava apenas parcialmente certo.

6 ESCURIDÃO E LUZ

PULANDO PEDRAS PONTIAGUDAS, saltando valas de sombras desconhecidas, os querubinos correram velozes o caminho de volta e, apesar de estarem em uma região de dor e sofrimento, onde a luz do sol nunca clareava, eles estavam felizes e avançavam sem preocupações. A missão que prometia dificuldades e tragédias foi cumprida com sucesso muito maior do que o esperado. Eles ainda tinham visto arcanjos bem de perto, sem contar a presença de um dos maiores de todos no planeta, o chamado Gabriel.

Suas cabeças estavam cheias de histórias para contar aos amigos e fazer inveja a Pavel e sua equipe, por isso voavam baixo no solo arenoso. Atravessavam com um sorriso aberto as mazelas humanas ali expostas. Quanto mais cedo chegassem ao ponto de resgate da nave-gafanhoto, mais tempo teriam no castelo Branco para serem o centro das atenções e da bagunça que fariam.

Pelo caminho passavam por algumas casas e cavernas que serviam de morada para as pessoas ali perdidas. Ouviam gritos, choros e lamentações que nem sempre sabiam de onde partiam. Foi por esse motivo que não perceberam de imediato que uma voz profunda e lamuriosa recitava uma ladainha estranha em seus ouvidos, que começou muito baixa, quase imperceptível, mas que chamou a atenção de Amaruro quando ficou mais nítida.

O líder da equipe desfez o sorriso e deu um sinal com os braços para que seus pupilos diminuíssem a marcha. Passaram a caminhar. Então, puderam perceber a voz murmurando palavras que começavam a fazer sentido para quem se concentrasse nelas.

– Estão ouvindo? – ele perguntou sussurrando depois que todos estacaram.

Estavam parados sobre uma pequena elevação do terreno e prestaram atenção ao murmúrio que impregnava o ar. Parecia alguém reclamando de alguma coisa. Não dava para saber se estava perto ou longe, porque o som era semelhante a um pensamento entrando em suas mentes.

Procuraram alguém por ali que pudesse ser o dono da voz sinistra, como um doente ou uma pessoa perdida nas Trevas, mas o deserto ao redor estava vazio e quieto.

Os olhos aguçados de Amaruro procuraram mais longe. Viu um vulto escondido nas sombras de uma rocha distante, bem no caminho pelo qual deveriam passar.

– Lá! – disse apontando com o braço bem esticado. – Ele está esperando a gente...

Gabriel e Kosuke olharam assombrados naquela direção, também sentiram a presença apavorante se mover na escuridão, resmungando palavras que ficaram mais claras quando seu vulto ficou desenhado contra o horizonte: era Faustus.

Sua voz era projetada diretamente nas cabeças dos querubinos.

– Eu – dizia com timbre rouco e abafado – dei abrigo, casa e forneci comida para aquelas pessoas... Sou aquele que traz ordem e estabilidade a este mundo esquecido por Deus... Esse Deus tirano que lança suas criaturas em locais horrendos como este, largando-os à sua própria sorte e desgraça... Eu construí uma cidade neste vale de sombras, estabeleci uma justiça soberana para os sofredores...

As crianças ficaram paradas onde estavam, em estado de alerta. A voz de Faustus parecia calma, mas perturbada pela decepção e pronta a estourar.

– Eu realizei mais maravilhas que Deus neste lugar... Este lugar que Ele esqueceu... Por isso, aqui, eu sou Deus!... Mas não vou tolerar a intromissão de quem recebeu tudo de graça e vive em castelos iluminados pelo sol... Porque fui injustamente largado aqui. Não tive privilégios como vocês que tentam destruir meu sonho... Meu império!... Não serei clemente com quem me atrapalha... Não perdoarei intromissões descabidas... Vou me vingar com todo o meu ódio... Vou me vingar com todo o meu ódio...

Como um vulcão que entra em erupção, o irado Faustus encheu o peito com o ar infectado das Trevas e gritou com todas as forças que possuía, abrindo sua boca enorme de onde partiu, vociferada, a própria escuridão:

– RECEBAM TODO O MEU ÓDIOOOOOOO!

As palavras lançadas ao vento tomaram forma naquele mundo perturbado, surgindo de sua praga uma nuvem escura e veloz de mais de mil temulentos agressivos, prontos para estraçalhar as crianças. Eles correram como cavalos sobre a areia. Voaram como abutres no som da voz doentia de quem os criou. Eram como uma chuva de lanças e flechas psíquicas nas mais bizarras formas de criaturas predadoras que uma mente irritada poderia conceber.

Os querubinos perceberam que seria impossível fugir. Nada mais podiam fazer do que enfrentar os milhares de temulentos que rasgavam o chão na direção deles, por isso, tomaram posição de combate e esperaram o impacto inevitável com a avalanche de ódio materializado. A hiperconsciência estava elevada ao máximo neles. Os três sabiam o que deviam fazer.

Quando os monstros estavam a poucos metros deles, correndo na velocidade do som, Amaruro tirou os pés do chão e girou no ar. Seu dedo indicador tocou o focinho do primeiro que tentou atacá-lo, e foi transformado em uma flor de cactos. O segundo veio junto do terceiro e do quarto, e viraram pérolas que caíram no chão, bem embaixo de onde o menino africano fazia dezenas de movimentos por segundo para não ser atingido pelos dentes e garras que vinham em sua direção.

Kosuke voou para o lado enquanto sublimava os temulentos ao seu redor. Tentava escapar do centro da nuvem, mas não tinha trégua. Por mais que se esforçasse, as criaturas avançavam em número cada vez maior, atacando por todos os lados. Em menos de um segundo, o menino japonês estava tão cercado, que não sabia mais onde era o céu ou o chão, nem se estava em pé no ar ou de ponta-cabeça. Suas mãos não paravam de trabalhar. Ele próprio não se dava conta de que sublimava cinco ou sete temulentos de uma só vez, tamanha era a sua velocidade.

Gabriel não estava em situação diferente. Tentava subir cada vez mais, absolutamente envolvido pelos seres que pareciam peixes e lagartos voadores com dentes afiados e olhos vermelhos. Alguns deles tinham o rosto de Faustus, pois eram filhos de seus próprios pensamentos, e tentavam morder o menino brasileiro com sua boca cheia de dentes podres. Outros eram grandes como tubarões brancos, avançavam como torpedos que viravam formas inofensivas segundo a vontade de Gabriel. Ele tinha que se concentrar ao máximo, pois não podia pensar em medo ou revolta contra os temulentos.

Um descuido seu naquele momento abriria uma brecha para as mais de trezentas psicoformas que tentavam cortar seu corpo ao meio.

Mas ninguém poderia ficar livre de erros por tanto tempo, e Gabriel não conseguiu desviar das unhas em forma de faca que rasgaram o tecido da manga do uniforme, quando ele foi um milésimo de segundo menos rápido do que deveria.

Instantaneamente surgiu em sua mente a frase dita pelo instrutor Fuzzili, que explicava: "Se um querubino morrer no Mundo Real, ele deixa de ser querubino".

Mas como não tinha tempo para meditar no assunto, transformou aquele princípio de medo em mais agilidade e cautela.

Amaruro não podia ver seus pupilos, mas sabia onde eles estavam e tinha noção de que não estavam bem. Nenhum querubino poderia aguentar tamanha pressão por mais que alguns poucos minutos. Seriam dilacerados se não mudassem a situação de alguma forma. Estavam combatendo os pensamentos ruins um atrás do outro, e o líder sentiu que ainda não estavam nem terminando de começar. Ao redor deles ainda restavam mais de oitocentos temulentos. Todos eram mais perigosos do que estavam acostumados a lidar em missões convencionais.

Preocupado com aquela condição, o menino permitiu que uma criatura em forma de caranguejo agarrasse suas costas e ali se prendesse como um carrapato. Mas Amaruro que era mais inteligente do que todos os monstros juntos, virou o corpo bem no instante em que um temulento em forma de peixe-espada vinha para perfurar seu peito.

Tudo o que ele encontrou foi o caranguejo. Ambos os temulentos caíram de volta para a nuvem agitada.

Ao ver aquilo com um relance de olho, porque os ataques não paravam, ele teve uma ideia e esperou até que algum temulento grande se aproximasse, o que não demorou muito.

Um tubarão cinzento com grandes asas de morcego veio para engolir a criança, mas o querubino, em vez de sublimar, jogou-se contra a barriga do monstro e o empurrou para trás com toda a sua força. Assim, usando a criatura como escudo, avançou veloz no meio da nuvem, atravessando a infestação de psicoformas como um raio.

Quando parou, estava distante da concentração perigosa de temulentos. Em suas mãos havia uma boia de piscina em forma de tubarão azul, sorridente e com cara de bobo.

Estava bem longe do cardume que parecia uma massa de criaturas vivas se debatendo para todos os lados. Seus alunos estavam presos no meio daquela confusão.

O deserto se expandia ainda por vários quilômetros de escuridão e lamentações, e Amaruro percebeu que Faustus havia desaparecido de onde estava, muito provavelmente se enfiando no mesmo buraco de onde havia saído.

Eles mesmos poderiam ganhar tempo se encontrassem algum abrigo, porque em campo aberto eram alvos muito fáceis. E havia algumas construções abandonadas nas Trevas, como casas e galpões, que poderiam fornecer abrigo, apesar de estarem caindo aos pedaços.

Era a única chance de sobrevivência.

Amaruro sabia que seus amigos estavam em perigo, mas ainda assim arriscou enviar uma mensagem telepática para eles, usando a hiperconsciência que estava no limite máximo. Disse a eles para saírem da nuvem usando algum temulento como escudo.

Kosuke recebeu a ideia e agiu rápido. Seu uniforme estava cheio de cortes, a pele por baixo dele já apresentava arranhões e marcas de pancadas. Faltava pouco para algum temulento com mais sorte atravessar sua guarda.

Um polvo com tentáculos espinhentos, que estava sobre sua cabeça, foi transformado em uma chapa de aço recurvada. O inseto gigante que atacava por baixo virou a outra chapa em forma de concha. Kosuke, então, juntou as duas metades para formar um tipo de esfera protetora, dentro da qual o menino japonês se blindou e atravessou a nuvem com a velocidade de uma bala de canhão.

Gabriel foi ainda mais criativo, pois estava prestes a ser engolido por algo parecido com um ouriço gigante. Já estava quase completamente dentro da boca enorme do bicho quando teve a ideia de transformá-lo em uma cápsula espacial. Lá dentro, com sua imaginação, ele acionou os motores e deixou para trás o cardume de temulentos assassinos.

Guiados por Amaruro, os três se encontraram perto do chão, longe das criaturas, mas nem um pouco distantes do perigo, porque os monstros se reorganizavam e preparavam outro ataque. Os escudos de Kosuke ou a nave de Gabriel não suportariam uma ofensiva maciça, e só atrapalhariam uma possível fuga.

Por isso os meninos se livraram daquelas coisas e ficaram bem perto do seu líder.

– Precisamos nos esconder numa daquelas casas que vimos pelo caminho!

– Estamos conseguindo voar, Maru – lembrou Kosuke. – Será que a gente não consegue ir embora?

– Não vamos conseguir voar mais rápido do que os temulentos neste ambiente que é a casa deles!

– Não vamos ter toda a agilidade de que precisamos, aqui – observou Gabriel mostrando o braço machucado e os arranhões por todo o corpo e rosto.

– Rápido! – ordenou Amaruro vendo a nuvem de quase mil temulentos correr naquela direção como um tornado levantando o pó do deserto.

Os meninos dispararam entre as pedras e voltaram por onde tinham vindo, rápidos como o vento, mas não tão velozes quanto as formas de ódio que os perseguiam.

Incansáveis, eles voaram baixo na areia e correram pelas valas e depressões do terreno, onde estariam mais seguros do que nas colinas e rochedos. Atrás deles vinham os pensamentos materializados de Faustus, que se aproximavam cada vez mais.

Para a sorte das crianças, não demorou muito até encontrarem uma construção baixa pelo caminho. Era feita de pedras em forma de monólitos agrupados, a porta era semelhante a uma roda feita de lousa grossa, parecida com a casa de alguma civilização antiga. Qualquer um que passasse por ali sem prestar atenção, confundiria o abrigo com mais um rochedo do ambiente.

Os querubinos se esconderam dentro dela sem pensar duas vezes. Rolaram a porta pesada no chão até que ela tapasse a abertura por completo.

Lá dentro a escuridão era total, mas Amaruro imediatamente fez surgir uma lamparina com seu pensamento, lançando claridade no ambiente simples e vazio. Além deles três, apenas a sujeira do chão existia.

Do lado de fora, a nuvem de temulentos cercou a casa e trombou contra as paredes e a porta maciça, porque os monstros sabiam que as crianças estavam lá dentro.

O abrigo era um recinto quadrado. Além da porta principal, havia outra menor do outro lado, também fechada por dentro por uma roda de pedra. Não havia janelas, talvez porque seu morador original quisesse justamente fugir dos perigos e criaturas que povoavam as Trevas.

Amaruro agitava a lamparina de um lado para o outro na esperança de encontrar alguma outra coisa que os ajudasse, quando recebeu de Kosuke um beliscão no braço esquerdo.

– Ai! – ele berrou, quase acreditando que algum temulento tivesse entrado para atacar. Ficou assombrado e nervoso quando descobriu que era apenas seu aluno.

– Foi só pra me certificar de que a gente não podia ir embora, Maru-san – justificou-se o menino japonês.

– Eu avisei – disse, enquanto massageava o músculo dolorido – que o belisca-pra-ver-se-eu-tô-sonhando não funciona em lugares densos como as Trevas!

– Mas não custa nada testar... – disse Kosuke pegando a lamparina que havia caído no chão. – Além disso, nossa situação é bastante complicada, né?

– Complicada o bastante pra gente não precisar se esfolar um ao outro!... Mas tudo bem... Vou dar um desconto porque é a sua primeira vez aqui.

– Eles estão lá fora! – informou Gabriel que espiava pela fresta da porta. – E agora, Maru, o que a gente faz?

O líder da equipe meditou por instantes.

– Vamos aproveitar para bolar um plano.

Gabriel insistiu em sua preocupação.

– Será que não existe um jeito de a gente acordar no Mundo Entorpecido?

– Existe – disse Amaruro. – Se a gente sofrer um impacto forte, vamos despertar. Mas se for algo que possa causar a morte deste corpo, então nossas carreiras de querubinos acabam... Seria o mesmo que ser pego pelos temulentos, lá fora.

– Ai, ai, ai! – resmungou Kosuke. – Tomara que a minha mãe me chame logo pra tomar café!

Amaruro se afastou um pouco dos outros para pensar e foi até a porta pequena, onde encostou a cabeça na pedra fria, entregando-se à meditação profunda.

Gabriel e Kosuke esperaram, temerosos pelos sons dos monstros forçando a estrutura da casa. Dava para ouvir os guinchos e urros das criaturas rodeando o ar e o terreno lá fora. Sentiam as oitocentas psicoformas girando e correndo decididas a esperarem eternamente a saída das crianças.

Quando o líder terminou sua busca por uma resposta, voltou-se decidido.

– Tenho uma ideia! É a única coisa que podemos fazer nesta situação, por isso quero que vocês ouçam com atenção.

Os dois se olharam assustados.

– Os temulentos não são racionais, por isso não sabem contar. Isto é uma vantagem pra gente, porque eu vou sair por esta porta pequena atrás de mim. Vocês vão fechar a entrada e ficar esperando alguns minutos aqui dentro. Eu vou correr para bem longe daqui e os temulentos vão me seguir. Quando vocês perceberem que o caminho está seguro, saiam pela porta maior e corram o mais rápido que puderem até o ponto de encontro com a nave.

Assim dizendo, Amaruro entregou o aparelho que indicava a direção para Kosuke. O menino oriental pegou a maquininha no ar e ambos, ele e Gabriel, olharam seu líder com assombro.

– Eu sei o que vocês vão dizer – antecipou-se Amaruro. – Eu provavelmente terei muitos problemas com os temulentos, e talvez não consiga escapar, mas não tem outro jeito.

– Não, Maru! – gritou Gabriel indignado. – A gente vai enfrentar juntos os monstros e vamos voltar juntos pra casa!

Kosuke reforçou o coro.

– Você não precisa fazer isso, Maru! Deve haver outro jeito!

Emocionado com os apelos dos amigos que se acercavam dele na intenção de impedir sua partida, Amaruro baixou os olhos e sorriu para si mesmo, divertindo-se com os próprios pensamentos.

– Meus amigos – ele falou com calma –, quem de nós três consegue sublimar centenas de temulentos de uma só vez?

Os dois se calaram para pensar. Sabiam que o líder já havia feito aquilo em outra ocasião, mesmo assim Gabriel não se conformou.

– Mas eles são muitos, Maru! Tem mais de oitocentos lá fora! Você não sabe se consegue sublimar tantos de uma vez! Não sabe! E se não funcionar? E se eles pegarem você?... E se você morrer aqui?

Ele ergueu os olhos para fitar o amigo.

– E daí?

Os alunos tomaram outro choque, subitamente lembrando de tudo o que haviam vivido naquela noite, e no que o próprio Gabriel havia dito.

Amaruro colocou ambas as mãos nos ombros do colega.

– Se eu nunca mais voltar para o castelo Branco, consciente de que salvei as vidas de meus dois melhores amigos, fiquem sabendo desde já que serei a criança mais feliz do Mundo Entorpecido.

Gabriel não resistiu e abraçou o amigo enquanto suas lágrimas rolavam sem parar e ele chorava alto. Amaruro, por outro lado, resistia firme e considerava aquele momento a despedida final.

Kosuke estava com os olhos cheios de água, sabia que seria inútil tentar convencer Amaruro, mas precisava tentar.

– Vai ser muito difícil pra gente ficar sem você, Maru.

Sorrindo, o menino africano recordou tudo o que os dois haviam feito.

– Vocês não precisam mais de professor.

– Mas a gente não quer perder sua amizade! – disse Kosuke permitindo que os soluços tomassem conta de sua voz e as lágrimas pingassem sem parar.

Amaruro deixou o abraço de Gabriel e apertou seu outro companheiro contra o peito, profundamente emocionado pelo que este havia dito. Mas não deixou que a emoção tomasse conta e transbordasse pelos olhos, porque devia ser forte e servir de exemplo para os novos querubinos.

Enquanto descansava a cabeça no ombro trêmulo de Kosuke, Amaruro lembrou das palavras do arcanjo Gabriel e ficou iluminado por uma ideia.

– Lembram o que o arcanjo disse quando se despediu?... Ele desejou que o melhor acontecesse com a gente no caminho... E agora eu percebo que o melhor para mim era enfrentar esta situação, porque passei muito tempo com medo de arriscar de novo a própria vida para salvar os outros.

– Você me ajudou muito hoje, amigo – disse Amaruro desfazendo o abraço e puxando Gabriel para perto –, e o meu momento de provar que posso evoluir ainda mais, como a senhora Átemis queria, será enfrentando com coragem e confiança, porque tenho amigos maravilhosos que estarão sempre comigo, onde quer que eu esteja!

Os dois pararam de soluçar, mas choravam em silêncio, sem saber o que fazer.

– Permitam que eu salve vocês e me sinta melhor por ter perdido, no passado, minha equipe anterior!... Permitam que eu tenha esta chance!

De cabeças baixas, os querubinos nada mais podiam fazer além de concordar com o líder. Sentiam que ele tinha razão no que dizia, e não havia como argumentar contra.

Kosuke foi o primeiro a enxugar as lágrimas que teimavam em brotar.

– Adeus, Maru-san!

Gabriel não se deu ao trabalho inútil de tentar secar o rosto. Simplesmente ofereceu a mão ao amigo e a apertou com força.

– Se cuida, amigo – ele conseguiu dizer, antes que a garganta travasse mais uma vez.

Amaruro fez um movimento muito rápido e se lançou até a pedra que fechava a porta pequena. Antes de abri-la, porém, o menino africano, sorrindo confiante, encarou seus amigos de novo.

– Estão achando que só vocês têm seus truquezinhos de feitiçaria, é?

Sem esperar por resposta ou olhar para trás, o menino girou a pedra no chão e saiu correndo da casa monolítica. Os dois que ficaram fecharam mais do que depressa a entrada, e fizeram silêncio.

Lá fora, Amaruro ergueu a poeira do deserto atrás de seus pés de anjo que mal tocavam o solo. Para chamar a atenção de todos os temulentos, ele gritava e bradava aos quatro ventos, desviando dos que estavam à sua frente com grande agilidade e saltando as pedras no caminho.

Seu plano deu certo. Os oitocentos monstros do ar e da terra foram atraídos pelo querubino fugitivo, deixando para trás a casa que não sabiam que estava ocupada.

Para se certificar de que não estava correndo em vão, Amaruro olhou para trás e viu o cardume assombroso se movendo em sua direção como uma enorme massa de seres doentios, prontos para engolirem seu corpo miúdo. Sorriu ao perceber que o plano tinha funcionado e gritou ainda mais alto nas Trevas.

Dentro da casa, o silêncio era parecido com a quietude que vem depois da passagem de um furacão.

Kosuke espiava pela brecha da porta, apreensivo, e Gabriel estava sentado em um canto, com a cabeça enfiada entre os joelhos.

– Deu certo – avisou o menino japonês. – Os temulentos estão perseguindo ele.

Tristonho, com cara de choro, o menino brasileiro levantou o rosto abatido.

– 'Vambóra' daqui.

Seu colega concordou com a ideia. Ambos fizeram força para rolar a pedra redonda que protegia a entrada principal, ávidos por saírem daquela casa miserável e daquele ambiente de trevas e sofrimento.

Do lado de fora, a calmaria era profunda, a atmosfera estava parada e as nuvens cinzentas que cobriam tudo se moviam com força no céu de dor.

Kosuke consultou o aparelho que indicava o rumo a seguir, fez um sinal com a cabeça para Gabriel e ambos correram mais uma vez para a sua sobrevivência. Mas, ao contrário das outras vezes, suas pernas estavam mais pesadas e demoravam a responder ao que queriam, porque seus corações estavam sentindo que aquela missão, que poderia terminar com sucesso absoluto, havia se transformado em uma pequena tragédia para a equipe. Olhavam para trás o tempo todo, esperando ver Amaruro seguindo seus rastros e agitando os braços de felicidade, voltando para eles. Tudo o que viam, porém, era a sombra da nuvem de temulentos que corria para o horizonte distante, grande e ameaçadora.

Quanto mais longe seus pés os levavam, mais difícil ficava prosseguir, e as lágrimas começaram a cair de novo, levadas pelo vento que a corrida fazia em seus rostos.

Muito longe dali, Amaruro seguia bravamente e forçava suas pernas a darem o máximo que pudessem. Pelo caminho, pedras, rochedos, buracos e valetas eram saltados com agilidade. O cardume de pensamentos raivosos estava praticamente em cima do menino, girando como um enxame de abelhas.

Uma ou outra criatura mais veloz conseguia ficar no caminho de Amaruro, mas ele as transformava em coisas inofensivas com mais rapidez do que corria. As psicoformas, porém, ficavam cada vez mais próximas e ousadas.

Ele sabia que não poderia fugir para sempre. Queria apenas se distanciar o máximo possível de seus amigos e tentar fazer um milagre mais uma vez.

Quando achou que não daria mais para aguentar, e assim que os oitocentos temulentos estavam já ao seu redor, o menino viu um barranco à sua frente que descia e levava a um terreno alguns metros mais baixo. Foi ali que ele pulou e pousou apenas lá embaixo, onde ficou parado esperando pela chegada das criaturas, agachado no solo arenoso.

Sua respiração era profunda e rápida; estava absolutamente atento ao ar acima de si.

Em poucos segundos, o teto de nuvens desapareceu porque foi tampado pela multidão de temulentos que se aglomerou sobre Amaruro. As criaturas não pareciam acreditar no que estavam vendo, pois o menino não reagia, parecia cansado, como se esperasse o golpe final de algum deles. Eram tantos que formaram uma cúpula sólida de vários metros de espessura feita de monstros e outras formas bizarras fechando todas as saídas possíveis.

Com a certeza de que o querubino não escaparia, uma dúzia de temulentos mais fortes e rápidos se preparava para o ataque com suas garras e chifres.

Mas Amaruro não estava intimidado.

Seus olhos brilharam como duas estrelas. Então, abriu um sorriso tão largo quanto confiante.

A muitos quilômetros dali, Kosuke e Gabriel chegaram ao alto de uma colina cinzenta quase se arrastando, cansados e profundamente abatidos.

O menino japonês tentou se esforçar um pouco mais, mas notou que seu amigo estava parado e olhava para trás, chorando alto e quase em desespero.

– Gabriel... – ele chamou com o que lhe restava de voz, mas pronto para levar o amigo no colo, se precisasse.

Inconsolável, o menino brasileiro lançou ao ar seu lamento.

– Maru!

Era a sua despedida.

Kosuke tocou seu ombro, mas um clarão chamou a atenção dos dois, bem na direção onde o líder deveria estar.

Seus olhos ficaram ofuscados, porque o brilho era tão grande que transformou a noite eterna das Trevas em dia. E, quando diminuiu, surgiu perto do horizonte uma bola incandescente com a cor do sol do meio-dia, que cresceu como se fosse uma explosão nuclear. Foi tão rápida em sua expansão que em poucos segundos alcançou os meninos na forma de um tufão de vento e luz que arrancou seus pés do chão.

Kosuke e Gabriel foram arrastados pelo ar. Não conseguiram ouvir os próprios gritos, tamanha era a potência do estrondo que atravessou seus corpos.

***

Gabriel acordou com um tranco. Seus músculos retesados faziam o menino erguer as costas do colchão e ele encheu o pulmão de ar como se acabasse de emergir das profundezas de uma lagoa escura. Quando não havia mais espaço dentro dele para estufar o peito, soltou toda aquela energia na forma de um grito estridente, enérgico e doloroso, tão alto que toda a vizinhança despertou naquele instante.

Sua irmã pulou assustada da cama. Seus pais abriram os olhos imaginando o pior. Mas Gabriel não se deu por satisfeito. Desabafou seu sofrimento com outro berro coroado de lágrimas e choro, tão forte quanto o primeiro.

Amanda pensou que seu irmão estivesse morrendo. Acendeu a luz do quarto entre tropeços e uma tremedeira que tomou todo o seu corpo. Descobriu na luminosidade incômoda que Gabriel se contorcia entre os lençóis e tomava fôlego para outro grito.

– Mãe! – ela chamou. – Socorro!

Seu irmão conseguiu articular a voz em meio ao sofrimento imenso que queimava seu corpo.

– Maru!

Dona Eleonora e seu Marcos entraram correndo no quarto, cercaram a cama onde Gabriel se contorcia e chorava alto. De nada adiantou perguntarem se ele estava sentindo alguma dor. Foi inútil tentar acalmar o filho, porque ele precisava extravasar sua angústia. A agonia era tão profunda que Gabriel não pôde dar espaço para outra coisa que não fossem lamentos.

No meio dos soluços que perdiam a força, ele conseguiu aceitar o abraço da mãe e afundou a cabeça no colo quente que ela oferecia, ali chorou baixinho debaixo do afago materno.

Seu pai não sabia o que fazer, mas viu que o dia já estava clareando. A luz do sol começava a brilhar nas frestas da janela. Do outro lado do quarto, entre lágrimas e com as mãos tapando os ouvidos, Amanda estava paralisada de medo e aflição.

– Foi outro pesadelo, Gabrielzinho? – perguntava a mãe sem receber resposta.

– Hoje mesmo vamos levar ele pra psicóloga... – seu Marcos ponderou e prometeu.

Acomodado entre os braços da mãe, o menino lamentava a perda de um de seus melhores amigos.

– Maru...

✳✳✳

A manhã foi tensa para a família de Gabriel, porque aproveitaram que era um sábado para ficar ao redor do menino. Ele estava fechado em seu mundo interno, amuado no próprio sofrimento, incapaz de responder às perguntas com alguma palavra. Fazia que sim ou que não com a cabeça para algumas questões, dando a entender que o motivo para ter acordado a quadra toda era de fato um sonho ruim.

Cansado e dando sinais de febre, Gabriel não conseguiu comer no café da manhã. O máximo que pôde fazer foi engolir um pouco de chá. Ficou aborrecido porque não tinha como dizer tudo o que havia acontecido no Mundo Real. Como contaria para os pais que era um querubino? De que maneira dizer que ele e seus amigos resgataram pessoas sequestradas por trevosos em forma de macacos? E como contar que provavelmente não veria mais seu grande amigo Amaruro?

Não encontrou uma resposta para si mesmo, de modo que se calou perante os pais e deixou as horas correrem.

Nesse meio tempo, seu pai conseguiu telefonar para a psicóloga do supermercado onde trabalhava. Convenceu a moça a comparecer lá, para um caso extremo e urgente. O serviço, porém, começaria só depois do almoço.

Teriam que esperar.

Colocaram Gabriel no sofá da sala, onde ficou descansando das dores que sentia pelo corpo todo. O menino reclamava de cansaço extremo, como se tivesse corrido uma maratona enquanto dormia.

A televisão ficou ligada, mas ele nem prestou atenção nos desenhos animados cheios de ação e aventuras. Seus olhos desviaram para a janela da sala, de onde pôde ver o céu e as nuvens que passavam nas mais diversas formas, e aquilo foi seu mundo durante algumas horas.

O tempo passou.

Gabriel ficou mais calmo, restando em sua dor apenas a saudade e a dúvida. Além disso, sua memória começou a ser invadida pelas lembranças das outras coisas que haviam acontecido na última missão.

Kosuke libertando os prisioneiros das próprias correntes, mostrando que um querubino podia fazer muito mais do que sublimar pensamentos hediondos, trouxe a ele a certeza de que fizeram a coisa certa e realizaram o que tinham proposto.

Ele próprio ultrapassara todas as expectativas, inclusive as dele mesmo, quando acreditou que podia trazer os trevosos a um estado humano de novo. Provou que um querubino era capaz de fazer tudo o que quisesse desde que trabalhasse para iluminar as coisas e pessoas ao seu redor.

Quando se recordou das presenças impávidas dos arcanjos, e do próprio Gabriel congratulando-o pelo bom trabalho, o menino suspirou fundo e se acalmou de vez. Não chegou a adormecer, mas ficou imóvel no sofá, tomando a luz quente que o sol oferecia, consolado pela certeza de que, se perdera um amigo, ao menos havia sido pela melhor das causas.

Gabriel comeu pouco no almoço, mas conseguiu se alimentar o suficiente para não ficar ainda mais fraco do que estava. Era alvo dos olhares preocupados dos pais, mas como estava vivo e já sabiam que a causa deveria ser mais psíquica do que física, dona Eleonora e seu Marcos conseguiram relaxar e brincar um pouco. Gabriel, porém, continuava sério e pensativo, nem ligando para o olhar estranho da irmã, que acreditava que o menino estava enlouquecendo e faria uma visita a uma psiquiatra.

Logo depois de escovar os dentes sem pressa, ele foi levado pelos pais até o RH do supermercado, onde Gabriel entrou vestindo roupa social, todo engomado e de cachos baixados pela água, penteados com um pouco de gel.

A sala era pequena e, como servia também para o atendimento dos filhos dos funcionários, era colorida; tinha alguns motivos infantis colados pelas paredes.

Gabriel olhou com atenção um querubim recortado em cartolina e pregado no meio de nuvens de algodão. Era o desenho de uma criança cujos caracóis amarelos que formavam o cabelo eram perfeitos e redondos como o sol sorridente ao seu lado. Vestia um saiote azul que seria bastante incômodo em missões mais complexas, pensou.

A psicóloga era uma moça bonita e alta, que recebeu a família com sorriso aberto e foi logo estabelecendo contato com a criança problema.

– Oi, Gabriel! Você é o querubim que veio conversar comigo?

Ele arregalou os olhos.

– Como você sabe?

– Ah! Seu pai me contou seu nome... – explicou ela, rindo.

Ele entendeu que a moça falava de outra coisa, que não sua condição de querubino, e se acalmou.

Os quatro conversaram por alguns minutos para colocar a psicóloga a par dos acontecimentos. Contaram que Gabriel, às vezes, acordava no meio da noite gritando, sendo que na última vez o caso foi preocupante.

Quando a narrativa dos pais terminou, a moça indagou ao pequeno paciente.

— Você sonha bastante, Gabriel?

Ele respondeu que sim com a cabeça.

— Com o que você sonha?

Os olhos de Gabriel disseram tudo, porque viajaram muito rápido para a mãe e depois para o pai, retornando meio assustados para encarar a psicóloga em silêncio. Ela entendeu a mensagem com muita clareza e usou sua simpatia para retirar os pais do recinto.

— Bom, eu vou pedir pro papai e pra mamãe esperarem um pouquinho lá fora, porque eu quero ter uma conversa secreta com o anjinho... Tudo bem?

Meio contrariados, os pais se retiraram, deixando Gabriel sozinho com a psicóloga, que retornou sabendo que teria mais foco, então.

— Muito bem — ela disse do outro lado da mesa —, agora a gente pode conversar melhor, né?... Quer me contar algum sonho?

Todo engomado na cadeira, Gabriel ficou aliviado por um lado, sem a pressão dos pais, mas descobriu que era um alvo muito mais descoberto por causa daquilo. Sua boca espremeu de um lado para o outro e os olhos fugiram para o desenho do anjo na parede.

A moça continuava sorrindo, dando a entender que estava aberta para ouvir qualquer coisa. Foi por isso que Gabriel tomou coragem e contou... Tudo.

$$* * *$$

Quase uma hora depois, a psicóloga chamou os pais de volta para a salinha. Eles entraram bem rápido, pois já estavam apreensivos antes de chegarem lá, e ficaram ainda mais depois que a consulta do filho havia demorado tanto.

A moça continuava sorridente e convidou os pais a tomarem suas cadeiras ao lado do pequeno Gabriel.

— Antes de tudo, digam-me uma coisa: vocês incentivam

muito a leitura do Gabriel?

Sem entender o motivo da questão, os pais se entreolharam, mas foi seu Marcos quem tentou responder.

– Bom... Mais ou menos... Ele lê as coisas da escola e tem uns gibis também, eu acho...

– Vocês têm uma biblioteca em sua casa? – voltou a indagar a psicóloga.

– Não – disse a mãe –, tem alguns livros na estante...

– Que tipos de livros?

– Uma enciclopédia, dicionários, alguns livros de receitas e de pensamentos...

Pouco satisfeita com as respostas, a moça continuou.

– O Gabriel assiste a muita televisão?

– Depende do que a doutora chama de muita... – tentou o pai. – Ele assiste de manhã, às vezes, e de noite, com a gente...

– Ao que ele assiste? São desenhos, filmes, seriados?

– É – disse dona Eleonora –, são essas coisas...

Ainda insatisfeita, a moça prosseguiu.

– Quanto tempo ele fica na *internet*, por dia?

Seu Marcos estranhou a questão.

– A gente não tem *internet* em casa...

Batendo a caneta com ritmo na mesa, a psicóloga olhou o pai, depois a mãe, e voltou sua atenção para Gabriel, por fim. Não sabia de onde vinham tantas coisas fantásticas por debaixo daqueles caracóis penteados para trás.

Dona Eleonora ia começar a perguntar se havia algum problema, mas a moça foi mais rápida.

– Como o Gabriel está se saindo na escola?

– Ele vai para o segundo ano – disse o pai. – Tira algumas boas notas, mas no geral a gente precisa forçar ele um pouquinho, especialmente na matemática.

Sem perder a cadência da caneta que batia com certo nervosismo na madeira, a moça observou as anotações que havia feito em seu caderno. Eram três páginas de elementos.

Havia anotado até certo ponto, o que não era nem a metade da história contada pela criança. Sua atenção estava presa em duas pessoas que tinham nomes estranhos e que sempre retornavam, na narrativa criativa de Gabriel. Seus amigos que viviam em países distantes, cujas personalidades estavam descritas com riqueza de detalhes e cores. Por causa da influência que os tais de Amaruro e Kosuke exerciam sobre a psique do menino, a psicóloga se perguntou se essas entidades não seriam representações dos próprios pais, mas não tinha elementos suficientes para concluir.

Ela ergueu os olhos de novo e voltou aos questionamentos.

– O Gabriel tem amigos?

– Tem – disse a mãe. – Ele brinca na rua, e tem os primos dele também, que estão sempre juntos...

– Vocês notaram alguma diferença no comportamento dele, tirando os pesadelos?

Dona Eleonora ficou preocupada.

– Ah, apenas que ele tem dormido muito. Vai cedo pra cama e acorda tarde... Por que, doutora? Qual é o problema?

A moça suspirou profundamente e tentou explicar o que tinham ali.

– Em primeiro lugar, não há nada com o que tenham que se preocupar, pelo que vejo... Gabriel tem uma criatividade... extremamente fértil... todas aquelas histórias que a gente só vê em filmes ou em histórias em quadrinhos, brotam em seu subconsciente quando ele dorme.

Terminando sua explicação resumida com um sorriso de vitória, a psicóloga notou que a reação dos pais foi de alívio.

– É isso mesmo – ela continuou perante a alegria de dona Eleonora e de seu Marcos. – Ele está tendo sonhos repletos daquelas imagens fantásticas, o que é comum nessa idade. Alguns chamam isso de terror noturno... É uma fase passageira, que boa parte de nós adultos já teve... Porém, eu acho que precisamos fazer alguma coisa para controlar e diminuir os efeitos dessa fase, porque o Gabriel não pode acordar todas as noites aos gritos, acordando também o papai e a mamãe.

Gabriel entendeu suficientemente o que a psicóloga disse para saber que ela achava que suas aventuras não eram verdadeiras. Chateou-se um pouco com aquilo, porque sabia que era tudo verdade, que realmente existiam um Kosuke e um Amaruro, e que os três se encontravam no castelo Branco enquanto dormiam.

Mas a moça não sabia o que se passava por trás dos olhos brilhantes do menino.

– Vocês vão ter que trazer o Gabrielzinho aqui, mais vezes, porque eu quero acompanhar o caso e vou entrar com alguns exercícios pra ele extravasar essa criatividade toda enquanto está acordado, deixando a noite livre para o descanso necessário... Tenho certeza de que vamos conseguir, mas isso pode levar algum tempinho... Tudo bem?

Os adultos trocaram mais algumas palavras e a moça deu algumas dicas, como: não ir dormir muito tarde, não assistir a filmes, à noite, não comer antes de dormir, e nem permitir que Gabriel brincasse com seus amigos sempre que quisesse.

Assim, satisfeitos, os pais levaram o menino embora. Gabriel ganhou um pirulito de quatro cores antes de partir, além de sorrisos e palavras doces.

Porém, quando a psicóloga se viu sozinha em sua sala, desapareceu o sorriso e correu para o computador. Queria fazer uma pesquisa e entrou na *internet*.

Tomou o caderno de notas e procurou uma palavra que ela ouvira repetidas vezes. Havia até identificado como uma das mais importantes.

Entrou em um *site* de busca e digitou: "temulento".

Esperou um retorno com ansiedade, mas a resposta veio negativa. A única coisa a respeito de temulentos na rede era que a palavra tinha o mesmo significado de bêbado, embriagado.

Decepcionada com aquilo, ela forçou a memória para recordar de uma variação da palavra que havia saído da boca do menino. Ele havia dito alguns sinônimos. Lembrou-se de *Lolium* e *temulentum*...

Digitou a primeira palavra e clicou no botão "busca".

Para seu espanto, em pouco tempo inúmeras entradas surgiram na tela de seu computador. A psicóloga descobriu, entre o assombro e a curiosidade cada vez mais aguçada, que *Lolium temulentum* era o nome científico em latim de uma planta vulgarmente chamada de joio, uma praga que costumava infestar plantações de trigo, o *triticum*.

De boca aberta, ela deixou a caneta cair de sua mão para o piso do consultório.

$$*** $$

Satisfeitos com o diagnóstico profissional, os pais de Gabriel o levaram de volta para casa, onde ele foi coberto de mimos e brincadeiras. Não as aceitou por completo, porque a lembrança do sacrifício de Amaruro pairava acima de tudo.

Foi assim, pensativo, que ele atravessou a tarde ensolarada, a chuva de verão e o entardecer com suas luzes avermelhadas e temporárias.

A noite veio cheia de expectativas para ele. Queria retornar ao castelo Branco. Sua família se perguntava se teria uma noite tranquila.

Seguindo as recomendações da psicóloga, Gabriel jantou cedo e não comeu mais nada antes de se deitar, o que aconteceu também mais cedo. O momento foi cercado de carinho dos pais e promessas de um descanso pacífico.

Quando Gabriel se viu enfim sozinho em seu quarto, porque a irmã resolveu dormir na sala, naquela noite, o menino notou que estava tão preocupado, que não conseguia pegar no sono.

Sua cabeça estava repleta de dúvidas e questões que o atormentavam.

Será que ele mesmo conseguiria voltar ao castelo Branco?

Será que Kosuke estaria lá?

Haveria alguma chance de Amaruro retornar, já que tinha se autopulverizado no meio de uma explosão atômica?

Todas essas coisas iam e vinham em sua mente, até que o menino perdeu a consciência sem perceber e adormeceu no Mundo Entorpecido.

✳✳✳

Gabriel viu o telhado de sua casa se distanciar com velocidade atordoante. Seu bairro e sua cidade desapareceram atrás das nuvens. A noite estrelada virou dia.

Abriu os olhos devagar e se viu inundado de uma claridade que ele conhecia bem, porque as luzes do castelo Branco eram radiantes e pareciam refletir em seu uniforme de querubino.

Ao seu redor havia uma parede fulgurante que ele identificou como uma multidão de crianças vestidas de branco, todas em silêncio profundo, quietas e observando o menino brasileiro que acabara de chegar.

A um passo de distância estava Kosuke. Este também observava o ambiente com os olhos apertados, ofuscado com a claridade. Os dois se viram bem no centro do salão principal e se apertaram num abraço forte, comovidos, verdadeiramente agradecidos por poderem se ver de novo. Haviam chegado juntos ao castelo, e todos os querubinos estavam lá para assistir sua chegada.

Como os olhos de Gabriel estavam cheios de água, ele analisou as crianças que os cercavam na esperança de encontrar o outro companheiro ali, mas ele não estava. Aguardou que um terceiro par de mãos se juntasse naquele abraço, no entanto se sentiu sozinho com Kosuke, debaixo da multidão de olhares de crianças caladas.

O queixo de Gabriel repousava no ombro do amigo.

– A gente nunca vai se esquecer dele...

Kosuke estava quieto e esperou seu amigo brasileiro continuar.

– Ele era o maior querubino do Mundo Real. Deu a vida pra salvar as nossas...

Mas o menino japonês destravou a garganta e disse com seu tom habitual de brincadeira.

– Na boa, Gabriel... Você ainda não olhou pro outro lado.

Uma luz se acendeu dentro de Gabriel. Ele saiu do abraço apertado com Kosuke para se virar e ver o que seu colega havia visto antes.

No alto da escadaria do salão principal, Amaruro estava ao lado da senhora Átemis e sorria para os amigos com seus dentes incrivelmente brancos, alegre por ver a reação de espanto que os amigos tinham nos olhos arregalados. Em seu rosto dava para ver seu pensamento, que dizia: "Eu não falei que conseguia?".

Gabriel e Kosuke correram como meteoros no meio do castelo e abriram passagem pela nuvem de colegas querubinos. Subiram as escadas como foguetes e se jogaram em cima de Amaruro, que os esperava para um abraço e foi levado ao chão com o impacto alegre dos amigos.

Os três rolaram, deram risadas, gritaram e se abraçaram aos pés da senhora do castelo Branco.

Pavel e sua equipe estavam lá, rindo também das macaquices dos colegas.

O instrutor Fuzzili ficou alegre com aquilo, mas não se permitiu ir além de uma risada, porque tinha que dar exemplo de disciplina aos demais.

A senhora Mirgomilda olhou e fez cara de reprovação, suspirando aos céus.

– Maru! – gritou Gabriel embolado com eles. – Você conseguiu! Você é o maior!

– Maru-san! Você voltou! A gente não ficou órfão!

– Eu falei – Amaruro conseguiu dizer meio sufocado debaixo de sua equipe – que também tinha truquezinhos de feitiçaria! Ou vocês estavam pensando que eram os únicos que faziam coisas impressionantes?

Riram alto até esvaziar os pulmões. O próprio líder pediu que se levantassem, apontando a presença respeitosa da senhora Átemis, bem ao lado deles.

A dona do castelo aguardava com toda a paciência que seus querubinos terminassem a festa particular de reencontro, sorrindo para eles com seu ar sereno e magnífico.

Quando perceberam a situação, os três colocaram-se em pé e ficaram perfeitamente eretos ao lado da senhora, prontos para ouvir o que quer que fosse, mas sem poder esconder a alegria que sentiam. Amaruro estava no meio. Tinha Gabriel de um lado e Kosuke do outro. Os meninos estavam assim, e deram-se as mãos como sinal da mais profunda amizade.

Com seus olhos de brilho lunar, a senhora Átemis elevou a voz para falar.

– Queridos filhos deste castelo, estamos aqui para comemorar acontecimentos maravilhosos que ocorreram em nosso mundo... Ontem, como vocês sabem, a equipe de Amaruro partiu em uma missão perigosa nas Trevas. Eles mesmos sentiram a necessidade de ajudar pessoas raptadas por trevosos. Foi graças a esta coragem que venceram.

Os três sorriram e recordaram dos momentos vividos nas regiões escuras.

– Nosso amigo Kosuke – continuou a senhora – foi o responsável pela libertação de mais de cem pessoas do jugo injusto das Trevas. Ajudou-os a se libertarem com suas próprias forças, acordando-os da hipnose doentia em que estavam presos...

A multidão de crianças olhava Kosuke de boca aberta, sem poder acreditar no que ouviam.

Átemis olhou para Gabriel e falou dele, também.

– O amigo Gabriel acreditou que poderia modificar os pensamentos destrutivos dos trevosos, e com sua força foi capaz de reverter o processo de autopsicomorfose dos quais eram escravos. Assim, libertou quatrocentos trevosos e devolveu o sentido de humanidade a eles...

– Oh! – fizeram as crianças, cada vez mais espantadas com o que aquela equipe era capaz de fazer.

– E nosso querido amigo Amaruro – prosseguiu Átemis – liderou esta equipe vitoriosa. Bateu todos os recordes de sublimação da história dos querubinos, tendo transformado em luz oitocentos e dois temulentos de uma só vez!

– Oh! – os querubinos repetiram, incapazes de fecharem as bocas ou erguerem os queixos de volta para o lugar. Nunca imaginavam que aquilo fosse possível. Já haviam escutado a história não comprovada de que o próprio Amaruro havia sublimado quase trezentas psicoformas maléficas, uma vez, mas pensavam que era apenas piada.

Pavel foi o único que não se assombrou com o número incrivelmente elevado, mas ainda assim, fez cara de "meu Deus, os rumores eram verdadeiros!" e cumprimentou de longe o colega.

Samadhi bateu palmas e saudou os três meninos de longe, cheia de alegria.

Os três sorriam e vibravam com as caras de espanto que forravam o salão principal. Tudo aquilo era bom demais. Gabriel imaginou que não seria a mesma coisa sem Amaruro ao lado deles.

Mas a senhora Átemis ainda não havia acabado. Sua voz doce se elevou ainda uma vez pelo castelo, fazendo o silêncio retornar.

– Existe mais uma questão a ser esclarecida no dia de hoje.

Amaruro sentiu que era alguma coisa relacionada a ele e teve sua suspeita confirmada.

– Aproveitando que estamos em festa, chegou o momento de revelar um fato ocorrido há alguns meses... Nosso amigo Amaruro partiu em missão com sua equipe anterior e também viajou até as Trevas para ajudar uma pessoa... Por uma fatalidade, teve de escolher entre as carreiras de seus colegas e a segurança de quem ele ajudava. Fez a escolha certa ao sublimar 281 temulentos de uma vez, mesmo sabendo que isso afetaria seus colegas e, talvez, até a si mesmo...

Os querubinos ouviram em silêncio a história que já conheciam, mas que nunca imaginavam que poderia ser verdadeira e ser contada pela senhora Átemis. A surpresa estava estampada nos rostos de todos.

– Que isto sirva de exemplo a vocês, meus filhos, para que acreditem que nosso trabalho é mais importante do que nós mesmos.

Amaruro sorria com discrição e mantinha a cabeça abaixada como se olhasse os próprios pés, sem poder dizer o que sentia por causa do reconhecimento.

A senhora Átemis elevou a voz para encerrar o que tinha a dizer. Todos sentiram uma energia diferente em suas palavras, quando ela revelou aquilo que soou como fantástico aos seus ouvidos.

– Como prêmio por aquilo, Amaruro recebeu a honra de se tornar professor de dois arcanjos que renasceram na Terra para continuar sua jornada e voltarem a viver a experiência como querubinos: Kosuke e Gabriel.

Amaruro ergueu a cabeça e deixou as lágrimas escorrerem pelas bochechas. Olhou para os amigos e viu que eles estavam tão espantados quanto ele, de bocas abertas. "Não é possível", eles pensaram ao mesmo tempo, enquanto o salão se enchia de vozes e conversas abismadas, tamanha era a surpresa que preenchia o ambiente.

Mas o menino africano pensou melhor e descobriu em sua memória que eles eram realmente especiais, por tudo o que haviam feito e dito. Faziam maravilhas em todos os lugares que iam, e nas Trevas superaram em muito aquilo que os querubinos normais nem sonhavam em fazer. Foi por isso que Amaruro apertou as mãos dos amigos com mais força e agradeceu em silêncio o prêmio que havia ganhado, não apenas por serem arcanjos, mas porque eram seus amigos leais e inseparáveis.

Eles mesmos não acreditavam no que acabavam de ouvir, mas tanto Kosuke quanto Gabriel sentiram seus peitos queimando com a revelação, como se um calor vivo dentro deles dissesse que aquilo era verdade. E o menino brasileiro descobriu porque o arcanjo Gabriel havia se calado quando ele perguntou como era o mundo dos arcanjos...

No seu íntimo, ele já sabia. Desejava ser astronauta apenas para retornar para sua pátria verdadeira.

Os três não sabiam como agradecer a senhora Átemis por tudo aquilo que estavam vivendo. Não encontravam palavras que dissessem algo melhor do que as lágrimas de felicidade que deixavam cair.

Para encerrar, a senhora do castelo impôs as mãos sobre os três meninos.

– Agora, recebam de volta da Natureza aquilo que deram para ela em sua última missão.

Gabriel viu o mundo ao seu redor se encher de luz, e o salão do castelo Branco, com as crianças boquiabertas que preenchiam todos os espaços, desapareceu em meio a uma névoa radiante. Era como se estivesse adormecendo um sono sem escuridão em que clareava ao invés de nublar e as sensações possíveis eram apenas ele, Kosuke e Amaruro.

O chão sumiu debaixo de seus pés. A leveza dominou o corpo infantil. Pensou que estava flutuando, mas não sabia dizer onde, porque sua percepção das coisas ao redor se resumia à sua mão segurando a do amigo africano.

A luminosidade que não ofuscava foi se dissipando devagar. Uma brisa suave atingiu o rosto de Gabriel, que entendeu que estavam ao ar livre. Mas seus olhos demoraram alguns segundos preciosos para se adaptarem ao novo ambiente para o qual haviam sido teleportados pela senhora Átemis.

Gabriel percebeu que os amigos ainda estavam com ele. Tinham acima de si um céu de azul sem fim, profundo como o Universo e vivo como uma estrela. Nele brilhava um sol que emitia seus raios em todas as direções e com seu fulgor máximo.

Abaixo dos querubinos não havia chão. Eles flutuavam muitos metros acima de um oceano insondável de nuvens brancas que pareciam montanhas de algodão. A impressão que tiveram é que estavam em um planeta feito de vapor de água, e seus corpos boiavam entre o azul celeste de cima e o brilho das nuvens ciclópicas lá embaixo. Ao redor deles havia outras nuvens menores que formavam uma espécie de paredão retangular do tamanho de um estádio, dentro do qual eles estavam.

Mas não estavam sozinhos.

Perceberam que havia mais de vinte pessoas flutuando na mesma altura que eles. Todos tinham grandes asas que pareciam feitas de vidro, semitransparentes como um pensamento casual. Eram arcanjos de várias raças, todos jovens e fortes, vestidos de azul claro ou branco. Alguns de cabelos compridos, outros com tranças negras, permaneciam em silêncio, distribuídos no ambiente como se esperassem o início de alguma solenidade importante.

Gabriel pensou que seriam homenageados pelos arcanjos, porque o clima era de respeito e meditação. Para ele e seus amigos, estar ali, no mundo dos arcanjos, era maravilhoso. Mas Amaruro estava especialmente emocionado, porque era sua primeira vez naquele ambiente livre de pensamentos defeituosos. Kosuke e Gabriel, por sua vez, sentiram-se em casa, e encheram o peito com o ar puro que se respirava naquela altitude mental.

Alguns arcanjos estavam de costas, e os meninos prestaram mais atenção naquele que estava bem na frente deles, porque seu porte não era estranho.

Vestido com roupas folgadas, aquele arcanjo virou lentamente o corpo para olhar os meninos recém-chegados, revelando seu rosto de beleza incomparável. A pele bronzeada, as sobrancelhas firmes e aquele sorriso inconfundível que ele colocou na boca quando seus olhos de magnetismo intenso encontraram as caras de espanto dos querubinos.

Era o arcanjo Gabriel.

Sem dizer uma palavra sequer, indicou alguma coisa lá embaixo, levando as crianças a baixarem o olhar até seu pé, que estava calçado com uma chuteira e tinha uma bola de futebol equilibrada em sua ponta.

Gabriel, Kosuke e Amaruro não se aguentaram de felicidade. Abriram ainda mais os sorrisos, alegres e espantados. Mal podiam acreditar no que estava acontecendo. Descobriram de repente que estavam no meio de uma partida de futebol com os arcanjos, e o capitão do seu time era o próprio arcanjo Gabriel, o dono da bola.

Um anjo que estava fora do campo aéreo tocou uma trombeta de som penetrante. Era o início da partida que contava com onze arcanjos de um lado e oito do outro, mais as três crianças.

Com um movimento longo e forte, o arcanjo Gabriel chutou a bola para trás. Esta voou como um míssil na direção do pequeno Gabriel, que a recebeu no peito e a dominou sem dificuldade.

Foi instantânea a reação de todos. Correram e se movimentaram para tomar suas posições, enquanto Gabriel lançava para Amaruro que voava no ar cristalino em direção às traves flutuantes do adversário.

Kosuke passou ao lado do arcanjo com a braçadeira de capitão e avançou cheio de coragem, animado para fazer bonito. Mas os arcanjos do time adversário não pareciam dispostos a facilitar as coisas para os meninos, e um deles roubou a bola de Amaruro como uma águia pegando um objeto no ar. Amaruro passou direto e atravessou as asas evanescentes, sentindo nelas a alegria de ter sido tocado por um ser magnânimo daqueles.

O arcanjo chutou para outro de seu time. Kosuke foi direto para ele fazendo seus longos cabelos pretos esvoaçarem às suas costas. Com um mergulho, o menino japonês passou por baixo e surgiu do outro lado, de frente para o jogador, que perdeu a bola para o querubino. Mas Kosuke não era muito habilidoso, apesar de estar sentindo uma energia que enchia seu corpo de habilidade e vontade de jogar. Teve a impressão de que poderia fazer qualquer coisa com uma bola no pé, por isso não estava com medo de acertar ou errar.

A esfera de borracha subiu mais alto no azul do céu, e vários jogadores subiram também. Entre eles estava o pequeno Gabriel, mas chegou muito depois dos arcanjos adversários, porque eles eram rápidos como raios surgindo das nuvens, e suas asas cortavam o ar com a velocidade do pensamento. Mesmo assim, Gabriel e seus amigos tinham um sorriso imperecível nas bocas, jogavam-se de um lado para o outro, livres naquele ambiente quase sem gravidade.

O arcanjo que estava com a bola desceu para ficar na altura do gol do time de Gabriel, mas não contava com Amaruro, que surgiu do nada em seu caminho, começando a aprender os truques de seus amigos mais velhos. Sem a menor dificuldade, o menino africano chutou a bola dos pés do jogador e passou por cima do ombro dele, indo encontrar a pelota do outro lado. Concentrado, ele avançou, passou pelo segundo depois de um drible perfeito que quase entortou as asas do adversário, deixando para trás um arcanjo sorridente e impressionado com a habilidade do menino.

Amaruro ergueu os olhos e viu que os dois Gabriéis estavam em posição perfeita para fazer um gol. Chutou para seu companheiro de aventuras que pedia a bola com um sinal dos braços. Ela foi diretamente para o menino brasileiro, mas um arcanjo zagueiro adversário atravessou seu caminho como um trovão, roubando a chance de marcar um ponto.

Foi assim que, de pé em pé, o time rival estava perto das traves. Kosuke tentou defender seu espaço, mas os arcanjos não facilitaram sua vida só porque ele tinha corpo de criança. Passaram por ele e pelos outros do seu time. O capitão deles, cheio de força nas pernas chutou uma bomba em direção ao gol flutuante que não tinha goleiro.

A bola voou veloz e parou no meio do caminho, paralisada no ar antes de chegar a entrar nas traves em forma de cesta. Os meninos não entenderam o que havia acontecido. Descobriram que o arcanjo Gabriel havia sido tão rápido em seus movimentos que havia parado a bola antes que sua imagem chegasse nela, e ela ficou flutuando no bico da chuteira do capitão, cujo sorriso dizia: "Agora é a nossa vez!".

Gabriel deu um chapéu no primeiro arcanjo à sua frente, desviou do segundo e avançou até quase o meio de campo. Dali, ele chutou para Kosuke, que recebeu a bola e passou pelo meio das pernas do arcanjo adversário, aproveitando que era bem menor. Veloz como uma andorinha, o menino japonês lançou para Amaruro, que dominou e passou no meio de dois zagueiros.

Ele viu Gabriel subindo até a altura do gol, por isto chutou no meio da área para ver o que aconteceria.

Sem pressa, a bola flutuou um pouco acima deles. Kosuke e Amaruro viram seu amigo Gabriel subir veloz no ar límpido. Seu rosto estava iluminado por um sorriso de felicidade extrema. Girou o corpo para trás quando ficou na altura correta, dando uma bicicleta. Sua chuteira encontrou a bola no ar e a fez entrar diretamente para o gol com a velocidade de um sonho.

FIM

Gabriel abriu os olhos e soube que a aventura estava apenas começando...

GLOSSÁRIO

Trechos do atualizadíssimo livro de termos e assuntos do castelo Branco, registrados pelo senhor Epaminondas, bibliotecário oficial

Acordar: termo usado para designar a volta do corpo astral para o corpo de matéria que vive no Mundo Entorpecido. É usado apenas quando as pessoas estão lá, porque é sabido que a mente está realmente desperta apenas quando vive no Mundo Real. Assim, essa palavra tem significados diferentes, dependendo de qual realidade a pessoa está vivendo no momento.

Aixa: querubina árabe de sete anos de idade. Aluna de Pavel e atacante do time de futebol querubino.

Alambique: nome dado pelos trevosos a um tipo de reservatório usado para armazenar temulentos. O conteúdo dos alambiques pode ser empregado para alimentar mentes atormentadas ou espalhar doenças.

Amaruro: querubino africano de oito anos de idade, líder da equipe composta por ele próprio, Kosuke e Gabriel. Alguns o consideram o maior querubino do mundo. Sua coragem e tranquilidade ao enfrentar perigos durante as missões, bem como sua inteligência e senso de dever, fizeram dele rapidamente um professor e recruta de novos guardiões dos sonhos. Foi aluno de Tamarah, uma querubina israelense que deixou o querubinato quando tinha doze anos de idade. Perdeu sua primeira equipe de querubinos durante uma missão em uma região muito profunda das Trevas.

Anjo: palavra que significa "mensageiro". Qualquer pessoa que envie uma mensagem do Mundo Real para o Mundo Entorpecido pode ser considerada um anjo no sentido literal da palavra. Por outro lado, o termo também pode ser usado para indicar os espíritos que atingiram um grau mais elevado de evolução emocional e intelectual após sucessivas passagens por vidas incontáveis no Mundo Entorpecido.

Arcanjo: no Mundo Real, palavra que significa "anjo antigo". Trata-se de um ser humano que está galgando os últimos degraus da escala evolutiva antes de se tornar puro espírito. Via de regra, ele não renasce no Mundo Entorpecido da matéria, a não ser em casos especiais de missões.

Átemis: diretora do castelo Branco. Foi querubina no templo de Delfos, um dos mais antigos agrupamentos de guardiões dos sonhos. Depois de sua morte no Mundo Entorpecido, foi convidada a criar uma agremiação de querubinos devido a sua imensa capacidade de controlar a matéria astral com seu pensamento. Outro motivo que a levou a isso foi seu grande amor pelas crianças, sendo comum ouvi-la chamar todos os querubinos de filhos. Grega de nascença, ela guarda para si a maior parte dos detalhes de sua vida.

Biblioteca do castelo Branco: lugar onde escorrem rios de sabedoria, com vastíssimo espaço onde podem ser encontrados livros dos mais variados assuntos. Os títulos e os autores foram selecionados para garantir que a educação dos querubinos torne esses pequenos diabretes em verdadeiros arcanjos! A biblioteca é dividida em dois espaços, um contendo o conhecimento verdadeiro do Mundo Entorpecido (um volume) e o do Mundo Real (vinte milhões, setecentos e quarenta e nove mil e dezesseis volumes). É de longe o lugar mais agradável do castelo.

Castelo Branco: um dos milhares de centros de treinamento dos querubinos. Foi construído pelo poder mental da senhora Átemis. Situado no vale do rio Branc'Àgua, esse castelo fica na encosta de um morro verdejante. Tem capacidade para abrigar oitocentos querubinos e recebeu esse nome por causa das paredes brancas que refletem os raios de sol. Por este e outros motivos, seu símbolo é o sol amarelo.

Christinne: querubina sueca de sete anos de idade. Apesar de ser paraplégica no Mundo Entorpecido, ela possui todos os movimentos no Mundo Real, chegando a receber menção honrosa da senhora Átemis por ter sublimado 41 temulentos de uma vez.

Corpo astral: corpo feito de matéria astral, intangível em relação à matéria do Mundo Entorpecido. É o corpo verdadeiro dos seres humanos, que se liga à matéria na concepção e se retira dela na morte. Também conhecido como corpo perispiritual, corpo glorioso etc.

Desdobramento: afastamento temporário do corpo astral em relação ao corpo de matéria do Mundo Entorpecido. Ocorre normalmente durante o sono do corpo físico. Algumas pessoas possuem a capacidade de se desdobrar sem a necessidade de dormir.

Epaminondas: o bibliotecário atual do castelo Branco. Sou eu.

Evolução: ato de se tornar cada vez melhor, tanto biologicamente quanto intelectualmente e moralmente. Todas as criaturas do universo, desde a mais simples bactéria até os arcanjos, estão submetidas à Lei da Evolução.

Faustus: entidade sinistra que vive no Mundo Real. Foi o responsável pela chamada "Invasão dos Trevosos". Possui uma capacidade extrema de hipnotizar mentes despreparadas, o que o torna mestre em escravizar, chegando inclusive a modificar as formas dos corpos de suas vítimas. Sua origem e atual paradeiro são completamente desconhecidos.

Fuzzili: instrutor de querubinos do Castelo Branco. Além dessa função, ele é responsável por desenvolver tecnologias para uso dos querubinos. Vive na Itália quando retorna ao Mundo Entorpecido. Algumas crianças me garantiram que lá ele exerce a função de carregador de barris de vinho em uma vinícola, enquanto outras insistem que ele trabalha em um circo em Nápoles, atuando como palhaço e jogando malabares. Enquanto essa questão não é resolvida, esse verbete deve ser considerado incompleto.

Gabriel: querubino brasileiro de sete anos de idade. Aluno de Amaruro.

Kosuke: querubino japonês de sete anos de idade. Aluno de Amaruro. Vive aprontando traquinagens pelo castelo e fazendo bagunça na biblioteca, onde – diga-se de passagem – ele raramente aparece!

Livro: instrumento de evolução.

Mirgomilda: chefe do setor de organização e distribuição de missões do castelo Branco. Ninguém sabe ao certo sua idade no Mundo Entorpecido, mas as crianças comentam que já deve ter passado de um século, o que é questionável. Ela vive na Inglaterra, onde é uma jornalista aposentada.

Morte: ocorre quando o corpo astral se desliga permanentemente do corpo físico e a pessoa volta a viver apenas no Mundo Real.

Mundo Entorpecido: dimensão em que existe a matéria densa, difícil de controlar com a força da mente. Também é conhecido como mundo material.

Mundo Real: dimensão em que existe a matéria mais sutil, relativamente controlável pela força da mente. Morada verdadeira de todas as formas de vida. Também é conhecido por outros nomes: mundo espiritual, plano astral, céu, inferno, mundo dos mortos, mundo dos sonhos, morada eterna, paraíso e muitos outros. É o lugar onde todas as pessoas são exatamente aquilo que existe dentro de si mesmas.

Nave-gafanhoto: nome dado à Aeronave de Transporte em Massa Transdimensional. Veículo aéreo capaz de transportar até trinta equipes de querubinos, com autonomia para chegar à maior parte dos locais do Mundo Real e do Entorpecido. Recentemente, algumas crianças começaram a chamar o veículo de "grilão", o que é certamente uma atitude reprovável! E, quando eu descobrir quem começou com isso, vou impedir a entrada desse moleque na biblioteca por um mês inteiro!

Pavel: querubino russo de oito anos de idade. Líder da equipe composta por Aixa e Xeng.

Projeção astral: uma modalidade de desdobramento em que aquele que se projeta para fora do corpo físico está consciente, sem a necessidade do sono. Deslocamento temporário do corpo astral.

Psicoforma: também chamada de forma-pensamento. É uma criação mental que surge no Mundo Real, mas que pode atuar no Entorpecido (ou mundo da matéria). Quando a matéria mental é condensada, ela pode ganhar forma, cor, cheiro e autonomia. Sendo uma entidade neutra por natureza, uma psicoforma absorve os sentimentos que a geraram, podendo ser saudável ou doentia. Algumas pessoas confundem psicoformas com formas de vida, mas é importante saber distinguir as coisas, porque uma forma-pensamento não é um ser vivo, mesmo que se comporte como um.

Querubim: figura simbólica que surgiu na Babilônia e Assíria. Animal fantástico com patas de boi, peito de leão, asas de águia e cabeça humana. Representação das potencialidades humanas que levam à evolução. Foi incorporado e modificado por diversas outras culturas ao longo da história da Humanidade, perdendo seu sentido original no Ocidente.

Querubinato: fase em que algumas crianças escolhidas exercem a tarefa de querubinos. A maior parte dos querubinos tem entre sete e nove anos de idade. Alguns conseguem manter esse título até completar treze anos de idade, o que é raro.

Querubinos: crianças que exercem o querubinato. Meninos e meninas que vivem no Mundo Entorpecido e conseguem manter a lucidez quando visitam o mundo dos sonhos, o plano astral, durante o sono do corpo físico. A partir da Idade Média, as pessoas que eram visitadas por essas crianças durante os sonhos, passaram a associar a imagem delas com anjos e, por consequência, com querubins. Este é o motivo de os querubinos serem confundidos com anjos... Se as pessoas soubessem como são de verdade esses anjinhos...

Recompensas: são o retorno que se recebe por praticar um ato de caridade. No caso específico dos querubinos, as recompensas geralmente vêm na forma de flores, estrelas ou glóbulos de energia. A quantidade e o tipo de recompensa varia de acordo com a importância do ato praticado. Os querubinos novatos acreditam erroneamente que as recompensas são um tipo de pagamento pelo serviço que prestam, mas logo aprendem que elas nada mais são do que uma consequência da Lei de Causa e Efeito.

Rio Branc'Àgua: rio que nasce debaixo do castelo Branco e desce a encosta do morro, correndo depois pelo vale extenso até sumir no horizonte. Recebe esse nome por causa da espuma branca que é formada com a força com que suas águas descem.

Sala de teletransporte: sala especial do castelo Branco, onde os usuários podem ser transportados instantaneamente a outros lugares dentro de um raio de ação limitado. Usada com finalidades de ensino. Não funciona para levar ou trazer pessoas para regiões sombrias.

Samadhi: querubina indiana de oito anos de idade. Líder de uma equipe composta por duas querubinas. Por causa de sua habilidade e calma diante do perigo, ela é considerada uma guardiã dos sonhos quase tão boa quanto o próprio Amaruro.

Sonho lúcido: sonho especial em que o sonhador sabe que está sonhando. É muito raro e acontece com poucas pessoas. Todos os querubinos são sonhadores lúcidos.

Sonho: lembrança parcial e imperfeita que as pessoas carregam para o Mundo Entorpecido quando retornam de suas incursões noturnas ao Mundo Real. A maior parte dessas pessoas acredita que os sonhos são simples pensamentos noturnos, enquanto outras acreditam que sonhar com animais pode ter algum significado especial... Sonham com seus próprios temulentos e acham que podem tirar proveito disso em jogos de azar.

Sublimar: transformar um temulento em *triticum*, ou seja, modificar uma psicoforma nociva em outra, inofensiva. O processo exige habilidade mental e pureza de sentimentos, o que se encontra nas crianças, sendo este o motivo de os querubinos terem idades entre sete e – menos frequentemente – treze anos de idade.

Técnica evasiva: método usado pelos querubinos para fugirem de uma situação perigosa que coloca em risco o querubinato. Consiste em beliscar com força o braço do companheiro, o que causa um retorno do corpo astral ao Mundo Entorpecido, ocasionando um despertar repentino e brusco na matéria. Esse termo caiu em desuso nos últimos anos, sendo substituído por um mais longo, porém muito mais comum. As crianças agora chamam a técnica de "belisca-pra-ver-se-eu-tô-sonhando".

Temulento: designa toda psicoforma nociva, nascida de pensamentos negativos e que estejam impregnados de emoções perturbadoras, tais como a raiva, o ódio, a tristeza, a depressão e o menosprezo. Os temulentos podem causar danos psíquicos e físicos, em quem os gerou ou nas pessoas que tomam contato com eles. Apesar de não terem inteligências, às vezes eles podem se comportar como se tivessem raciocínio semelhante ao dos animais. Suas formas variam grandemente, podendo ser desde nuvens escuras até criaturas com diversas patas, garras, dentes e olhos complexos. Um temulento pode parasitar durante toda uma vida a pessoa que o gerou. Ninguém sabe ao certo a origem da palavra, mas provavelmente vem de *Lolium temulentum*, o nome científico do joio – uma praga que infesta plantações de trigo. Portanto, viria daí a expressão "separar o joio do trigo", uma alusão clara à necessidade de exterminar os pensamentos ruins e deixar na mente apenas aqueles capazes de gerar coisas sadias. Outra teoria diz que temulento também significa "bêbado", e as psicoformas negativas ganharam esse nome porque uma pessoa embriagada no Mundo Real é capaz de gerar verdadeiras legiões de pensamentos nocivos – chegando ao ponto de conversar com eles de vez em quando.

Temulentoscópio: aparelho inventado pelo instrutor Fuzzili para criar uma espécie de invisibilidade temporária, impedindo que querubinos novatos sejam vistos, ouvidos e sentidos por temulentos. Na verdade, o senhor Fuzzili explica que o temulentoscópio age criando um campo de força que isola a frequência vibratória do campo áurico das pessoas, o que impede que sejam percebidas pelo magnetismo negativo dos temulentos... Para maiores explicações, recomendo perguntar ao próprio senhor Fuzzili, porque confesso que eu mesmo não entendi.

Trevas: região de pouca luz do Mundo Real. Lugar onde se reúnem as mentes desajustadas com a harmonia e com as intenções do bem. Devido à densidade e ao grau de enfermidade dos pensamentos das pessoas que habitam as Trevas, quase toda a sua extensão é coberta por uma capa de fumaça espessa e contaminada que impede a passagem da luz. Os querubinos quase nunca recebem missões nesse local. As Trevas cobrem pouco mais de dois terços do Mundo Real. Sua existência é conhecida no Mundo Entorpecido com vários nomes, sendo "inferno" o mais comum deles. Outros o chamam de umbral, zona de expurgo, Hades, Gehena, Samsara, Di Yu, Helgardh etc.

Trevosos: nome dado a qualquer entidade que vive nas Trevas e cujo objetivo é desestabilizar a harmonia, tanto do Mundo Real, quanto do Entorpecido. Recentemente, um grupo de trevosos com formas primitivas de símios invadiu a região controlada pelos querubinos do castelo Branco, gerando grandes prejuízos nos trabalhos de limpeza do ambiente astral. Esse incidente foi resolvido pela equipe do querubino Amaruro, que descobriu que os trevosos eram pessoas hipnotizadas por Faustus.

Vida: nem mesmo todos os livros da biblioteca do castelo Branco reunidos conseguem explicá-la, o que levou alguns pensadores do Mundo Real a concluírem que essa palavra existe apenas como verbo, ou seja, é para ser vivida e, não, explicada.

Esta edição foi impressa nas gráficas do Centro de Estudos Vida & Consciência Editora Ltda., de São Paulo, SP, sendo tiradas três mil cópias, todas em formato fechado 140x210mm e com mancha de 98x173mm. Os papéis utilizados foram o Chambril Book (International Paper) 75g/m^2 para o miolo e o cartão Supremo Duo Design (Suzano) 300g/m^2 para a capa. O texto principal foi composto em Goudy Old Style 12/14,4 e os títulos em Fighting Spirit TBS 20/30. Rita Foelker realizou a revisão, André Stenico elaborou a programação visual da capa e Bruno Tonel desenvolveu o projeto gráfico do miolo. As ilustrações da capa e do miolo são de Cris Eich.

Maio de 2011